高职高专汽车类专业创新一体化教材

汽车焊装技术
（彩色版配实训工单）

主　编　李　敏　姚永来
副主编　任立芳　杜秀波　乔光辉　景　园
参　编　程　煜　张　振　郭　顺　邹家鹏
　　　　蔡志军　张智源

随书资源

机械工业出版社

本书由校企双方协作完成，是校企融合研究成果系列教材之一。本书结合汽车制造企业的实际生产流程，呈现了焊装工艺的理论知识和实际操作，为学生未来从事与焊装技术相关的工作奠定了良好基础。本书主要涵盖了白车身焊装生产工艺流程、焊装的热连接和冷连接工艺、焊装胶接工艺、焊装夹具、焊装设备、焊装过程质量检验、焊装物流管理、焊装过程数字化管理、焊装过程6S管理、焊装SE技术、焊接新技术等内容。

本书可作为高职院校汽车类专业和汽车制造企业培训教材，也可供汽车焊装工程技术人员参考，还可作为汽车制造企业从业人员的培训用书。

图书在版编目（CIP）数据

汽车焊装技术：彩色版配实训工单 / 李敏，姚永来主编. -- 北京：机械工业出版社，2025.2. --（高职高专汽车类专业创新一体化教材）. -- ISBN 978-7-111-77946-9

Ⅰ. U466

中国国家版本馆CIP数据核字第2025DB9659号

机械工业出版社（北京市百万庄大街22号　邮政编码100037）
策划编辑：齐福江　　　　　　　　　责任编辑：齐福江
责任校对：张慧敏　张雨霏　景　飞　封面设计：张　静
责任印制：李　昂
涿州市般润文化传播有限公司印刷
2025年7月第1版第1次印刷
184mm×260mm · 19.5印张 · 390千字
标准书号：ISBN 978-7-111-77946-9
定价：69.90元（含实训工单）

电话服务　　　　　　　　　　网络服务
客服电话：010-88361066　　　机　工　官　网：www.cmpbook.com
　　　　　010-88379833　　　机　工　官　博：weibo.com/cmp1952
　　　　　010-68326294　　　金　书　网：www.golden-book.com
封底无防伪标均为盗版　　机工教育服务网：www.cmpedu.com

FOREWORD 前　言

在"第四次工业革命"不断深化及《关于推动现代职业教育高质量发展的意见》发布的背景下，校企合作的浪潮越来越高。职业院校肩负着培养知识型、技能型、创新型劳动大军，营造尊重技能、崇尚技能、学习技能的社会氛围，弘扬劳动光荣、技能宝贵、创造伟大时代风尚的责任。职业教育的本质是促进个体就业的教育，培养学生做事能力的教育。由此可见，职业教育不能脱离生产环境，"知识、技能、场境"密不可分。

本书结合汽车整车制造企业的实际生产流程，以典型四大工艺中的焊装工艺为主线，全面介绍了焊装技术相关知识，理论与实际操作相结合，为学生今后从事与焊装技术相关的工作打下良好基础。

本书由实践经验丰富的汽车制造企业技术人员和理论功底扎实的一线职业院校教师共同编写，以提升焊装技能、培养技能型人才为目的。本书焊装知识丰富，结合生产过程中的实际生产操作流程，几乎做到了从钢板冲压件到白车身成形的全过程完整展现。本书涵盖了白车身焊装生产工艺流程、焊装的热连接和冷连接工艺、焊装胶接工艺、焊装夹具、焊装设备、焊装过程质量检验、焊装物流管理、焊装过程数字化管理、焊装过程6S管理、焊装SE技术、焊接新技术等内容。

本书在编排上注重"理论与实践、学校与企业、知识与能力、学习与场景"相结合，采用行为逻辑、项目任务驱动教学形式，突出实践环节，体现校企双元育人理念。每个任务由学习目标、任务导入、知识准备、任务实施、课后拓展等几部分组成，体现了以学生职业发展为核心、以任务化为模块、考核目标明确、融"知识、技能、场境"为一体的思想。

本书由李敏高级工程师（安徽机电职业技术学院）、姚永来（奇瑞控股集团有限公司）担任主编，任立芳（奇瑞汽车股份有限公司）、杜秀波（鄂尔多斯职业学院）、乔光辉（青岛市即墨区第一职业中等专业学校）、景园（安徽机电职业技术学院）任副主编，安徽机电职业技术学院程煜、张振、郭顺、邹家鹏、蔡志军，以及中车浦镇阿尔斯通运输系统有限公司张智源参与了编写。全书由安徽机电职业技术学院王爱国教授主审。

本书配有教学电子课件、场景作业视频，有助于学生个性化学习，强调培养自学能力。教学咨询邮箱：258655292@qq.com。

本书可作为高职院校汽车类专业教材，也可作为汽车制造企业及相关从业人员的学习、培训用书，还可供汽车焊装工程技术人员参考。

本书在编写过程中得到了奇瑞汽车股份有限公司、奇瑞控股集团有限公司、安徽机电职业技术学院、鄂尔多斯职业学院、毕节工业职业技术学院等单位各位同仁的大力支持，并参阅了大量相关著作与文献，在此向有关人员表示真诚的感谢！

由于编者阅历和学识水平有限，书中难免有不当之处，敬请各位同仁、广大读者提出宝贵意见。

编　者

二维码清单

名称	二维码	页码	名称	二维码	页码	名称	二维码	页码
白车身生产工艺流程		017	车身下部总成拼接		022	焊装机器人的作用		098
发动机舱分总成之焊接		018	主焊线拼接之侧围与下部总成拼装		023	人机操作		109
发动机舱总成焊接		018	主焊线拼接之侧围与顶篷总成拼装		023	焊点质量检查——人工检查		113
发动机舱合件检验		018	调整线之门盖总成		025	白车身的三坐标测量		118
发动机舱分总成之VIN扫码刻印		019	调整线之安装翼子板总成		025	调整线之间隙面差测量		124
后底板总成拼接		019	调整线之白车身质检过程		025	焊接质量检查		133
侧围总成之侧围拼装		020	侧围包边与滚边		047	AGV在焊装车间的应用		156
侧围内板焊接过程		020	人工焊接操作		061	安全生产的穿戴要求		182
门盖线之四门焊接过程		022	人工打胶操作		078			
门盖线之前后背门焊接过程		022	夹具的使用		093			

目录 CONTENTS

前言
二维码清单

学习任务一　汽车焊装技术 …………………………………………………… 001
一、汽车车身结构 ……………………………………………………………… 001
二、汽车焊装的作用 …………………………………………………………… 011
三、汽车焊装的发展概况 ……………………………………………………… 011

学习任务二　白车身焊装生产工艺流程 ………………………………………… 014
一、白车身生产工艺流程简介 ………………………………………………… 014
二、二级总成生产工艺流程 …………………………………………………… 018
三、一级总成生产工艺流程 …………………………………………………… 022
四、焊装调整线 ………………………………………………………………… 024

学习任务三　焊装连接工艺 …………………………………………………… 027
一、焊装热连接工艺 …………………………………………………………… 027
二、焊装冷连接工艺 …………………………………………………………… 046

学习任务四　焊装胶接工艺 …………………………………………………… 062
一、胶接工艺简介 ……………………………………………………………… 062
二、典型胶接工艺 ……………………………………………………………… 072

学习任务五　焊装夹具 ……………………………………………………… 079

一、认知焊装夹具 …………………………………………………………… 079
二、焊装夹具定位原理 ……………………………………………………… 083
三、焊装夹具设计原理 ……………………………………………………… 091

学习任务六　焊装设备 ……………………………………………………… 094

一、焊装机器人 ……………………………………………………………… 094
二、焊接系统设备 …………………………………………………………… 102
三、自动涂胶系统 …………………………………………………………… 106
四、其他设备 ………………………………………………………………… 108

学习任务七　焊装过程质量检验 …………………………………………… 110

一、综述 ……………………………………………………………………… 110
二、白车身焊装质量影响因素 ……………………………………………… 111
三、焊装白车身质量管控 …………………………………………………… 115
四、焊装范围内的整车质量 ………………………………………………… 124

学习任务八　焊装物流管理 ………………………………………………… 134

一、焊装生产布局 …………………………………………………………… 134
二、焊装信息管理 …………………………………………………………… 138
三、焊装输送形式 …………………………………………………………… 145
四、柔性物流 ………………………………………………………………… 149

学习任务九　焊装过程数字化管理 ………………………………………… 158

一、焊装生产管理 …………………………………………………………… 159
二、焊装设备运营管理和监控 ……………………………………………… 172
三、焊装过程的 5G 应用 …………………………………………………… 174

学习任务十 焊装过程 6S 管理 183

一、整理 184
二、整顿 187
三、清扫 190
四、清洁 190
五、素养 191
六、安全 192

学习任务十一 焊装 SE 技术 200

一、焊装 SE 概述 200
二、焊装 SE 分析 202

学习任务十二 焊接新技术 215

一、汽车车身焊接的新技术 215
二、汽车车身焊接工艺发展趋势 226
三、焊接材料的应用及发展趋势 227
四、展望焊装生产线未来发展 230

参考文献 238

学习任务一

汽车焊装技术

学习目标

1. 思政元素：培养学生"爱技、重技、专技、精技"的工匠精神，树立技能报国的爱国情怀。
2. 了解汽车车身结构的分类。
3. 了解汽车车身常用的材料。
4. 知道承载式车身和非承载式车身的区别。
5. 学会辨别车身侧围总成中的A柱、B柱、C柱等。
6. 掌握车身总成的构成以及各部分的名称。

任务导入

任务：图1-1所示为白车身总成，试辨别白车身总成有哪些组成部分。

图1-1 白车身总成

知识准备

一、汽车车身结构

1. 概述

汽车焊装的生产任务是生产出合格的汽车车身，这里的汽车车身在乘用车领域通俗地称为白车身。车身分为承载式车身与非承载式车身两种。非承载式车身指汽车有一刚性车架,又称底盘大梁架,发动机、传动系统的一部分和车身等总成部件都固定在车架上,车架通过前后悬架装置与车轮连接。非承载式车身比较笨重,质量大,高度高,一般用在货车、客车和越野车上,也有部分高级轿车使用,因为它具有较好的平稳性和安全性。承载式车身指汽车没有刚性车架,只是加强了车头、侧围、车尾和底板等部位,发动机、前后悬架和传动系统的一部分等总成部件装配在车身上设计要求的位置,车身负载通过悬架装置传给车轮。承载式车身除了其固有的承载功能外,还要直接承受各种负荷力的作用。承载式车身不论在安全性还是在稳定性方面相比非承载式车身都有很大的提高,它具有质量小、高度低和装配容易等优点,大部分轿车都采用这种车身结构。

乘用车是在其设计和技术特性上主要用于载运乘客及其随身行李和/或临时物品的汽车,包括驾驶人座位在内最多不超过9个座位。乘用车涵盖了轿车、微型客车以及不超过9座的轻型客车。乘用车可细分为基本型乘用车(轿车)、多功能车(MPV)、运动型多用途车(SUV)、专用乘用车和交叉型乘用车。本课程内的乘用车将以轿车生产为主要案例进行介绍。

车身结构分为三厢车身、两厢车身、掀背车身、旅行车身、敞篷车身和跑车车身等。

三厢式汽车是轿车的标准形式。我们常见的轿车一般是三厢车,它的车身结构由三个相互封闭且用途各异的"厢"所组成:前部的发动机舱、车身中部的乘员舱和后部的行李舱。在国外,三厢车通常叫作Sedan或Saloon。目前在国内市场比较畅销的三厢车包括奥迪A4、A6等,宝马3系、5系等,以及红旗H5、比亚迪汉、奇瑞艾瑞泽5、领克03等。

在国外,两厢车通常叫作Hatchback,也就是掀背的意思,但是这与国内掀背车有所区别。在国内,两厢车是指少了突出的行李舱的轿车,它采用了将乘员舱与行李舱做成同一个厢体,并且发动机独立的布置形式。这种布局形式能增加车内空间,因此多用于小型车和紧凑型车。目前在国内市场比较畅销的两厢车包括高尔夫、Polo、福克斯两厢、飞度等车。

国外所指的掀背车是那些外形与三厢车相似,也有突出的行李舱,但是整个行李舱盖和后车窗玻璃是一体的,能够一起打开。这种车在国外通常称为Quickback或Fastback,译为"快背"。相对短小的行李舱以及相对动感的尾部线条,让掀背车在视觉效果上更优于三厢车。目前国内市场比较畅销的掀背车包括大众高尔夫、本田思域、奥迪A5、名爵6、大众CC等。

在英语中,旅行车通常称为Wagon,奥迪称之为Avant,宝马称之为Touring,而奔驰称之为Estate。一般来说,大多数旅行车都是以轿车为基础,把轿车的行李舱加高到与车顶齐平,用来增加行李空间。Wagon的优点就在于它既有轿车的舒适性,也有相当大的行李空间。旅行车是在人类崇尚自然、热衷旅游的风潮下衍生出来的一种轿车派生车,与SUV和MPV相比,它的购买价格和使用成本都比较低,而且具有更灵巧的车身,便于驾驶和停放，因此在经济发达国家（尤其在欧洲）的民众生活中扮演着重要的角色。随着国内消费者生活水平的提高，节假日带着家人，开着旅行车一起出门远行，已成为都市车族的新时尚。旅行车不仅能够长途跋涉，而且空间足够大，可以携带充足的旅行装备，同时在日常城市生活当中，硕大的行李舱空间也十分实用。目前在市场上比较畅销的旅行车包括大众蔚揽、沃尔沃V60和V90、福特福克斯猎装版、宝骏Valli等。

对于汽车焊装的生产任务来说，以上车型仅仅是外形、尺寸有所不同，其在车身材料、焊接工艺流程、焊接工艺技术、生产设备以及生产组织形式方面，基本上大同小异。

2. 车身材料

汽车车身所使用的主要材料为金属，约占车身总重量的99.5%，目前市场上的主流车型使用的金属以钢材为主，个别中高级轿车的个别覆盖件采用铝合金材料。车身上除了金属材料外，一般会依照产品设计，对于不宜采用焊接方式连接的部位进行粘结作业，对于有密封要求的连接处采用密封剂填充，常见的有结构胶、半结构胶、密封胶等。

提及车身材料，就会涉及一个车身安全的话题。大家普遍认为车身使用的钢板越厚，车身的安全系数就越高，但从专业的角度及发展的眼光来看，二者并非存在绝对的必然联系。一个典型的例子是在20世纪80年代，轿车上普遍采用2mm厚的钢材，但当时的车身碰撞结果显示，安全性能并不高。自21世纪初以来，轿车上普遍采用0.8~1.5mm厚的板材，但是在各项碰撞检测中却表现越来越好。究其原因，汽车碰撞安全性与车身结构设计的关系十分密切，优秀的结构设计往往能够确保车身碰撞过程中对乘员的保护效果。随着材料技术的进步，金属材料的延展性、抗拉性得到进一步提高，关键部件的刚性也得到进一步提高，一系列新技术的应用使得车身上的钢材得以减薄并提高了安全性，如图1-2所示。

（1）**镀层钢板** 在现代汽车生产中，车身上使用得最多的还是普通低碳钢。低碳钢板具有很好的塑性加工性能，强度和刚度也能满足汽车车身的要求，同时能满足车身拼焊的要求，因此在汽车车身上应用很广，如图1-3所示。

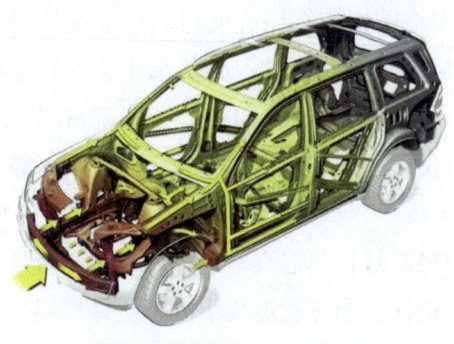

图1-2 车身钢材新技术应用

图1-3 低碳钢板

目前镀锌钢材已在汽车行业中被普遍采用，主要是为了起到车身防腐的作用，避免因使用环境潮湿而造成白车身锈蚀、锈穿等质量问题，影响整车安全性能。同时，各企业也会结合不同市场的不同自然环境，在产品与利润之间找到一个平衡点，造成的现状是在高端车型上均采用双面镀锌钢板；在中级家用经济型轿车上不同的厂家有不同的选择，有些车型上普遍采用双面镀锌钢材，有些车型上部分零件（主要是门、盖等覆盖件）采用双面镀锌或外表面单面镀锌钢材；入门级轿车普遍采用冷轧钢材，只在极少一部分零件上采用单面镀锌钢材。镀锌钢材主要采用电镀锌和热镀锌两种镀锌工艺。

电镀就是利用电解，在板材件表面形成均匀、致密、结合良好的金属或合金沉积层的过程。一般电镀锌工艺处理后板材表面的镀锌层厚度为5~15μm，镀锌层内锌含量约为95%。因为在电镀锌工艺过程中板材处于常温状态，所以也叫冷镀锌。电镀锌的优势是镀层薄、镀锌量少、成本低。

热镀锌也叫热浸锌或热浸镀锌，是一种有效的金属防腐方式，主要用于各行业的金属结构设施。热镀锌是将除锈后的钢材浸入500℃左右的锌液中，使钢材表面附着锌层，从而达到防腐的目的。热镀锌工艺流程：成品酸洗→水洗→加助镀液→烘干→挂镀→冷却→钝化→清洗→打磨→热镀锌完工。热镀锌是由较古老的热镀方法发展而来的，自从1836年法国把热镀锌工艺应用于工业以来，已经有180多年的历史。从20世纪70年代末起，伴随着冷轧带钢的飞速发展，热镀锌工业得以大规模发展。热镀锌层一般在35μm以上，甚至高达200μm。热镀锌覆盖能力好，镀层致密，无有机物夹杂，镀层内锌含量大于99%。

（2）**轻金属材料** 轻金属材料是指用铝和镁及其合金制成的材料。密度小于3.5g/cm³的金属称为轻金属，如铝、镁、铍、锂等，国外把密度为4.5g/cm³的钛也称为轻金属，国内工业界通常只把铝和镁算作轻金属，而把铍、锂、钛等算作稀有金属。

汽车自身重量减小，能耗就会下降，废气排放量减少，从而有利于改善人类生存环境。与30年前相比，国外汽车自身质量减小了20%~29%。未来汽车不管选用何种动力驱动，都必须轻量化，尤以轿车最为突出，轻量化、节能降耗和降低排放污染是轿车发展的三项战略性课题，其中轻量化是关键。当今制造汽车用金属材料中，钢铁仍居主导地位。各种类型汽车功能不同，选用的制造材料也各有差异，而轿车比货车轻量化的需求更迫切。20世纪80年代，轿车上钢铁材料的比例为70%，90年代下降到60%，2000年为50%左右，如今已达到45%左右，钢铁材料使用比例下降的主要原因是使用了较多的轻质材料。

汽车轻量化发展过程的实践证明，采用轻质材料制造汽车是降低汽车质量最有效的途径和手段。轻金属（铝、镁、钛）材料代替钢铁，能有效地减小汽车质量。铝合金代替传统钢铁可使整车质量减小30%~40%，有极好的经济效益和社会效益。据统计，2005年欧

洲轿车平均每车用铝量高达119kg，而美国制造的汽车平均每车用铝量超过130kg，预计到2030年，世界轿车平均每车用铝量将达到256kg。

在汽车排放法规日趋严格、节能降耗更为迫切的新形势下，世界汽车工业又把目光投向更轻的材料。镁是目前工业上应用最轻的金属，它可在铝合金减重基础上再减轻15%~20%。自铝合金和塑料在汽车上应用以来，镁合金也成为汽车轻金属材料的应用重点，汽车用镁量正以年增20%的速度迅速发展。钛合金很受人们关注，它将是在铝和镁合金材料无法满足性能要求的恶劣工况下，取代钢铁的轻量化代用材料。

目前，轻金属在汽车上已呈现出关键零件是应用对象、铸造合金是用材主体、提高性能是选材依据、减轻质量节能是追求目标的用材特点。先进材料推动着汽车轻量化进程，轻质材料是汽车选材方向。

（3）**高分子材料、复合材料、异种材料和特种材料** 汽车轻量化要求在车身设计过程中，在满足安全要求的前提下尽量多地采用低密度的材料，其中以塑料件为代表的高分子材料除主要应用于车身内外饰件上，在白车身总成上也有体现。例如车身设计过程中越来越多地采用高强度黏结剂进行连接，这就可以避免因为零件设计不满足点焊要求而带来更复杂的形面设计，从而减少钢材的使用量。热成形钢材的使用可以大大降低白车身的重量，热成形钢材的抗拉强度可以达到1500 MPa，是普通钢材的3~5倍，使用此种材料后，可以在保证强度的前提下降低板材的厚度，减少内加强件的数量，进而降低白车身的重量。

随着材料技术的不断进步，高分子材料、复合材料、异种材料和特种材料会在白车身上得到更为广泛的应用，这是汽车轻量化的趋势与方向。

3. 车身总成结构

（1）**概述** 车身总成又叫作白车身总成，是指焊装生产任务完结后的最终交付产品，是由车身各分总成通过既定工艺连接而成的。简单来讲，车身总成是车身下部总成（底板总成）与左右侧围总成、顶盖等通过定位焊、激光焊以及结构胶连接后，并将左前门、左后门、右前门、右后门、发动机舱盖、行李舱盖以及左右前翼子板总成通过螺栓紧固联接安装完成之后的产品。

通过流程图（图1-4），可以看出车身总成与各分总成之间的关系。

通过图1-5，可以直观地了解车身结构的基本组成。

白车身下部总成又叫作底板总成，如图1-6所示，它在整个车身结构的安全性、承载能力中起到关键作用。底板总成包括由左右前纵梁组成的发动机舱分总成、左右后纵梁组成的后底板分总成、乘员舱的承载主体前底板分总成以及车身横向力均匀分配的关键部件左右门槛板。

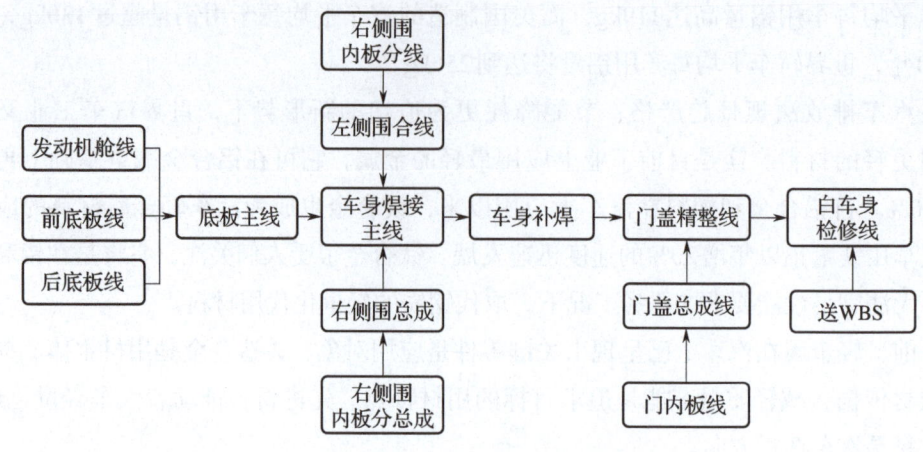

图 1-4　白车身焊装流程图

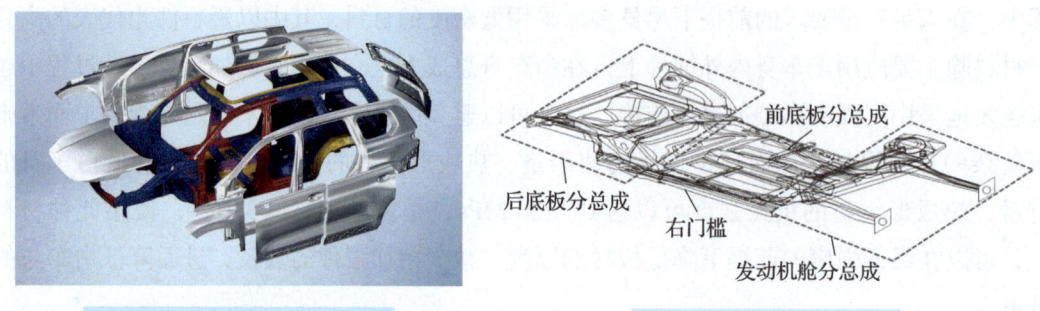

图 1-5　车身结构的基本组成　　　　图 1-6　白车身下部总成

发动机舱分总成由左右前纵梁与前围板组合而成，其中左右前纵梁为主体骨架，前围板起连接作用并使之成为类平行四边形的固定框架，提高了框架的稳定性。一般轿车的发动机均安装在发动机舱内，左右前纵梁承载着发动机、蓄电池等轿车内较重的零部件，所以对左右前纵梁自身的强度要求极高，对发动机舱的框架稳定性要求也极高。在汽车碰撞的过程中，左右前纵梁又是纵向力的主要承受对象，通过实验测定，约70%的纵向力会由左右前纵梁来承担，所以在车身结构设计过程中对于前纵梁的结构要求十分苛刻，既要具有足够的强度来承载车身及重要零部件的重量，又要具备足够的吸能效果，确保在车身受到正向撞击时，纵梁前端能够出现吸能变形，后端结构稳定以确保乘员舱变形尽量小，进而保护车内乘员。图1-7a所示为发动机舱吸能设计及乘员保护要求，图1-7b所示为碰撞试验实例。

后底板分总成由左右后纵梁与后底板面板组合而成，其中左右后纵梁为主体骨架，后底板面板起连接作用并使之成为类平行四边形的固定框架，提高了框架的稳定性。后纵梁的主要作用是为车身后部的重量承载，为后副车架的安装支撑。同时，后纵梁上的主定位孔与发动机舱的主定位孔成为车身的主定位孔，车身上其他零件的空间坐标均以车身主定位孔为基准。另外，在多数轿车中，后底板面板均会有一个凹面，它的作用是为车轮备胎提供放置点，如图1-8所示。

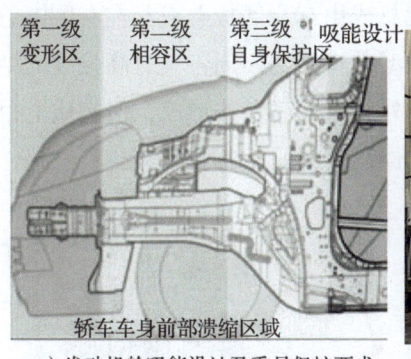

a) 发动机舱吸能设计及乘员保护要求　　　　b) 碰撞试验实例

图1-7　发动机舱吸能设计及乘员保护要求和碰撞试验实例

前底板分总成由前底板面板与车身座椅横梁连接而成，如图1-9所示。单独的前底板分总成并不具备很强的刚性，但在底板总成上，它连接了发动机舱分总成与后底板分总成，并由左右门槛板起到加强作用后，前底板就具有了很强的承载能力。前底板分总成在车身中的位置非常容易找到，就是在驾驶人及乘员的脚下。座椅横梁也叫底板横梁，其主要的作用有两个：一个是承载座椅及乘员重量；另一个是将侧面碰撞力转移到车身未受到撞击的一面，起到分散撞击力的作用。座椅横梁的材料和结构与纵梁基本一致，采用C型或D型腹腔设计，以提高其结构强度。前底板面板则是一块或两块大面积的钢板，一般厚度在0.65~0.8 mm之间，它一般焊接在底板纵梁的上面、座椅横梁的下面，两侧则和门槛焊接。前底板一般在中间会有凸起结构，一方面是作为消声器以及部分后驱车型传动轴的安装空间，另一方面也起到加强底板的作用。

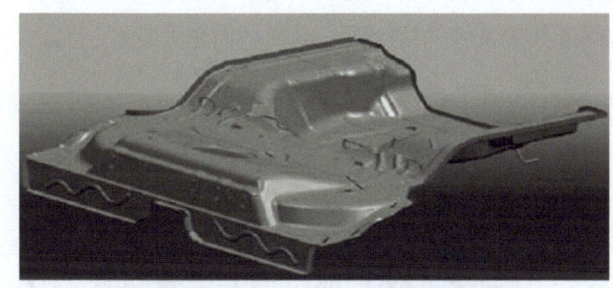

图1-8　后底板面板均会有一个凹面　　　　图1-9　前底板分总成

门槛位于底板总成的两侧、车门的正下方。其作用有两个：一是抵御正面和后面撞击力。二是起到侧面撞击吸能的作用，和车身B柱、侧门防撞梁（杆）一起担负起保证侧面安全的重任。

门槛的截面形状和底板纵梁类似，一般由两个高强度钢板冲压成的C型钣金件和肋板焊接而成。图1-10所示为不同车型的不同类型的门槛板。

（2）白车身骨架总成结构安全　白车身骨架总成由车身底板总成与左右侧围总成通过顶篷总成连接而成，此四大总成连接后形成腹腔型，腹腔的四周各具有高强度的结构件相连形成结构框架。从外形上看，此时一个汽车的外观轮廓已基本形成，但实质上目前仅仅完成车身以确保乘员安全为目的的结构。白车身骨架总成如图1-11所示。

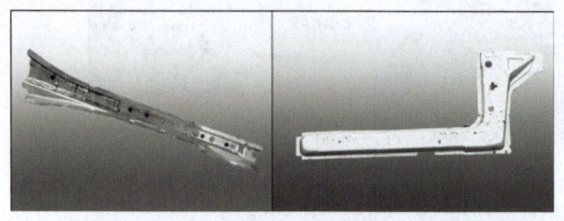

图1-10　不同车型的不同类型的门槛板

图1-11　白车身骨架总成

侧围分总成由侧围外板、侧围内板及其他结构件连接而成，如图1-12所示，它是4个车门安装的支撑基础。由于侧围需要留有乘员出入车身的门洞，并要确保在既定的车身尺寸内预留尽量大的乘员空间，导致侧围的设计结构以细、长、薄为主，这也为侧围的设计、制造工艺提高了难度。一般侧围外板采用0.6~0.8 mm厚的镀锌钢板进行加工，侧围内板采用1~2mm厚的钢板进行加强，同时在对乘员保护要求较高的驾驶人及前排乘客位置使用高强度钢板。

一般汽车车身侧围总成中单侧有3个立柱（图1-13），从前往后依次为前柱（A柱）、中柱（B柱）和后柱（C柱），SUV和MPV等部分车型还有另外一根立柱（D柱）。这些立柱除了有支撑车身顶篷、保证车身车顶强度的共同作用外，立柱的刚度又在很大程度上决定了车身的整体刚度，因此在整个车身结构中，立柱是关键件，它要有很高的刚度。除此之外，在设计上它们也有一个共同点，那就是在保证其他条件的情况下，其横截面越大越好。

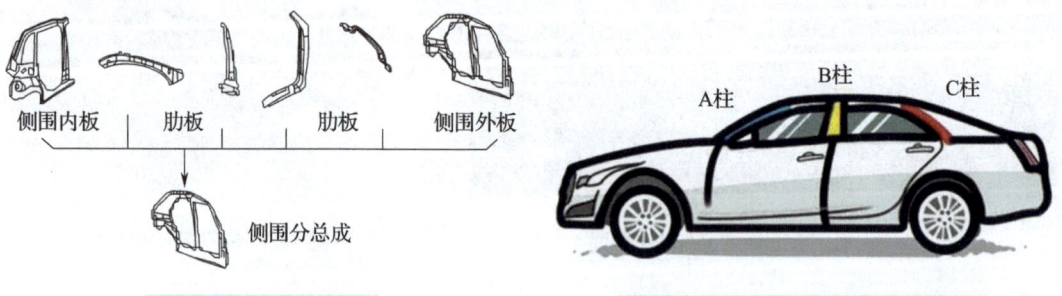

图1-12　侧围分总成　　　　　　　　　图1-13　汽车车身侧围总成中立柱

前风窗玻璃和前车门之间的斜立柱称为A柱（又称前柱），前车门和后车门之间的立柱称为B柱（又称中柱），后车门和后风窗玻璃之间的斜立柱称为C柱（又称后柱）。轿车的A柱、B柱和C柱有不同的功能，但各自又伴随功能有必然的矛盾，比如A柱存在视野与刚度之间的矛盾，B柱存在刚度与便利性之间的矛盾等。

A柱对于汽车安全起着极为关键的作用，特别是在发生正面碰撞时，强度足够高的A柱能够有效地避免变形，从而能够保证乘员在发生事故后顺利打开车门逃生。另外，拥有较高抗剪强度的A柱在轿车追尾大货车时能有效地避免A柱被货车尾部切断，从而最大限度保护乘员安全。为此，为保证A柱有良好的刚度，就必然要求A柱的横截面越大越好。但A柱太粗大会遮挡驾驶人前方左右两侧的视线，增加驾驶人的视野盲区，所以这就产生了一个矛盾：作为驾驶人，希望A柱越窄越好；而作为设计者，则希望A柱越粗越好，以保证A柱的高刚度，减小安全风险。

和A柱类似，B柱对整车安全也至关重要，特别是在侧面碰撞过程中，B柱的作用更为重要。和A柱相比，虽然B柱不存在挡住视野的问题，但其本身却是多个零部件的载体，如前门锁扣、后门铰链、后门限位器和前排座椅安全带都是要固定在B柱之上。另外，B柱的大小还直接影响前后门门洞的大小，从而影响乘员上下车的方便性。和A柱一样，B柱的横截面也是越大越好，因为截面越大，其强度也就越高。但因为受到上述因素的限制，B柱的横截面也不能做得太大，主要是通过采用高强度钢板和肋板的方式来提高其自身的强度。

与A柱、B柱不同，C柱的限制条件要小得多，但C柱对于车身正面或者侧面碰撞的影响也小得多，对其进行加强更多的是出于对车身顶部以及整车刚度的考虑。

顶篷总成也叫车顶总成，是车身的最高点，如图1-14所示，一般由顶篷外板、2~5根顶篷横梁组成，前中后车顶横梁将左右侧围A柱、B柱和C柱连接在一起。顶篷的强度影响着两个方面：一是顶篷本身强度，二是对于侧面撞击也能通过顶篷横梁进行分散。

图1-14 顶篷总成

在2011年之前，汽车顶部安全问题在国内还没有受到重视。随着因为车辆侧翻而造成人员伤亡事故的增多，参照欧美相应法律法规，我国也正式发布了GB 26134—2010《乘用车顶部抗压强度》标准，该标准要求车辆的顶部在承受1.5倍车身重量载荷的情况下，车身顶部变形量不得超过127 mm。

但由于车身顶部所处的位置特殊，加强空间有限。在车顶总成中，顶篷是外覆盖件，料厚一般在0.6~0.8 mm，基本不能提供多大的强度，其车顶强度主要由车顶横梁来承担，而由于其布置空间有限，一般都是采用高强度的钢板冲压成具有加强作用的C型结构。车顶横梁一般由前横梁、若干中横梁和后横梁组成。其中，前横梁连接左右A柱，前部和前风窗玻璃相连。后横梁连接左右C柱或D柱，其中，三厢车的后横梁要和后风窗玻璃相连，而两厢车的后横梁则是后尾门铰链的安装支撑件。一般而言，现代汽车都会有1~3根中横梁，其中一根用于连接左右B柱，以便和左右B柱、底板横梁一起形成一个完整的加强圈，更好地抵御侧面撞击。带天窗的车型虽然因为天窗而导致车顶强度偏弱，但天窗周围有一圈肋板，弥补了其强度不足的缺陷。现在一些车型将全景天窗作为一个很有优势的个性配置来宣传，而采用全景天窗的车型顶部只有前后两个横梁，是不是意味着其车顶强度不够？这其实也未必，因为采用全景天窗的车型虽然取消了中部横梁，但其前后横梁做得更为强大，所以不能简单地认为采用全景天窗的车型车顶强度就低。

（3）白车身总成结构　白车身总成是指已完成焊接且未进行喷涂的车身总成，如图1-1所示，它是白车身骨架总成与各覆盖件总成通过螺栓连接后的最终交付产品。白车身的作用就是在吸收汽车动能的同时减缓车内乘员的移动程度，保证乘员有足够的生存空间。从这点就可以看出，一个性能优良的白车身应该具有两大特点：一是具有足够大的吸能空间，以便将碰撞的能量吸收掉，这要求白车身的某些部件要足够软；二是有足够大的坚固、不可变形的空间，以便保护好乘员安全，这则要求白车身某些部分要足够硬。

在白车身总成中，前纵梁的三区设计已经确保了车身吸能对驾乘人员的保护功能，但汽车在行驶的过程中还需要注意对路面行人的保护功能，这就要求白车身总成中最易与行人发生碰撞的发动机舱盖的设计需要有行人保护功能。发动机舱盖一般由发动机舱盖外板、内板、铰链加强板和舱盖锁加强板组成。其中，外板是表面覆盖件，主要起到美观的作用；而铰链加强板和舱盖锁加强板只是作为局部加强件；内板则是最为关键的部件，一般是0.8 mm厚的钢板，在设计时会在内部沿着车身宽度方向开一道伸缩槽，以便在汽车发生正面碰撞时发动机舱盖能沿此槽向上折弯变形，在吸收部分能量的同时还可以防止发动机舱盖受力后向后切入乘员舱伤害驾乘人员。

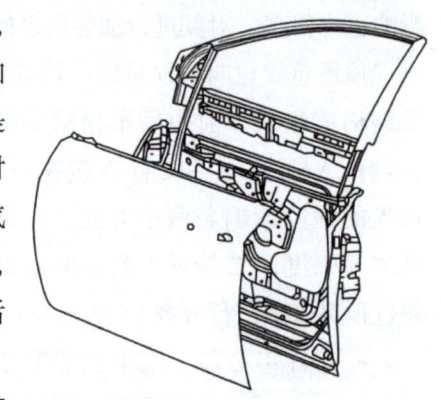

图1-15　车门总成

车门总成一般分为内板和外板两部分，如图1-15所示，外板采用0.6~0.8 mm厚的镀锌板材，内板一般采用1~1.5 mm厚的高强度或超高强度钢材作为骨架，起到加强作用。车门的好坏主要体现在车门的防撞性能、密封性能和车门的开合便利性，当然还有其他使用功能的指标等，其中防撞性能尤为重要，因为车辆发生侧面碰撞时，缓冲距离很短，很容易伤到车内人员。因此，好的车门内至少会有两根防撞杠。防撞杠的重量是较重的，也就是说，好的车门偏重些，但并不能说车门越重就越好。现在的新型汽车，如果在安全性能够等能够保证的前提下，设计师都会想方设法减轻车辆包括车门的重量（如用新型的材料）来减少功耗。

各覆盖件与车身骨架总成为螺栓连接，这与大家直观上认为汽车基本上都是以焊接工艺连接的第一印象有所差异。螺栓连接的拧紧力矩一般在20~50 N·m之间，但在汽车焊装内进行紧固的螺栓一般都会成为车身内螺栓连接安全级别要求较高的紧固点。

二、汽车焊装的作用

通常我们所说的汽车制造四大工艺指的是冲压→焊装（车身）→涂装（油漆，喷涂）→总装。一般来说，在汽车制造企业，这四大工艺分别对应四大车间或工厂。在焊装车间，冲压成形的钣金件通过夹具固定其相对位置，主要使用电阻焊机焊接并组拼成完整的白车身。

车身焊装是车身制造的重要工序，是车辆制造水平的重要保证。车身是汽车的基体，它不仅要承受来自汽车内、外部的所有力和力矩，为乘客和货物提供保护，而且还要满足用户对汽车外观质量日益苛刻的高要求，即车身应具有"承力、保护、美学"三大最基本的功能。此三大功能是否能最大限度地实现，在很大程度上取决于车身焊装质量。这正是业内常说"车身焊装工艺水平直接关系着汽车产品的外观质量和使用性能"的原因。

为了便于焊接成形，且获得准确的车身外形尺寸和优良的外观质量，通常将由薄板冲压成形的片状冲压件焊装成具有一定强度或功能的分总成，再将分总成焊装成大总成，将大总成焊装在一起组成车身的六大片（车身底板总成、顶盖总成、左/右侧围总成、前围总成、后隔板总成），然后将六大片合焊在一起构成车身焊接总成，装上车门、发动机舱盖、翼子板、行李舱盖便构成了整体焊接白车身。

三、汽车焊装的发展概况

1. 汽车焊装发展历史

焊装工艺是汽车制造技术中最有代表性的四大工艺之一（冲压、焊装、涂装、总装）。中国汽车工业已经走过了70年的发展历程，可以说中国的汽车焊接技术也伴随着中国汽车工业走过了70年。70年中，中国汽车工业从无到有，逐渐走向国际化，汽车焊接技术也从落后、自主开发、技术引进到整线引进，逐渐接近国际先进水平。

从汽车工业的发展历史来看，车身焊装线经历了从20世纪五六十年代的手工焊接线到20世纪70年代的自动化刚性焊装线，再到20世纪80年代以后的机器人柔性焊装线的发展过程。

在汽车发展的初级阶段，主要应用直通式生产线。到了20世纪六七十年代，曾较多地使用随行夹具生产线，但由于随行夹具存在体积大、结构复杂、运动惯性大、难以实现多品种生产及机器人配套使用等缺点，到了70年代中后期，各主要汽车厂家又采用贯通式生产线。目前，世界汽车发展的趋势是由大批量生产向多品种、小批量生产转化，为了满足汽车消费者广泛而多样化的需要，适应汽车市场的激烈竞争，世界各大汽车生产厂家不断缩短车型替代周期，加快车种的更新，因此现代汽车焊装线在功能上逐步趋于柔性化。柔性生产线从狭义上讲，指多种车型混线生产，各种车型能够依据市场需求的变化而在总产量不变的前提下，任意调整各个车型的比例。

近年来，汽车工业在焊接新技术应用及推广方面起到了积极的推动作用。针对汽车产品"更轻、更安全、性能更好且成本更低"的发展目标，当前汽车焊接技术正在传统的材料连接概念与方法的基础上迅速延伸和拓展，并向先进的"智能化焊接制造"的方向发展。

2. 汽车焊装的现状

国内焊接车间主要生产工艺有电阻点焊、CO_2气体保护焊、螺柱焊、MIG焊、激光焊、涂胶、冲铆、装配、修磨等。

随着车身向着轻量化方向发展，车身材料向轻量化及非金属转变是必然趋势。未来车身材料仍以钢板为主，但是一些复合材料（例如镀锌钢板、高强度钢板、铝合金、镁合金、高强度纤维复合材料）将得到广泛应用。

基于我国工业机器人技术、智能制造技术的不断发展，工业机器人在汽车焊装领域的应用越来越普及。通过运用工业机器人不仅有效提高了汽车焊装工艺效率，而且还提高了焊装生产质量，降低了故障率。工业机器人对汽车焊装的自动化控制主要是通过PLC实现的，它可以精准地对拼接位置进行焊接，有效地保证点位工位焊接工件的精度和刚度，提升焊接的质量和效率等。

3. 汽车工业焊接总体发展趋势

（1）**发展焊接机器人自动化柔性生产系统**　从目前发展来看，自动化柔性生产系统是汽车焊接的发展趋势，而工业机器人因其自动化程度高和灵活性好在轿车生产中得到大规模使用。在焊接方面，主要使用的是六自由度点焊机器人和弧焊机器人，且机器人具有焊钳储存库，可根据焊装部位的不同要求或焊装产品的变更，自动从储存库抓换所需焊钳。传输装置则已发展为采用无人驾驶的更具柔性化的感应导向小车。

目前国内汽车焊装自动化生产线市场呈现国际跨国企业和国内优秀厂商并存格局。国外厂商凭借在工业机器人产业链中掌握机器人本体和关键部件核心技术的巨大优势，外加长期合作形成的稳固合作关系，牢牢占据我国汽车工业自动化领域的高端品牌市场。由于我国工业机器人起步较晚，工业机器人本体及关键零部件几乎被国外几大知名机器人厂商垄断，国内工业机器人企业在机器人本体和关键零部件方面还难以摆脱受制于人的局面。当前全球工业机器人生产厂商主要分布于日本和欧洲等工业发达国家，日本FANUC、日本安川、德国KUKA、瑞士ABB等四家国际工业机器人巨头在我国工业机器人应用市场份额遥遥领先。

（2）**发展轻便组合式智能自动焊机**　近年来，国内的汽车制造厂都非常重视焊接的自动化，如一汽引进的捷达车身焊装车间的13条生产线的自动化率达80%以上。各条线都由计算机（可编程控制器PLC-3）控制，可自动完成工件的传送和焊接。机器人的动作采用点到点的序步轨迹，具有很高的焊接自动化水平，既改善了工作条件，提高了产品质量和生产率，又降低了材料消耗。

（3）**发展计算机与信息技术**　随着计算机与信息技术的工业应用，基于虚拟现实建模的机器人焊接过程仿真技术提供了关于工件、夹具和机器人焊枪姿态的三维信息，已大量地应用于焊接过程策划、工艺参数优化以及焊接夹具设计等各个环节，对加快焊接程序的编制、缩短现场调试时间及焊接过程位置信息的准确获取具有重要应用价值。同时，仿真技术也运用于焊缝质量的评估及焊后的应力与变形预测。在新车型设计阶段还可以对多种材料的连接方式及疲劳性能、冲击性能等进行综合考虑，通过对接头的仿真做出适用性评价。

以计算机和信息技术为平台的焊接生产过程信息系统对汽车焊接生产过程的质量分析与优化、企业的管理与决策有着非常重要的意义。

近年来，随着我国汽车市场的繁荣，国内汽车制造自动化和智能装备企业的规模和技术实力逐步发展壮大，设计经验和项目管理能力得到不断提高，市场地位也逐步提升。凭借本土化的优势和低成本带来的价格竞争力，国内企业开始涉足技术更为复杂、集成化程度更高的领域。国内焊装企业通过大力开发高效节能的焊接新技术、新材料、新工艺和新设备，应用机器人技术、轻便灵巧的智能设备及计算机和信息技术，已逐步形成自己的技术特色，并与国内外主要汽车生产企业建立起了长期合作关系。随着国内企业加大研发力度，加强人才培养和经验积累，企业集成能力和创新能力将得到进一步提升，业务覆盖范围将进一步扩大。经过多年的发展，我国已经形成了一批具备较强技术实力、产品初具竞争力的焊装自动化生产线设计和制造企业。

任务实施

1. 正确描述白车身当前所使用的主流材料。
2. 认知汽车白车身结构。
3. 正确描述汽车焊装的作用。
4. 了解汽车焊接工艺的发展历程。
5. 认知焊装智能制造的前景。

课后拓展

到焊装车间进行实地参观，业余时间到图书馆、阅览室查阅汽车焊装方面的书籍与杂志，上网查询汽车焊装最新动态，观看汽车焊装工艺相关视频。

能够对焊装有初步的认知，并能基本描述白车身的结构组成。

学习任务二　白车身焊装生产工艺流程

学习目标

1. 思政元素：培养学生"爱技、重技、专技、精技"的工匠精神，树立技能报国的爱国情怀。
2. 了解车身总成焊装工艺流程。
3. 知道车身焊装生产线组成。
4. 了解各级总成焊装流程。
5. 正确描述车辆焊接生产工艺流程。

任务导入

由冲压车间或外协零部件工厂运送来的冲压单件、零部件分总成（图2-1），先通过焊接工艺焊装在一起，焊装后的白车身如图2-2所示，再加装四门两盖后，将运往涂装车间。那么冲压单件和零部件分总成（图2-1），是如何焊装成白车身（图2-2）的呢？让我们一起带着疑问，了解白车身焊装生产工艺流程。

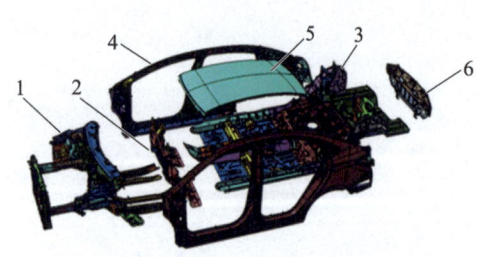

图2-1　白车身零部件分总成

1—前结构总成　2—防火墙总成　3—后结构总成
4—侧围总成　5—顶篷及横梁总成　6—后端总成

图2-2　白车身

知识准备

一、白车身生产工艺流程简介

1. 车身焊装生产线组成

白车身（Body in White，BIW）是指尚未进入涂装和内饰件总装阶段的车身，它是乘用车的动力系统、行驶系统、电气系统、内外装饰件等乘用车子系统的载体,是车辆动力性、舒适性、平顺性等性能的载体,是车辆外观形象、外观质量的载体,所以乘用车的白车身制造是汽车制造中一项非常关键的制造技术。

车身焊装生产线是汽车白车身装配生产线,由许多焊装工位组成。每个工位由许多定位夹紧夹具、自动焊接装置及检测装置等设备以及供电供气供水装置组成。线间、工位间通过搬送机(自行葫芦、电动葫芦、EMS、APC、FDS、滚床、往复杆、shuttle 等)、机器人等搬送设备实现上下料和零部件的传送,以保证生产线内各工位工作的连贯性。

焊装生产线组成及其传输系统属于焊装车间的基本架构。按工位来分焊装生产线分为主线和分装线;按功能可分为焊接线、装配线及调整线。线与线连接或工位间部件传输需安排设计合理的输送方案,这是现代大工业生产机械化、自动化生产的要求。

焊装生产线的现场示意图,如图2-3所示。

图2-3 焊装生产线示意图

(1)分装线 根据自动化程度不同,分装线可以设计成单工位独立操作方式,也可以设计成几个工位流水线操作方式,被焊接零件在各工位之间可以应用手工或自动传送。

目前,我们已经正式进入信息化时代,生产线上的很多工作都已经实行智能化控制、管理,这样无疑在很大程度上提升了工作的效率,为企业获取更大的经济效益,但是企业还应该随着社会发展,不断引入先进技术,优化生产线生产效率、优化工作技术,提升企业生产线智能化控制水平。

(2)侧围总成线 侧围总成线完成侧围内外板的结合,一般它由左右对称的两条生产线生产出左右对称的两个总成。部分车型的侧围总成因产品设计结构不同,可分为侧围内板总成和侧围外板总成,在两条线内生产出左右对称的四个总成,然后在主焊线上进行两道工序合拼而成为白车身骨架总成。在侧围总成线上布置有工位间的传输机构、焊装夹具、机器人点焊系统、涂胶设备、自动输送机械等。

(3)底板总成线 底板总成线完成发动机舱总成、前底板总成和后底板总成的装配焊接。底板是车身结构中强度相对较大的部分,常常需要布置二氧化碳焊机进行补焊。

根据自动化程度不同，底板总成线上设置有工位间传送机构、焊装夹具、机器人点焊系统、涂胶设备、升降机等。

（4）**主焊线** 在汽车的生产工艺中，汽车车身作为汽车中的关键部件，其焊接质量直接影响着产品的整体质量与性能。汽车焊装主焊线不仅是汽车焊装工艺的直接体现，也是汽车焊装生产线的核心部分。焊装主焊线全部柔性化设计，可以随机生产多种车型，柔性切换。

主焊线是白车身主要的焊接线，在此生产线的总拼工位上将完成底板总成、侧围总成、顶篷横梁的合拼，在其余多个工位完成顶篷、后围、侧围连接板等多个零件的装配焊接。其中底板总成的上料是通过底板传送机构直接传送到总成工位。侧围总成的自动上料方式有EMS、APC、AGV、FDS等多种形式。顶篷总成多采用AGV背负顶篷总成器具入库的形式。

主焊线的核心工位是总拼工位，它也是整个焊装车间最重要的工位，总拼工位一般采用机器人搬运、OPENGATE、FRAME、M治具等形成的工装，对底板总成、侧围总成、顶篷横梁总成合拼的白车身骨架进行定位固定，然后由十余台点焊机器人进行定位焊接而形成白车身骨架总成。

在主焊线上还设置若干个补焊工位，完成车身主体的补焊。从主焊线上生产出来的产品通过升降机设备传送到车身装调线上。

（5）**门盖线** 门盖线主要指车门焊装线、发动机舱盖和行李舱盖焊装线，车门、发动机舱盖、行李舱盖焊装线都是经过涂胶、折边、焊接、装配等工序实现内外板的结合。它的主要设备有内外板焊装夹具、机器人点焊系统、机器人滚边系统、伺服/液压压力机、滚边胎膜、涂胶设备、铰链装配夹具、二氧化碳焊机等。

（6）**车身装调线** 车身装调线由车身总成生产线和许多分总成线组成，每一条总成线或分总成车身完成线是一条车身装配生产线，通过铰链连接方式分别将焊装好的前后车门、翼子板、发动机舱盖，行李舱盖或背门与车身本体连接装配，形成白车身，同时对车身外观质量进行检测和修磨。

车身装调线的特点是整条生产线不需要焊接，是机械铰链连接，属于可拆卸连接，无任何焊接设备，以手工作业为主、机器人自动化装配为辅，是整个车身焊装生产线的最后一道工序，完成后的产品即为白车身，将输送到涂装车间进行表面处理。

2. 生产工艺流程

车身壳体是由薄钢板焊接/连接而成的复杂结构件，一个车身由数百个钣金冲压件经点焊、CO_2气体保护焊、钎焊及粘接等工艺组装而成。汽车车身钣金件的装焊是按一定的先后顺序进行的，具有明显的程序性。为便于装焊，通常将车身的装焊过程划分为总成、分总成，各分总成又划分为若干合件，由各工位完成各零部件的组装。

下面以奇瑞焊装车间某车型为例说明焊装生产流程，图2-4所示为车身焊装工艺流程图。

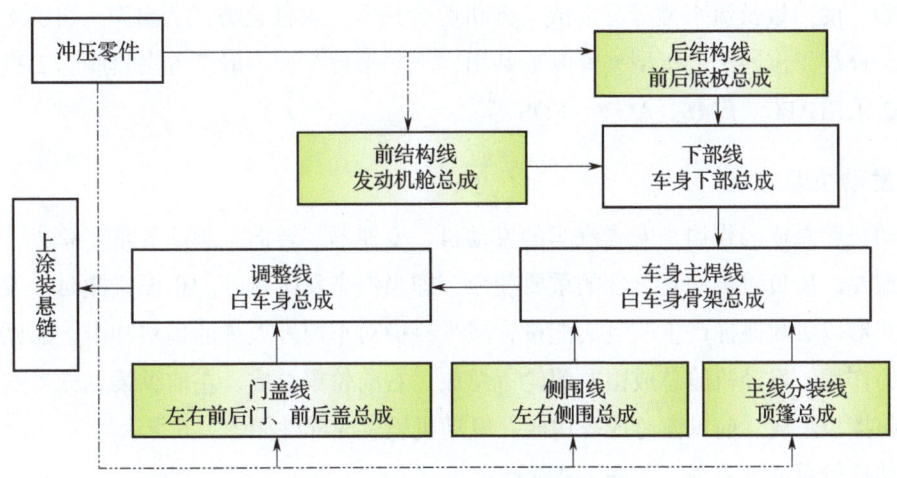

图2-4 车身焊装工艺流程图

整车厂焊装车间一般采用冲压零件→零部件→分总成→总成→总拼的焊接加工过程，由多条分线并行生产，由前后底板总成和发动机舱总成组成车身下部总成；车身下部总成、左右侧围总成、顶篷总成拼装成白车身骨架总成，再经过调整线加装四门两盖总成后组成白车身总成。这些总成将各种车身零部件焊装为合件，再将合件、结构零部件焊装成分总成，最终将分总成、合件、零件在主焊装生产线完成白车身焊装。白车身是指已完成焊装工序但尚未进入涂装工序的汽车车身。

汽车车身焊接时零件较多，工序较多，基本无法在一条产线完成，因此会含有多个总成，而各总成件，又分为三级总成、二级总成和一级总成。以奇瑞焊装车间为例，白车身拼焊流程如图2-5所示。

知识视频
白车身生产工艺流程

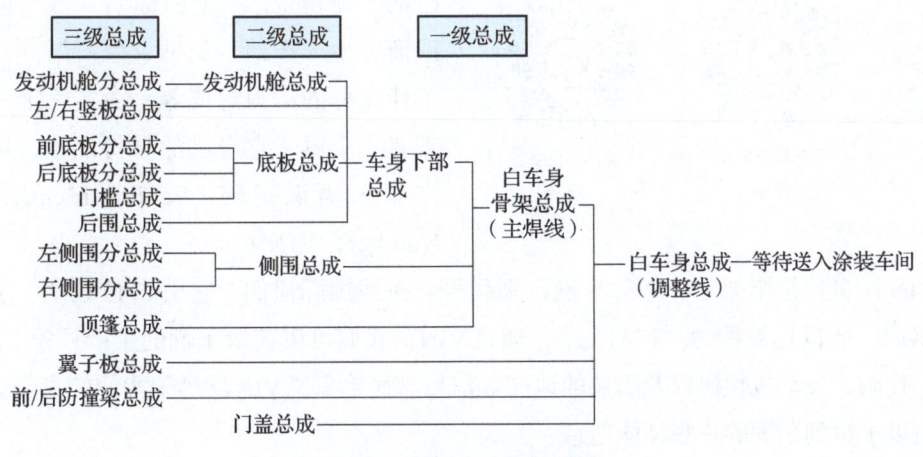

图2-5 白车身拼焊流程

二、二级总成生产工艺流程

二级总成生产线主要有前机舱、后底板、侧围等总成。以前机舱为例,上件合拼主要有前纵梁、前挡板及流水槽等分总成。前机舱合拼工位柔性化方式为台车+切换库或多夹具系统。补焊工位同平台车型夹具改造共用,不同平台车型一般设置夹具库。二级线向一级线输送采用APC、EMS、AGV、FDS等。

1. 发动机舱总成

发动机舱总成的作用是安置汽车的发动机、变速器、转向、制动等重要总成,其作用越来越重要,肩负着被动安全性的重要使命,即当汽车发生意外的正面碰撞时,发动机舱会折曲变形以吸收碰撞产生的巨大能量,减少碰撞对车内外人员的猛烈冲击,起到保护车内乘员的作用。发动机舱总成由左前轮罩总成、右前轮罩总成、左前纵梁总成、右前纵梁总成、前挡板总成、前风窗总成等构成。发动机舱总成部件如图2-6所示。

发动机舱总成示意图,如图2-7所示。

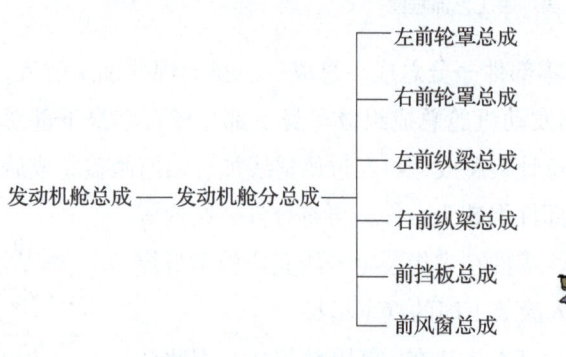

图2-6 发动机舱总成部件构成图　　图2-7 发动机舱总成

对于汽车而言,它应该有一个属于自己的"身份证",上面标明了汽车的生产厂商、生产产地、类型、生产时间、采用了什么样的动力总成等。而实际上汽车还真有一个属于它自己的身份证号,那就是汽车车辆识别码(Vehicle Identification Number,VIN)。

VIN其实就是车架号,亦称车辆识别代号。按照国际惯例,它由17位数字、字母和符号组成,所以也被称为"17号码",通过VIN,我们可以获取车辆的生产厂家、年份、车型、代码、发动机代码以及组装的地区等信息。简单来说VIN就等于我们的身份证,通过它可以了解到车辆的一些具体信息。

一般的VIN就在发动机舱总成上打刻，并在纵梁总成上张贴用于扫描识别的二维码，以满足白车身生产过程中的车型识别、工位报工、信息记录及质量管理等功能。在车辆上牌时，也需要对打刻的VIN进行拓印归档，证明汽车的合法性及符合性。

发动机舱分总成之VIN扫码刻印

2. 底板总成

（1）**前底板总成** 前底板总成是车身下部非常重要的部件。主要承载前排座椅兼有承重的任务，因此底板结构保持足够的刚度和强度是至关重要的，前底板承重部位应力变化复杂，需要在零部件安装部位等多处加横梁、加强板等，并在前底板主板上压制加强筋和凸凹平台，用以提高底板的强度。前底板总成由前座椅前横梁总成、前座椅后横梁总成、左前底板总成、右前底板总成、中通道总成等组件构成。图2-8为前底板总成部件构成图。

（2）**后底板总成** 后底板总成主要作用是承载后排座椅、备胎、油箱。其强度和刚度是通过在主板上压制加强筋和凸凹平台以及后车架总成保证的。后底板部分还影响到整车的四轮定位的尺寸，所以后底板的装配精度要求比较高。后底板总成由后底板本体总成、左门槛后段总成、右门槛后段总成、中底板横梁总成、后底板横梁总成、左纵梁总成、右后纵梁总成等组件构成。图2-9为后底板总成部件构成图。

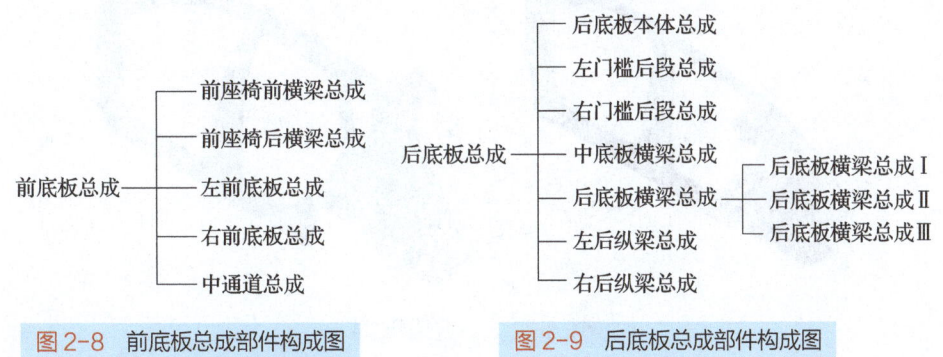

图2-8 前底板总成部件构成图　　图2-9 后底板总成部件构成图

前、后底板总成示意图，如图2-10所示。

图2-10 前、后底板总成

后底板总成拼接

3. 侧围总成

左、右侧围总成是形成轿车左右侧壁、组成座舱的重要结构，主要由侧围焊接总成组成，是支撑顶篷、连接车身前后部分的侧围面构件，是固定前后风窗玻璃，并用来安装侧门，保证车身受到侧面撞击时的安全性的承载框架，具有较大的抗弯、抗扭的刚性和强度。以左侧围总成为例，左侧围总成由左侧围内板前部总成、左侧围内板后部总成、左侧围加强板总成、左侧围A柱总成、左后流水槽总成等组件构成。图2-11为左侧围总成部件构成图。

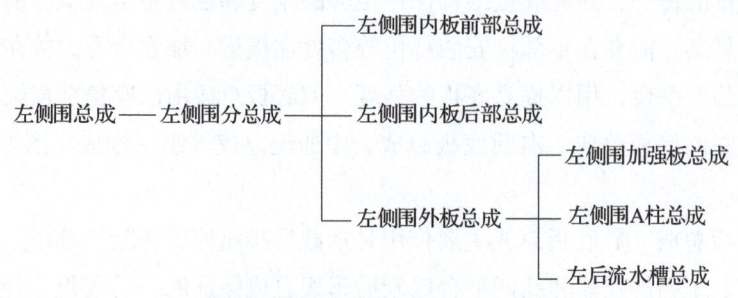

图2-11　左侧围总成部件构成图

左、右侧围总成，如图2-12所示。

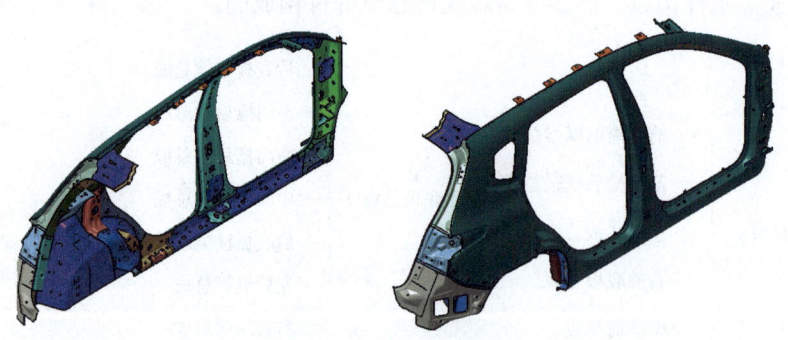

图2-12　左、右侧围总成

白车身侧围外板和内板在后轮罩处常用的连接方式主要有焊接、折边和包边三种方式。目前，最常用的包边工艺有传统包边工艺（压机包边、专机包边）和机器人滚压包边工艺等。机器人滚压包边是通过安装在机器人臂上滚边头中的滚轮，在滚边胎模的支撑下，沿板件包边形面进行滚压包边的新型内外板连接技术。

4. 顶篷总成

车顶篷是车厢顶部的盖板。对于轿车车身的总体刚度而言，顶篷不是很重要的部件，这也是允许在车顶篷上开设天窗的理由。从设计角度来讲，重要的是它如何与前、后窗框及与支柱交界点平顺过渡，以求得到最好的视觉感和最小的空气阻力。当然，为了安全车顶篷还应有一定的强度和刚度，一般在顶篷下增加一定数量的加强梁，顶篷内层敷设绝热衬垫材料，以阻止外界温度的传导及减少振动时噪声的传递。

顶篷总成一般由顶篷外板、顶篷前横梁、顶篷后横梁、顶篷支撑条组成，有的还会有阅读灯安装支架，有天窗和行李架的还会有天窗加强环总成和行李支架等。

顶篷总成如图2-13所示。

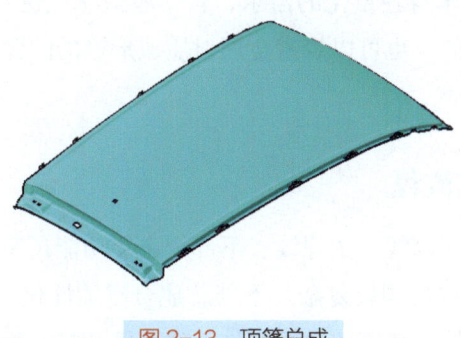

图 2-13　顶篷总成

5. 门盖总成

门盖总成由左前门、右前门、左后门、右后门、发动机舱盖、行李舱盖等总成组成。门盖总成如图2-14所示。

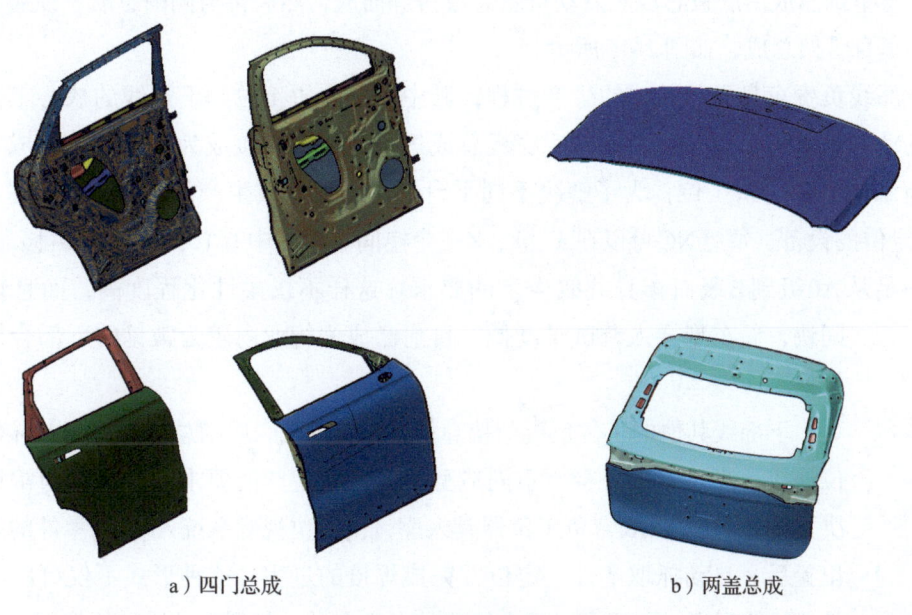

a）四门总成　　　　　　　　　b）两盖总成

图 2-14　门盖总成

门盖线之四门焊接过程

门盖线之前后背门焊接过程

四门总成由内板、外板、防撞梁、铰链及螺栓构成，四门总成与侧围总成组成座舱。四门各两根防撞梁，大大增强抵抗前方、横向碰撞的能力。

发动机舱盖总成是最醒目的车身构件，是买车者经常要察看的部件之一。发动机舱盖板总成由发动机舱盖内板、发动机舱盖外板、发动机舱盖左右铰链总成及螺栓构成。

行李舱盖总成要求有良好的刚性，结构上基本与发动机舱盖相同，也有外板和内板，内板有加强筋。为了满足车身轻量化的需求，行李舱盖总成也有全塑料材料的总成形式，既可以起到车身减重的目的，也可以规避金属材质成形难的问题，可以满足一些特殊结构的汽车造型要求。

三、一级总成生产工艺流程

一级总成生产线包括下部线、主焊线。下部线主要功能是实现前机舱及前、后底板合拼，涉及三大块定位，定位机构较复杂。下部总成合拼柔性化方式可以采用NC柔性化系统、台车系统、多夹具切换系统等。主焊线将下部总成、左右侧围、顶盖合拼成完整的白车身。主焊线柔性化方式可以采用柔性化GATE系统、抓手切换系统、FRAME切换系统、M型治具系统等方式。

1. 车身下部总成

车身下部总成由底板总成和发动机舱总成拼焊而成，然后再与侧围总成、顶篷总成焊接成白车身骨架总成，如图2-15所示。

下部线负责车身下部总成的生产过程，其中下部合拼工位是下部线的核心工位，负责将发动机舱总成、前底板总成、后底板总成进行定位并焊接成为一个刚性总成。如图2-15所示的下部合拼工位，为了解决不同平台的白车身共线生产的问题，采用了8组柔性NC定位的设备，每组NC可以在X、Y、Z三个空间自由度中有100mm的自由移动空间，可以满足从A0级到B级白车身共线生产的要求。这样不仅柔性化程度高，而且切换时间快，新车型导入调试难度低，目前已成为行业内较为常见的下部合拼工位场景。

下部线其他的工位负责门槛总成、A柱总成、后围总成等造型差异件的定位连接，满足不同平台、不同造型车型共线生产的要求。目前较为常见的解决方案是采用AMR背负工位器具入库，由工位视觉系统AI识别零件的差异与位置后，自动抓取上件、定位并完成焊接的过程。这种形式不仅可以实现零件的防错识别，而且可以减少线边的上件人员，起到减员增效的作用。

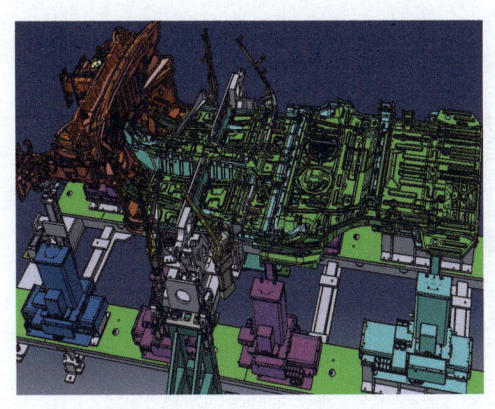
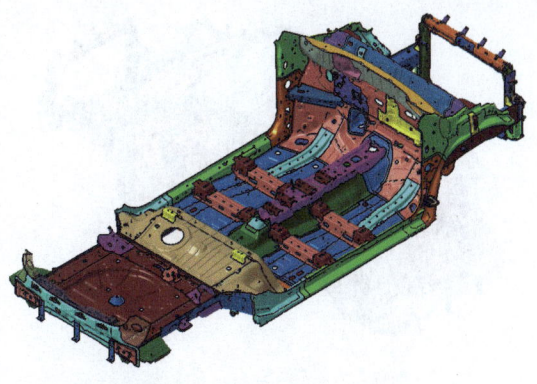

图 2-15　车身下部总成

2. 白车身骨架总成

车身主线是拼接白车身骨架的生产线，包括车身下部总成、侧围总成、顶篷总成等。车身主线一般设计为自动线，是高技术集中应用的生产工位。白车身骨架总成如图 2-16 所示。

白车身焊装生产线根据线体能够生产的产品种类，可以分成车身单一产品焊装生产线以及车身柔性焊装生产线。单一产品焊装生产线意味着整个车身焊装生产线只可以生产单个系列或者单个种类的车身产品，所以这种工艺以及布局设计形式是相对简单的，特斯拉的焊装生产线就采用了这种模式。柔性焊装生产线意味着一条车身焊装生产线能够生产较多的车型，这种生产线系统比较复杂，行业内大部分车企的焊装生产线，都是采用柔性化焊装生产线的模式，可以满足多平台多车型的共线生产，不仅可以提高产线的产能利用率，而且可以减少重复投资带来的资金风险。

柔性焊装生产线会借助机器人来代替普通人工比较复杂的手工劳动，这可以显示出现代工业时代的特点。焊接机器人能够在焊装车间完成对于车身的焊接，并且能够完成车身打孔、车身铆接、车身滚边、车身螺柱焊、车身涂胶、车身搬运传输以及车身激光焊接。焊接机器人能够按照有关的程序控制有效地完成比较复杂的行为，有着较高的自动化程度、较高的重复性以及再现性，可以搬运重量较大的零件，并且运输速度比较快。通过使用焊接机器人，可以显著提升车身焊装线的单位产量和生产效率。

图 2-17 为某焊装生产线的主拼工位。该总拼工位可以实现多种不同上车体的车型共线，其主要动作由机器人完成，完成率可以达到 90% 以上。

主焊线拼接之侧围
与下部总成拼装

主焊线拼接之侧围
与顶篷总成拼装

知识视频

图2-16 白车身骨架总成　　　　　　图2-17 焊装生产线的主拼工位

四、焊装调整线

1. 调整线的作用

车身在焊接线焊接完成后，将会转入调整线。焊装调整线是白车身整车下线前的最后一道工序，是保证白车身各装配部位的间隙精度、表面精度的重要环节。

调整线主要作用如下：

1）补焊：用CO_2焊机补焊生产线所不能焊到的空缺部位。

2）打磨：将CO_2焊点、焊接压边、坑包变形等缺陷打磨平整。

3）装配：装配四门两盖、翼子板、前后保险杠横梁等总成。

4）调整：调整四门两盖、翼子板与白车身的间隙面差（关键工序）。

5）钣金：修复车身钣金问题（关键工序）。

6）质检：检查白车身外观、尺寸，不合格的给予退线返修。

其实在每道工序下线前都要进行质检，不合格的都要进行判定是否返修或宣布报废。

2. 调整线的生产工艺流程

从主线下来的白车身骨架在调整线上与四门两盖用铰链连接，然后经过必要的间隙调整和表面修磨后，再输送到涂装车间进行电泳和喷漆处理。白车身总成如图2-18所示。

在调整线内，将会对车身加固焊接，主要完成的工艺包括四门铰链安装、四门安装、行李舱盖安装、左右翼子板安装、发动机舱盖安装及调整，并由质检人员进行检查验收，不合格的部位或调整或返工或废弃，合格产品将会进入下道工序。在国内，生产线一般采用人工操作安装、辊床输送流动的方式，国外一些自动化程度较高的整车厂也有全自动化装配的线体设计。

调整线的工艺流程如下：

1）后防撞梁的安装。

2）行李舱盖安装。

3）四门铰链及四门安装。值得注意的是，后门安装在前，前门安装在后，因为后门的装配间隙段差标准以车身为基准，前门的装配间隙段差标准需要以后门及车身为基准。

4）左右翼子板安装。值得注意的是，左右翼子板安装必须在前门安装之后，因为翼子板的装配间隙段差标准以前门及车身为基准。

5）发动机舱盖安装。值得注意的是，发动机舱盖的安装必须在左右翼子板安装之后，因为发动机舱盖与翼子板的间隙段差标准以翼子板及车身为基准。

在调整线上，四门两盖装配完成后车体会输送到调整工位进行校正，对四门两盖不合适的地方进行调整，使得四门两盖与白车身的间隙、面差达到工艺标准。调整线的检验如图2-19所示。

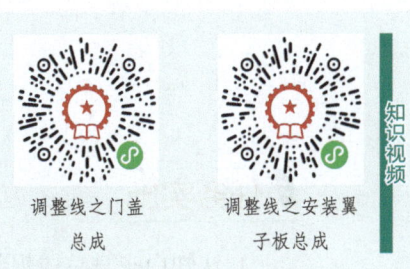

知识视频 调整线之门盖总成　　调整线之安装翼子板总成

图2-18　白车身总成

图2-19　焊装调整线的检验

间隙就是前后门、发动机舱盖和行李舱盖在后期到总装车间装配密封条时需要预留的位置。间隙过大或过小对汽车品质都会造成影响，间隙过大造成密封不严，下雨漏水进入汽车内部，间隙过小导致门和盖关不住等。

面差就是车门、发动机舱盖和行李舱盖这些分体零部件安装到车体后是否与车体属于一个平面，保证汽车整体美观。

其次就是钣金，也是最为严格的一道工序，整个汽车框架不允许有一点瑕疵，哪怕是目视不到的小坑小包（由专业人员和仪器测量）也要修复，不然到喷漆时要刮原子灰（俗称腻子），刮多了影响喷漆效果和质量。

国内某主机厂的白车身总成焊装生产工艺流程，如图2-20所示。

知识视频 调整线之白车身质检过程

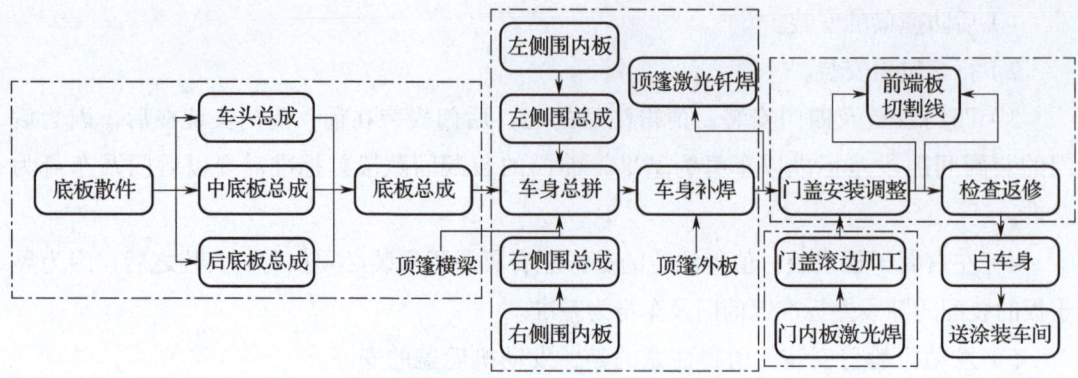

图 2-20　白车身总成焊装生产工艺流程

任务实施

1. 认知白车身总成焊装生产工艺流程。
2. 认知焊装总成的关键分总成及部件。
3. 绘制白车身总成焊装生产工艺流程图。
4. 解说白车身总成焊装生产工艺流程图。
5. 描述各分总成的焊装工艺流程。

课后拓展

到图书馆、阅览室查阅汽车总装方面的书籍与杂志，上网查询汽车焊装车间智能制造最新动态，观看汽车白车身焊装生产的相关视频。在实训工厂或车间进行参观、实训，并能描述白车身的制造过程。

学习任务三 焊装连接工艺

学习目标

1. 思政元素:培养学生"爱技、重技、专技、精技"的工匠精神,树立技能报国的爱国情怀。
2. 能够正确叙述焊装热连接工艺的作用、类型。
3. 能够正确叙述焊装冷连接工艺的作用、类型。
4. 知道各种焊装连接工艺的优缺点。
5. 熟练掌握完成一个典型手工焊接的施工操作。

任务导入

奇瑞小蚂蚁eQ1算是比较经典的车型,在车身轻量化方面做得比较突出,其车身骨架如图3-1所示。小蚂蚁的全铝车身主要以MIG焊(弧焊)和拉铆为主,并有部分激光焊、无铆连接、SPR和胶粘等连接技术。

图3-1 奇瑞小蚂蚁车身骨架

知识准备

一、焊装热连接工艺

1. 电阻点焊

(1)**点焊的定义** 焊件装配成接线头,并压紧在两电极之间,利用电流通过焊件时产生的电阻热熔化母材金属,冷却后形成焊点,这种电阻焊方法称为点焊。电阻点焊示意图,如图3-2所示。

(2)功能及应用 电阻点焊是汽车制造厂在流水线对整体式车身进行焊接最常用的一种方法。在汽车车身修理中,挤压式电阻点焊机适用于焊接整体式车身上要求焊接强度好、不变形的薄型零部件。常见的应用范围包括车顶、窗洞和门洞、车门槛板以及许多外部壁板。

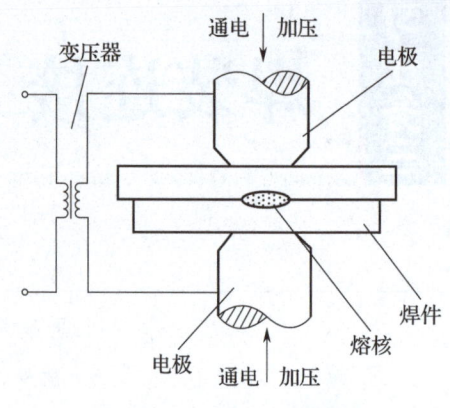

图3-2 电阻点焊的示意图

汽车钢结构白车身是由250~400个不等料厚的冲压件通过点焊形成的一个车体总成。对于普通的A0级轿车的钢结构白车身,一般由4500~5500个点焊连接工艺焊接而成。例如,奇瑞汽车"艾瑞泽5"A0级轿车的白车身焊点总数达到4980个。由此可见,点焊工艺对白车身的产品性能影响非常关键,是白车身连接工艺中最重要的组成部分。

(3)焊接原理 点焊属于电阻焊的一种,它是将被焊工件压紧于两电极之间,并通以电流,利用电流流经工件接触表面及邻近区域因电阻产生热量,将工件加热到熔化或塑性状态,使之形成金属熔核的一种焊接方法。

点焊的焊接过程可以简单理解为焊钳施压、通电熔合、断电冷却三个步骤(图3-3),最终在被施焊的钣金之间形成一个直径为$\phi 4 \sim \phi 6mm$的熔核。

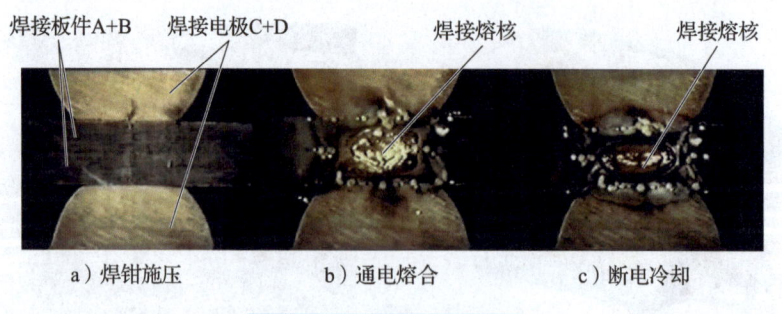

图3-3 点焊的焊接过程

由焦耳定律可知

$$Q=I^2RT$$

式中 Q——通电热量(J);

I——焊接电流(A);

R——焊接电阻(Ω);

T——焊接时间(s)。

焊接电流是产生内部热源——电阻热的外部条件,从上面的公式可知,电流对析热的影响比电阻和时间两者都大。

点焊时的电阻是形成焊接温度场的内在因素。点焊的电阻可分为接触电阻和内在电阻,而接触电阻又包括焊件间的接触电阻和电极与焊件间的接触电阻。焊接区电阻如图3-4所示。

总电阻R为

$$R=2R_{ew}+2R_w+R_c$$

式中　R_{ew}——电极与焊件之间的接触电阻;

　　　R_w——焊件内部电阻;

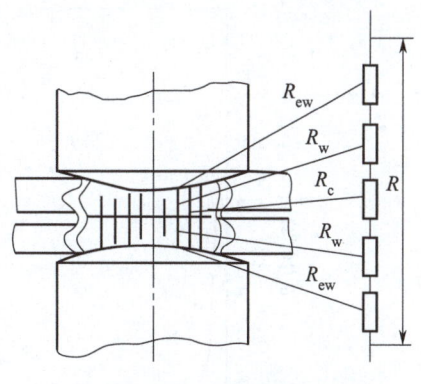

图3-4　点焊焊接等效电阻示意图

　　　R_c——焊件与焊件之间的接触电阻。

R_{ew}、R_w、R_c都是动态电阻,它们并不是固定的,而是随时间变化。

1)焊件间接触电阻R_c:任何零件的表面都不是绝对光滑的,即使经过抛光的零件表面,在显微镜下观察也是凹凸不平的。在压力作用下,两零件总是部分点的接触,当电流从这些点通过时,由于导电面积突然减小,造成电流线弯曲与收缩,增强带电粒子运动时的碰撞和阻尼,从而形成了接触电阻,如图3-5所示。

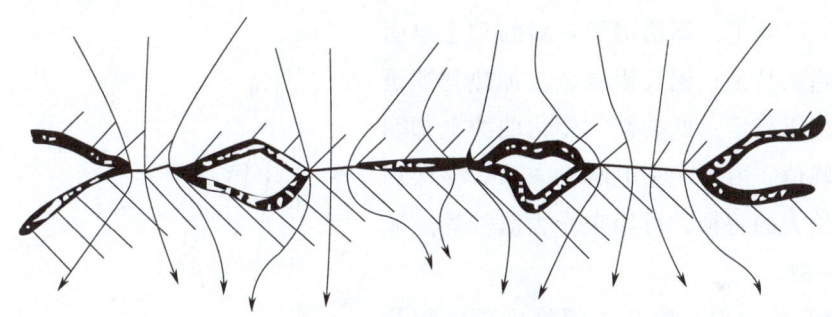

图3-5　接触电阻形成示意图

影响接触电阻的主要因素有以下几点。

①随着电极压力的增大,电极间金属的弹性与塑性变形也增大,焊件表面的凸出点被压溃使接触点的数量和面积随之增加,接触电阻也随着减小。

图3-6所示为20℃低碳钢的接触电阻与压力的关系。

②零件表面上的氧化膜、锈皮及污物等皆为不良导体,通电初期,会使接触电阻显著增大,加热极不均衡,甚至会造成板件烧伤、飞溅,降低焊件的表面质量。

③接触电阻和温度有关。在焊接加热的过程中,随着焊件温度的不断升高,接触点金属的压溃强度不断下降,接触点的面积和数目必然增加,接触电阻会随之下降。图3-7所示为焊接低碳钢时焊件间的接触电阻与温度的关系。

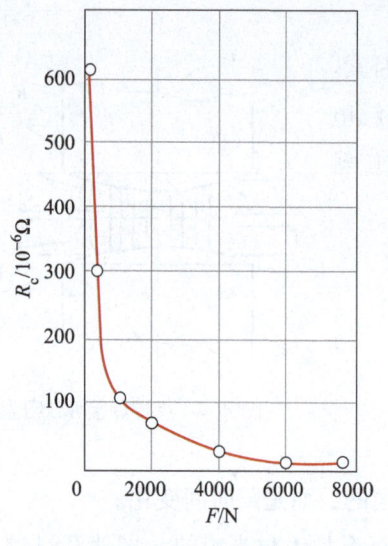

图3-6 接触电阻与电极压力的关系

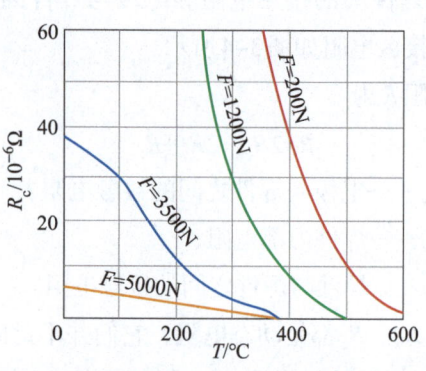

图3-7 接触电阻与温度的关系

④不同的金属材料在加热过程中焊接区动态电阻的变化规律相差很大,如图3-8所示。

由图可以看出,不锈钢等材料的动态电阻呈单调下降的特征;铝及铝合金在加热初期迅速下降后趋于稳定;低碳钢的变化曲线上却明显地有一峰值。由于动态电阻标志着焊接区加热和熔核长大的特征,可用来作为监控焊点质量的物理参数。

2)焊件的内部电阻R_w:焊件内部电阻是加热的主要热源,其大小与焊件的厚度(或长度)、截面(或电极与焊件的接触面)以及材料的电阻系数有关。假定加热时电流在电极直径d所限定的焊件金属柱中通过,则焊件电阻R_w可按下式计算:

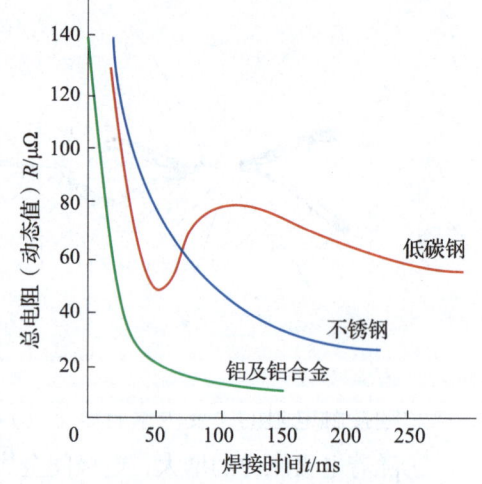

图3-8 典型材料的动态电阻比较

$$R_w = \rho_T \frac{\delta}{S}$$

式中 δ——焊件厚度(或长度);

S——电极与焊件的接触面积;

ρ_T——温度为T时,焊件金属电阻系数。

这种计算方法没有考虑焊件的接触情况和电流密度的分布情况,因此计算出的R_w值只是焊件内部电阻值的近似值。

实际上，R_w 除了与电极直径 d 和焊件厚度 δ 有关，还与电极压力 F 有关。当电极压力 F 增大时，因焊件间的接触面加大，因此 R_w 减小；而电极直径 d 减小，焊件厚度增加，却会使 R_w 加大。

R_w 与温度高低也有关，当温度变高时，材料的压溃强度下降，同一压力下接触点的数目和面积增加，电流点分布均匀，因而 R_w 降低。当温度达到板材熔化温度时，核心中液态金属的电阻率 ρ 急速增大，电流线又迅速向外围温度较低处扩展，使接触面边缘电流密度急剧增大，有利于核心尺寸的增长。

常见的金属材料物理性能，见表 3-1。

表 3-1 常见金属材料的物理性能

材料种类	20℃电阻系数 / ($\Omega \cdot cm \times 10^{-6}$)	熔点 /℃	20℃时导热系数 / [W/(m·℃)]
低碳钢（20）	15.900	1530	15.08
硬铝 LY12（M）	3.346	638	117.20
黄铜（95Cu-5Zn）	3.100	1065	244.93
黄铜（60Cu-40Zn）	7.100	905	125.60
奥氏体不锈钢	70.000	1440	15.90

3）焊件与电极间的接触电阻 R_{ew}：焊件与电极间的接触电阻 R_{ew} 对焊接是不利的。R_{ew} 大容易使焊件和电极间过热而降低电极寿命，甚至使电极和焊件接触表面烧坏。因此在焊接前要尽可能减小接触电阻，此外，电极必须具有良好的冷却条件，使此处热量能够迅速导散。

4）点焊的热平衡：点焊时，电阻热只有较小部分用于形成熔核，而较大部分通过传导、辐射等方式损失掉了，如图 3-9 所示。

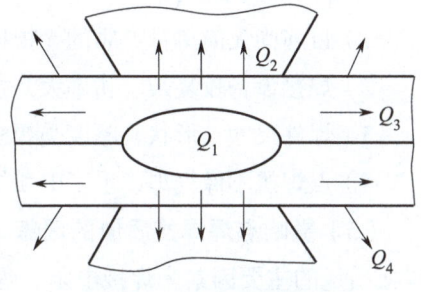

图 3-9 点焊热平衡组成

点焊的热平衡方程式为

$$Q = Q_1 + Q_2 + Q_3 + Q_4$$

式中　Q——焊接区总析热量；

Q_1——熔化金属形成熔核的热量；

Q_2——通过电极热传导损失的热量；

Q_3——通过焊件热传导损失的热量；

Q_4——通过对流、辐射散失到空气中的热量。

Q 的大小主要取决于焊接参数和焊件金属的热物理性能；Q_1 仅取决于金属的热物理性能及熔化金属量，而与热源种类和焊接参数无关，点焊时，$Q_1 =$（10~30）% Q，电阻率低、导热性好的金属取下限，电阻率高、导热性差的金属取上限；Q_2 与电极形状、材料及冷却条件有关，点焊时，$Q_2 =$（30~50）% Q，是最主要的散热损失；Q_3 与板厚、金属的热物理性能及焊接参数有关，$Q_3 = 20\% Q$；$Q_4 = 50\% Q$。

有效热量与焊接时间无关，而损失热量则随加热时间的增长而增大，因此焊接时间 t_w 越长，完成焊接所需的总热量越多，而且焊接影响区也越大。

（4）**点焊的优点、缺点** 点焊的优点如下：

1）焊接成本比气体保护焊等低。

2）没有焊丝、焊条或气体等消耗。

3）焊接过程中不产生烟或蒸气。

4）焊接时不需要去除板件上的镀锌层。

5）焊接接头的外观质量与制造厂的焊接接头完全相同。

6）不需要对焊缝进行打磨。

7）速度快。只需1s或更短的时间便可焊接高强度钢、高强度低合金钢或低碳钢。

8）焊接强度高、受热范围小、金属不易变形。

9）操作简单，容易实现机械化和自动化。

点焊的缺点如下：

1）目前尚无简单且可靠的无损检验方法。

2）焊接设备较复杂、功率大，投资较多，维修困难。

3）焊件尺寸、形状、厚度受焊机功率、机臂尺寸与结构的限制。

4）点焊机不像气焊、手工电弧焊设备那样搬运方便，灵活机动。

（5）**影响点焊焊接质量的因素** 在了解了点焊焊接的基本原理以后，发现影响点焊焊接质量的主要因素为焊接电阻、焊接电流、焊接时间。同时焊接电极压力、电极形状、工件表面状况等也对点焊的焊接质量有较大的影响。下文将分别针对这六种因素进行说明。

1）焊接电阻：焊接电阻又称为接触电阻，存在于焊接通电整个周期。焊接电阻是影响焊接热量的重要因素之一。

焊接材料不同，所产生的电阻必然不尽相同。一般情况下，铝合金之类的焊接材料的电阻明显低于不锈钢之类的材料的电阻，如果焊接材料的电阻较高，其导电性就相对较低，容易产生热量，散热就比较困难。因此，在焊接不同材料时，如果不根据具体情况，即使使用相同的电流进行焊接，也必然会影响电阻焊焊接质量。其次，焊接材料的表面清洁与否也关系着电阻焊焊接质量，如果材料的表面存在锈斑、油渍，或者材料表面凹凸不平，就会增加焊接电极与焊接工件之间的电阻，焊接点的强度也会被削弱，甚至会滋生电阻焊焊接的飞溅现象，这必然会影响电阻焊焊接质量。

2）焊接电流：目前常用的焊接电流形式有中频直流和工频交流两种，由于通电热量与电流的平方成正比，所以焊接电流对通电热量的影响比电阻和时间都大。因此，在焊接参数设定过程中，焊接电流的设定需要更加谨慎。引起焊接电流变化的主要因素有：

①电网电压在网波动和瞬时峰值电流的波动。

②磁电流干扰引起的焊接回路变化。

③施焊焊钳与工装等接地导体焊接分流的影响等。

3）焊接时间：焊接时间的长短直接影响通电热量的大小，焊接时间是以周波（1/50 Hz=20 ms）的整倍数进行设置的。在焊接电流和焊接电阻一定的情况下，随着焊接时间的增加，被焊接零件中间开始出现焊接熔核，持续增加焊接电流，焊接熔核将快速增大，熔深加深，剪切力提高。当选择适当的焊接时间时，焊接熔核凝固后的尺寸、强度、剪切力将满足产品设计质量的要求。但当焊接时间超出合理值时，将会导致通电热量过大，产生焊接飞溅、焊穿、压痕深等焊接质量缺陷。所以在设定焊接时间时，需要结合被焊接零件的材质、料厚、搭接关系等因素，选择合适的参数。目前常用的焊接参数设置有硬规范（大电流和短时间）和软规范（小电流和长时间）两种方式，分别适用于不同的焊接情况。

4）电极压力：电极压力的大小直接影响被焊接两个零件之间的接触电阻，从而影响焊接通电热量的多少，同时对焊件电极的散热效果有一定影响。当电极压力过小时，被焊接两个零件之间的接触电阻增大，焊接通电热量增多且电极散热效果较差，将会引起焊接飞溅、压痕深、焊穿等焊点质量缺陷。当电极压力过大时，被焊接两个零件之间的接触电阻减小，通电热量减少，将导致焊接熔核过小，焊透率下降，焊点剪切力不足，产生焊接弱焊、虚焊等焊点质量缺陷。在选择电极压力时，应以不产生焊接飞溅为标准选择最小的电极压力，减少动能损耗并提高焊接质量的一致性。结合目前常用的钢结构白车身材质及料厚设计关系，常用的电极压力在30～50 MPa之间。

5）电极形状：焊接电极主要采用锥形和球面形两种电极，电极材质常用的为铜合金，也有使用铍铜合金电极（提升电极使用寿命、减小端面直径）。锥形电极多用于有效焊接边在7~12mm的窄边焊焊接区，电极端面直径相比球面形端面直径小，一般为3~5mm。由于焊接电极与被焊零件的接触面积较小，在同等焊接参数下，电极端面的电流密度更大，电极承受的压强更大，电极上散失的热量更多，所以焊接时的损耗也更大。锥形电极焊接时，一般应选用比期望获得熔核直径大20%左右的有效电极端面直径。

6）工件表面状况：由于冲压工艺的影响，工件表面一般会有电阻系数较高的油层（多为工件自带的防锈油、拉延油等）或者氧化物层，在焊接时会使焊接电流遇到较大阻值。在极端情况下，会造成焊接电流不能导通，产生焊接炸电极的问题，并导致焊点虚焊、弱焊的焊接质量风险。所以在点焊焊接之前,需要对工件的表面进行清洗和除油,避免由于工件表面的状况产生焊接质量的风险。

针对以上六个影响因素,在白车身设计阶段,针对板材为DC01、料厚搭接关系为0.8 mm+2.5 mm的搭接组合(料厚比大于1∶3)进行了焊接质量参数验证。验证参数及验证结论见表3-2。从验证结论可以看出,在设计板材料厚比大于1∶3的情况下,焊接参数的适应范围较窄,同时从图3-10发现,在料厚比大于1∶3的情况下焊接质量对参数的要求较高,需要采用短电流、长时间的软规范焊接。这种参数设置将导致每个焊点的焊接时间增加约0.3 s,按单车5000焊点计算,将有1500 s的焊接节拍损失。这就需要增加焊接设备和工位进行补充,导致约200万元的设备投入。所以,在白车身设计阶段,为了获得更好的点焊质量,同时减少固定投资的投入,要求产品设计的料厚比小于1∶3。

表3-2 焊接质量验证结论表

规范	板厚/mm	电极直径/mm	预压时间(cycle)	加压时间(cycle)	维持时间(cycle)	焊接电流/kA	焊接时间(cycle)	电极压力/kgf	外观	熔核直径/mm	剪切强度/MPa	结论
1	0.8+2.5	8	30	30	25	10	25	350	击穿	7.7	20.5	不可行
2	0.8+2.5	8	30	30	25	10	20	350	压痕深	7.5	20	不可行
3	0.8+2.5	8	30	30	25	9	30	350	弱焊	7.7	17	不可行
4	0.8+2.5	8	30	30	25	9	35	350	良好	7.9	22	合格
5	0.8+2.5	8	30	30	25	12	17	350	飞溅	6.7	18.3	不可行
6	0.8+2.5	8	30	30	25	12	15	350	飞溅	6.5	17.7	不可行

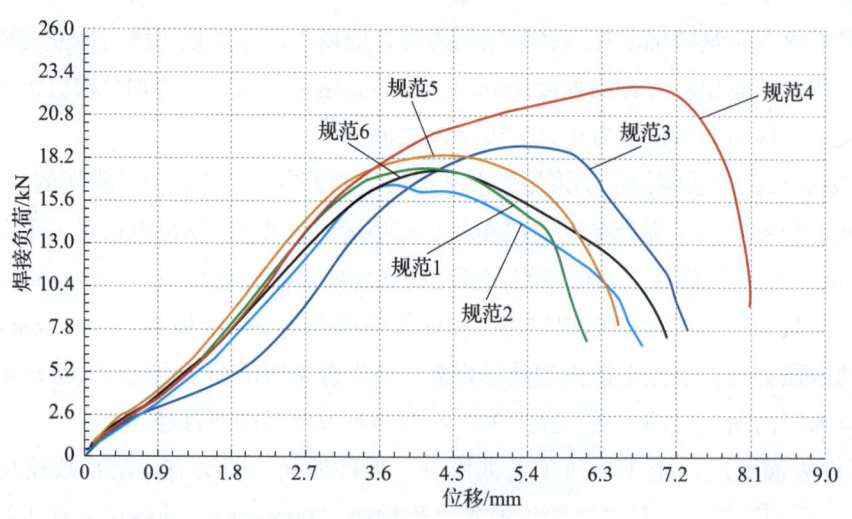

图3-10 焊接负荷-位移曲线图

2. 凸焊

（1）**凸焊的定义**　凸焊是在一工件的贴合面上预先加工出一个或多个凸点，使其与另一工件表面相接触并通电加热，然后压塌，使这些接触点形成焊点的电阻焊方法。因此，凸焊是点焊的一种特殊形式。凸焊工艺如图 3-11 所示。

（2）**功能及应用**　凸焊主要用于焊接低碳钢和低合金钢的冲压件，板件凸焊最适宜的厚度为 0.5~4 mm，小于 0.25 mm 时宜采用点焊。随着汽车工业的发展，高生产率的凸焊在汽车零部件制造中获得大量应用，主要用于将螺母、螺柱等小零件焊到较大的冲压件上。凸焊在线材、管材等连接上也应用普遍。

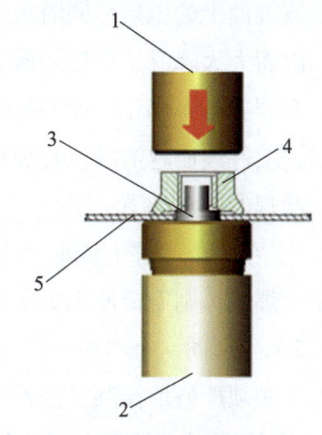

图 3-11　凸焊工艺示意图
1—上电极　2—下电极
3—定位销　4—凸焊标准件　5—钣金件

凸焊工艺在镀锌板及高强度钢上也有应用，相关参数设置及检验做相应增强即可。凸焊工艺的参数主要是焊接电流、焊接时间和电极压力。

凸点接头的形成过程与点焊、缝焊类似，可划分为预压、通电加热和冷却结晶三个阶段。

①预压阶段。在电极压力作用下，凸点与下板贴合面增大，使焊接区的导电通路面积稳定，破坏了贴合面上的氧化膜，形成良好的物理接触。

②通电加热阶段。由压溃过程和成核过程组成。凸点压溃、两板贴合后形成较大的加热区，随着加热的进行，由于个别接触点的熔化而逐步扩大，形成足够尺寸的熔化核心和塑性区。

③冷却结晶阶段。切断焊接电流后，熔核在压力作用下开始结晶，其过程与点焊熔核的结晶过程基本相同。

（3）**凸焊的特点**　如前所述，凸焊的焊接原理和设备与点焊很相近，只是焊接接头有所不同。

凸焊的优点如下：

1）在一个焊接循环内既可焊接一个焊点又可同时焊接多个焊点，不仅生产率高，还没有分流影响，因此可在窄小的部位上布置焊点而不受点距的限制。

2）由于电流密集于凸点上，电流密度大，故可用较小的电流进行焊接，并能形成较小的熔核。点焊却不同，对应于某一板厚，要形成小于某一尺寸的熔核是很困难的。

3）凸点的位置准确、尺寸一致，各点的强度比较均匀，因此对于给定的强度，凸焊焊点的尺寸可以小于点焊。

4）由于采用大平面电极，且凸点设置在一个工件上，所以可最大限度地减轻另一工件外露表面上的压痕。同时大平面电极的电流密度小、散热好，电极的磨损要比点焊小得多，因而大大降低了电极的保养和维修费用。

5）与点焊相比，工件表面的油、锈、氧化皮、镀层和其他涂层对凸焊的影响较小。当然，工件表面越洁净，其焊接质量就越好、越稳定。

凸焊的缺点如下：

1）在一个工件上成形一个或多个凸起时，需要附加工序，电极比较复杂，若一次要焊多个焊点，则需要使用更高的电极压力和高精度的大功率焊机。

2）当用同一个电极一次进行多个焊点的焊接时，工件的对准和凸起的尺寸（特别其高度）必须严格地控制在公差范围内，才能获得均匀一致的焊点质量。

3）当同时进行多焊点的凸焊时，凸起的分布受限于电流的分流路径，这与其要求的位置不一定吻合。

（4）影响凸焊焊接质量的因素 影响凸焊焊接质量的因素主要有电极压力、焊接时间、焊接电流、电极材料四项。

1）电极压力：电极压力应使凸点达到焊接温度时能全部压溃，并使两工件紧密贴合。凸焊的电极压力取决于金属的性能、凸点的尺寸和一次成形的凸点数量等。电极压力应足以在凸点达到焊接温度时将其完全压溃，并使两工件紧密贴合。电极压力过大会过早地压溃凸点，失去凸焊的作用，同时因电流密度减小而降低接头强度；电极压力过小会引起严重飞溅。电极压力的大小，同时影响吸热和散热。电极压力的大小应根据工件的材质和厚度来确定。

2）焊接时间：焊接通电时间是指焊一个点的通电时间，凸焊的焊接通电时间比点焊长。在凸焊低碳钢和低合金钢时，影响焊接质量的因素主要是电极压力和焊接电流。在电极压力和焊接电流确定后，通过调节焊接时间，以获得满意的焊接质量。

如要缩短焊接通电时间，就应增大焊接电流，但过大的焊接电流会使金属过热和引起喷溅。对于给定的工件材料和厚度，焊接通电时间应根据焊接电流和凸点的刚度来确定。通常单点焊接通电时间为0.5~2.5s。工件厚度大于3mm时，可多次通电，如3~5次，每次通电0.04~0.8s，间歇0.06~0.2s，以防止个别点过热。

通常情况下，凸焊的焊接时间比点焊长，而电流比点焊小。多点凸焊的焊接时间应稍长于单点凸焊，以减少因凸点高度不一致而引起各点加热的差异。采用预热电流或电流斜率控制（通过调幅使电流逐渐增大到需要值），可以提高焊点强度的均匀性并减少飞溅。

3）焊接电流：凸焊每一焊点所需要的电流比点焊同样一个焊点时小，但在凸点完全压溃之前电流必须能使凸点熔化。凸焊电流应该是在采用合适的电极压力下不至于挤出过多金属的最大电流。对于一定凸点尺寸，挤出的金属量随电流的增加而增加。采用递增的调幅电流可以减小挤出的金属量。和点焊一样，被焊金属的性能和厚度仍然是选择焊接电流的主要依据。多点凸焊时，总的焊接电流大约为每个凸点所需电流乘以凸点数。

4）电极材料：电极材料会影响被焊两工件上的热平衡，在焊接厚度小于0.5 mm的薄板时，为了减少平板一侧的散热，常用钨-铜烧结材料或钨做电极的嵌块。

凸焊时还应尽可能做到两被焊板件间的热平衡，否则，在平板未达到焊接温度以前凸点便已熔化。因此，焊接同种金属时，应将凸点冲在较厚的工件上；焊接异种金属时，应将凸点冲在电导率较高的工件上。若在厚板上冲出凸点有困难，也可在薄板上冲凸点。

3. CO_2气体保护焊

（1）CO_2气体保护焊的定义　用外加气体作为电弧介质并保护电弧和焊接区的电弧焊称为气体保护电弧焊，简称气体保护焊。常用的保护气体有二氧化碳气（CO_2）、氩气（Ar）、氦气（He）及它们的混合气体CO_2+ Ar、CO_2+ Ar + He……

二氧化碳气体保护焊是利用二氧化碳气体作为保护气的气体保护电弧焊，简称CO_2焊或二保焊。它利用焊丝与工件间产生的电弧来熔化金属，由CO_2气体作为保护气并利用焊丝作为填充金属。在焊接过程中，以高纯度CO_2气体（纯度大于99.5%，含水量小于0.05%的CO_2）作为保护介质，将焊接熔池与周围空气隔离，防止金属本体与空气中的氧、氮等发生化学反应，产生影响焊接区质量的有害物质，保护整个焊接过程有效、稳定地进行，获得理想的焊接区及满足设计要求的焊接强度。

（2）功能及应用　CO_2气体保护焊是一种新的焊接技术，现已发展成为一种重要的熔焊方法。由于它具有适应性强、效率高、成本低、变形小和焊接质量好等特点而获得了广泛的应用，逐步代替了氧乙炔及手工电弧焊，还有利于实现焊接过程的机械化和自动化，在汽车车身的生产中已成为必不可少的焊接工艺之一。

CO_2气体保护焊主要用于车身骨架和车身总成中不能进行点焊的连接部位的补焊。如有些焊接件的组成结构较复杂或接头在车身底部等，点焊焊钳无法达到，只能用CO_2焊进行焊接，如图3-12所示。

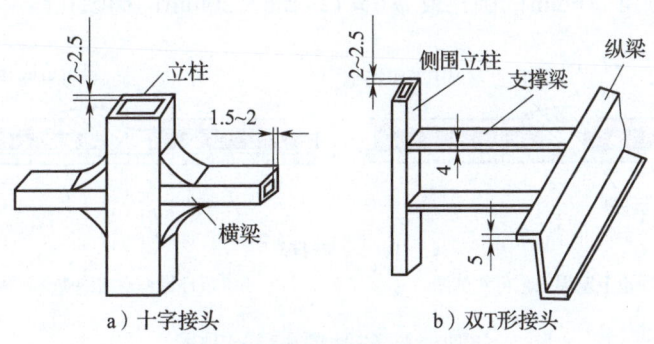

图3-12　车身骨架接头

CO_2焊空间适用性较好，对于白车身设计结构的约束较小。在白车身设计时，弧焊焊接区上方应无结构遮挡，避免产生盲焊区。弧焊焊接区可视角度α要求在30°~75°范围内，尽可能采用搭接结构。如图3-13所示，a为正确焊接方式，b为错误焊接方式。

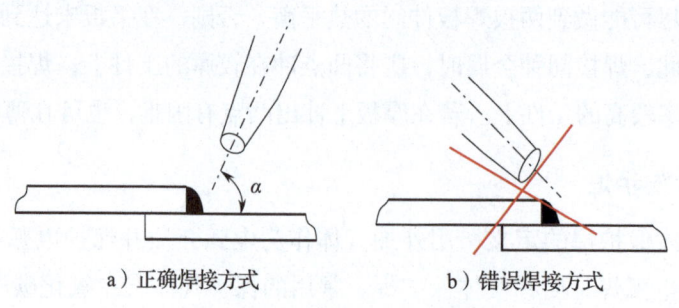

图3-13 CO_2焊接方式示意图

由于CO_2焊热量过于集中，焊接料厚小于或等于0.7mm的钢板时，为避免弧焊时产生咬边、熔穿等质量风险，不允许设计弧焊连接工艺。对于对接结构的焊缝，通常为了吸收尺寸链公差的要求，提高车身精度的一致性水平，会在弧焊焊缝位置设计间隙，间隙要求在0~0.5mm范围内。当有对接结构位置可以使用工装夹具的情况下，可不要求间隙。对于搭接结构的弧焊，不要求留有间隙。对于镀锌板等经过表面处理的零件，不允许设计弧焊，以防止镀层的失效。

由于CO_2焊过程会造成零件产生较大的变形，为了保证车身精度的一致性，要求CO_2焊连续长距离弧焊不超过20mm，弧焊与弧焊之间的间隔应大于10mm。对于特殊位置的搭接结构可采用塞焊形式进行连接。

塞焊属于CO_2焊其中的一种工艺形式，是指两张板上下叠加，用熔化焊的方式将两块板焊透并形成熔核连接。两层板搭接结构设计塞焊是可以实现的，但三层板搭接结构不建议设计塞焊焊接。如图3-14所示，三层板搭接结构理论上塞焊工艺可实施，但当钣金错位时将造成塞焊区域无法满焊，产生假焊、虚焊的焊接质量风险。对于塞焊孔的设计，建议在被焊零件上预留$\phi 6mm$的圆孔或$\phi 6 \times 12 \sim \phi 6 \times 20mm$的椭圆孔。

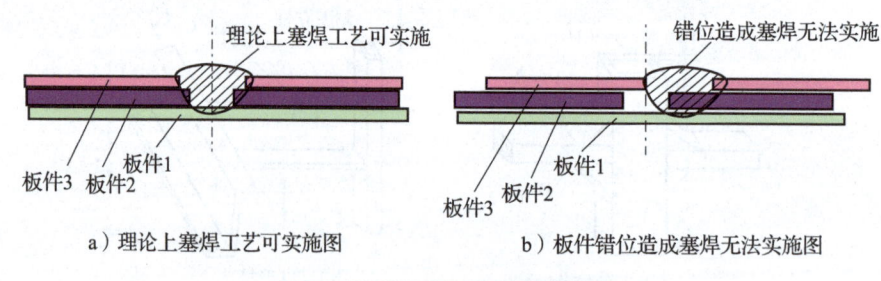

图3-14 CO_2塞焊结构对比图

CO_2焊接时产生的烟雾中含有大量的有害金属物质，被检测到的元素有Fe、Ca、Mg、

Si、Sn、Al、K、Na、Cu、Cr、S、Mn等，这些元素以多种化合物形态飘浮在烟雾中，不仅对生产现场的工作环境产生严重污染，而且会给工人的身心健康造成伤害。所以在白车身设计阶段，就要求CO_2焊的长度尽量减少，目前奇瑞公司要求A0级轿车的CO_2焊设计尺寸控制在2500 mm以内，同时要求CO_2焊设计位置集中，便于CO_2焊除尘方案的实施。

（3）CO_2气体保护焊的工作原理　图3-15所示为CO_2焊工作原理。焊接时，在焊丝与焊件之间产生电弧，焊丝自动送进，被电弧熔化形成熔滴并进入熔池；CO_2气体经喷嘴喷出，包围电弧和熔池，起到隔离空气和保护焊接金属的作用。同时CO_2气体还参与冶金反应，在高温下的氧化性有助于减少焊缝中的氢，防止气孔等缺陷的产生。

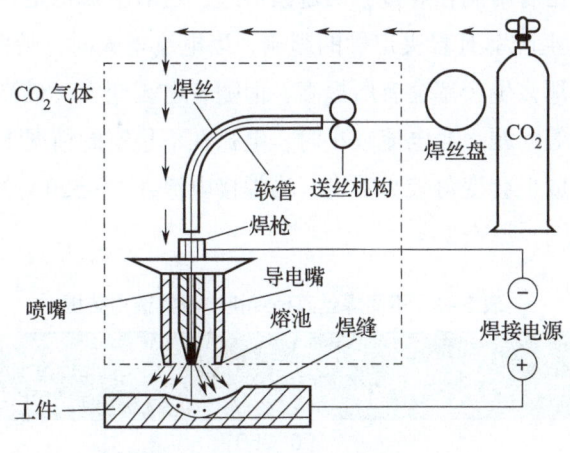

图3-15　CO_2气体保护焊工作原理

汽车白车身生产中一般使用特殊的弧焊焊枪，在焊接时产生足够的CO_2气体保护层，使用0.7~1mm的铜镍合金焊丝，经送丝盘通过送丝软管送到焊枪，经导电嘴导电引弧，在CO_2气体保护层内，与焊接金属材质之间产生电弧。通过电弧产生的热量熔化被焊金属，形成弧焊焊接区。

（4）影响CO_2气体保护焊质量的因素　影响CO_2气体保护焊焊接质量的关键因素有保护气体、电弧电压、焊接电流和电弧力等。

1）保护气体：车间使用的CO_2气体的纯度不得低于99.5%，使用气瓶或气罐时压力不得低于980kPa，否则应停止使用，以免影响焊接质量。各工位CO_2气体流量，通过各工位焊机上的CO_2气体流量计控制。

2）电弧电压：电弧电压通常也被称为给定电压，它往往决定着电弧的长度，较高的电压会引起大滴过渡与焊接的不稳定，从而出现顶丝问题。在汽车焊接作业中，使用二氧化碳保护焊接时，需要将电弧电压的最小值设定在10V以内，而最大电压设置在48V，通过焊机自动调节电压，那么在短路过渡的电弧电压和焊接电流中，需要根据实际情况对其进行匹配，见表3-3。

表 3-3 电弧电压与焊接电流对照表

焊接电流 /A	电弧电压 /V	
	平焊	立焊和仰焊
70~120	18~20	18~19
130~170	19.5~23	19~21
180~210	20~23	19~22
220~250	21~24	20~23

3）焊接电流：焊接电流是焊接作业中最为重要的参数，因此在 CO_2 焊的过程中，焊接电流的大小往往决定着熔滴在焊接中的过渡形式，这对电弧稳定性有着很大的影响。而焊接电流对熔深以及生产率有着决定性的影响，当电流增大时，熔深的宽度会有所增大，而熔体的速度增大，那么生产率会有所提高，但随着电流变大，最终会增加飞溅，容易出现燃烧以及气孔缺陷等问题。当电流较小时，电弧在不稳定的情况下，会出现无法焊接的情况，对应的焊缝形成也会变得较为不良，当焊接电流在 15~520A 之间时，会产生不同的焊丝直径焊接电流范围，见表 3-4。

表 3-4 不同焊丝直径焊接电流的选用范围

焊丝直径 /mm	焊接电流 /A	
	颗粒过渡（30~48V）	短路过渡（15~24V）
0.8	150~250	50~100
1	150~300	70~120
1.2	160~350	90~150
1.6	200~520	140~200

4）电弧力：电弧力相当于电流的输出电感，通常情况下，电弧力越大，那么对应的电感就越小，同时电流的变化也会越快，使得电弧变得比较硬。而当电弧力变小时，电感就会变大，电流的变化比较缓慢，因此电弧较软，当电感太大时则会导致飞溅的情况发生，并造成顶丝。在焊接电路中，电感必须按照焊丝的直径以及焊接电流、电压进行选择，对电感的大小进行适当的调节，可以使飞溅减小，也能有效调整频率，最终通过调整电弧的时间，控制电弧的发热情况，对应的焊接电路中电感的选择见表 3-5。

表 3-5 焊接电路的电感选择

焊丝直径 /mm	焊接电流 /A	电弧电压 /V	电感量 /mH
0.8	100	18	0.01~0.08
1.2	130	19	0.01~0.16
1.6	160	20	0.3~0.7

（5）CO_2气体保护焊的特点　CO_2气体保护焊的优点如下：

1）焊接成本低。二氧化碳气体及二氧化碳焊焊丝价格便宜，焊接能耗低，因此，二氧化碳气体保护焊的使用成本很低。

2）焊缝质量好。二氧化碳气体保护焊抗锈蚀能力强；焊缝含氢量低，抗裂性能好；焊接热量比较集中，焊接速度快，焊缝的热影响区狭窄，焊件的变形量小。

3）生产效率高。二氧化碳气体保护焊的电弧集中，熔透能力强，熔敷速度快；焊丝可以连续自动送进，省去更换焊条的时间；焊后没有熔渣，无须清理，焊接变形量小，可减少或免除修整工时，因此生产效率高。

4）适用范围广。适用于各种位置的焊接，不但可以焊接汽车车身覆盖件薄板和车身骨架，还可以焊接厚板；不但可以焊接低碳钢，还可以焊接其他钢种。

5）便于实现机械化和自动化。二氧化碳焊是明弧焊，便于监视及控制，而且焊后无须清渣，有利于实现焊接过程的机械化和自动化。

但同时，CO_2气体保护焊也存在以下缺点：

1）金属飞溅大。

2）不能在有风之处施焊。风能使CO_2保护气罩发生紊流，使气罩倾斜和变形，从而破坏保护作用。

3）不能焊接易氧化的有色金属。在电弧的高温下，CO_2气体被分解成CO和O。原子状态下的氧呈现很强的氧化性，所以这种方法不能焊接易氧化的铝、铜等有色金属。

4）焊工的劳动条件较差。CO_2焊会产生CO_2和CO等有害气体和烟尘，而且焊接电流较大，会产生较强的紫外线辐射等。

但与缺点相比，CO_2气体保护焊的优点更加显著。

4. 螺柱焊

（1）螺柱焊的定义　将金属螺柱或其他类似的紧固件焊到工件上的工艺方法统称螺柱焊。它兼具熔焊和压焊特征，是一种加压熔焊。

螺柱焊主要由螺柱焊电源和焊枪组成。螺柱焊工艺示意如图3-16所示，可概述为接触、垂直、提升引弧、拉弧熔化、下落熔合、凝结拔枪六步。

（2）功能及应用　螺柱焊有电弧螺柱焊和电容放电螺柱焊两种基本方法。电容放电螺柱焊根据引燃电弧的方式不同，又可分为

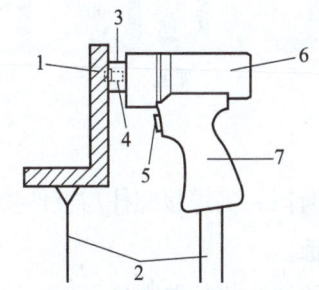

图3-16　螺柱焊工艺示意图

1—板状工件　2—电源线　3—枪嘴　4—植焊螺柱螺钉
5—焊枪操作按钮　6—枪身　7—枪柄

预接触式、预留间隙式和拉弧式三种，汽车行业一般使用较多的为拉弧式电容放电螺柱焊，以下内容中螺柱焊默认为拉弧式电容放电螺柱焊，并只对此方式进行介绍。

螺柱焊是焊接紧固件的一种快速、高效的焊接方法。它不仅效率高，还可以通过专用检测设备对接头质量进行有效的控制，以得到全断面熔合的焊接接头，从而保证接头的导电性、导热性和接头强度。

（3）螺柱焊的特点　螺柱焊与凸焊的区别在于：凸焊属于电阻焊范畴，而螺柱焊有弧焊和压力焊双重属性。

螺柱焊的焊接过程时间较短，具有较大的电流和较小的熔深，因此可以焊接到很薄的板材上。采用陶瓷环拉弧螺柱焊和短周期拉弧螺柱焊，板厚可以达到1mm。电容放电拉弧螺柱焊，板厚可以达到0.6mm，而储能式螺柱焊板厚可以达到0.5mm。螺柱焊具有以下特点：

1）螺柱焊的工件必须是从一侧焊接。
2）能在全位置焊接，借助于扩展器可以焊接到受限制的垂直隔板上。
3）由于是短时间焊接且焊后很少变形，故不需要修整。
4）因为焊接的结构不需要钻孔，故不会造成泄漏。
5）螺柱焊的接头可以达到很高的强度，即螺柱焊的接头强度大于螺柱本身强度。
6）在镀层或高合金板材焊接后，背面没有印痕。

（4）螺柱焊的工作原理　螺柱焊是电弧熔化焊接方法的一种特殊应用。其工作原理是：焊枪里的螺柱首先接触工件，在焊接按钮闭合时，螺柱被焊枪提起，在螺柱与工件之间引燃电弧，使螺柱端面与相应的工件表面加热到熔化状态，达到适宜温度时，将螺柱挤压到熔池中去，使两者熔合形成焊缝。螺柱焊焊接过程分为短路阶段、引弧阶段、焊接起始阶段和浸没阶段等四个阶段，如图3-17所示。

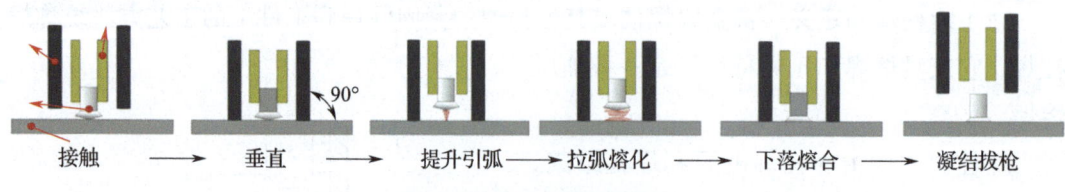

图3-17　螺柱焊焊接过程

短路阶段：当焊接螺柱与板件接触时，焊接回路导通通电，在焊接螺柱与板件之间形成短路电流。

引弧阶段：当短路电流导通后，随着焊枪将焊接螺柱提升，会在焊接螺柱与板件之间形成电弧，即引弧产生。

焊接起始阶段：当引弧产生后，随着焊接电流的增加，电弧将增大，在焊接螺柱与板件之间形成较大的热量，使螺柱底部和板件表面熔化。

浸没阶段：在板件表面熔化产生焊接熔池过程中，螺柱焊枪将焊接螺柱压入熔池，电弧消失，随着螺柱在熔池内的均匀冷却，形成螺柱焊接区。

（5）影响螺柱焊质量的因素　影响螺柱焊焊接质量的关键因素有焊接电流I_w和焊接时间t_w。

螺柱焊焊接参数的设定原则可参照以下经验公式：

$$I_w = 焊接螺柱直径 \times 110A$$

$$t_w = I_w \times 0.04 ms$$

在实际螺柱焊参数调试过程中，需参考焊接质量进行调整（电流调幅：±50A/次，时间调幅：±1~2 ms/次）。参数并非越大越好，I_w或t_w过大会因焊渣飞溅堆积于熔池周围而无法全面接触，I_w或t_w过小则会导致熔核偏小，产生螺柱焊的焊接强度不能满足设计定义的质量缺陷，如图3-18所示。I_w或t_w的设定需参考被施焊工件的材质、料厚、工装导电性等因素进行设定。

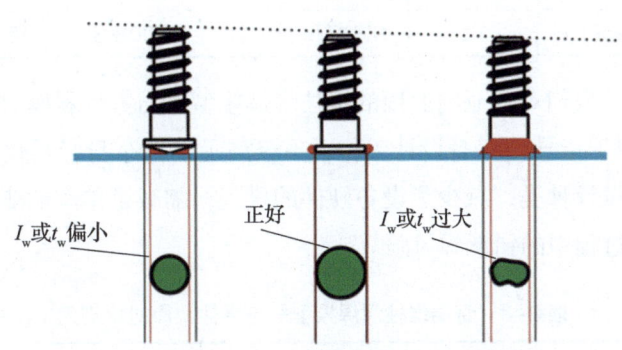

图3-18　螺柱焊不同焊接参数的焊接结果示意图

在白车身设计时，产品设计部门通常会按照行业内螺柱焊焊接型号与零件料厚对比规则（表3-6）设计零件料厚及螺柱焊型号。

表3-6　螺柱焊焊接型号与零件料厚对比通用规则

螺柱型号	M5	M6	M8	M10	≥M12
对应零件料厚	δ≥0.6 mm	δ≥0.8 mm	δ≥1.2 mm	δ≥1.4 mm	采用弧焊

据统计，90%的螺柱焊位置对应的零件料厚在1.2 mm以下，同时在白车身轻量化设计的背景下，大部分螺柱焊位置的零件料厚已经由1.2 mm降至1.0 mm，0.8 mm降至0.7 mm。如果严格按标准进行设计，白车身上会出现M5、M6、M8三种型号的螺柱焊，焊接时需要多种设备切换焊接，不仅导致设备投入的增加，而且也将有非增值工时的产生，同时也存在错漏焊的质量风险。依据产品定义，M5螺柱焊的强度已不满足产品设计的强度

要求，那么就需要对现有标准进行优化。

为解决以上问题，我们对M6型号螺柱焊接在0.7 mm零件、M8螺柱焊接在1.0mm零件的可行性进行实物验证。通过对某车型33个M6型号、6个M8型号螺柱对应的不同材质，采用调整焊接参数的方式进行实物验证。从表3-7可以看出，M6植焊在0.7 mm板材不存在质量风险，M8搭铁焊接在1.0mm板材上不存在质量风险。

表3-7 某车型螺柱焊实验统计表

焊接区域	材质	料厚/mm	型号	数量	电流/A	时间/ms	验证结论
左C柱总成	DC06	0.7	M6×14	3	700±30	28±6	合格
右C柱总成	DC06	0.7	M6×14	3	700±30	28±6	合格
左后轮罩	DC04	0.7	M6×14	4	750±30	28±6	合格
右后轮罩	DC04	0.7	M6×14	4	750±30	28±6	合格
前底板	B250P1	0.7	M6×14	19	750±30	20±6	合格
前挡板	B170P1	1.0	M8搭铁	3	1200±30	35±6	合格
中通道	B250P1	1.0	M8搭铁	3	1200±30	40±6	合格

通过以上验证，我们对行业内通用的螺柱焊焊接型号与零件料厚对比通用规则进行了修订（表3-8），用于指导白车身设计工作，不仅满足了白车身轻量化设计的要求，而且也减少了螺柱焊的设计种类，减少了设备硬件的投入，缩减了单车的非增值工时，避免了在螺柱焊工艺实施过程中的错漏焊风险。

表3-8 奇瑞螺柱焊焊接型号与零件料厚对比规则

螺柱型号	M5	M6	M8	M10	≥M12
对应零件料厚	$\delta \geq 0.6$	$\delta \geq 0.7$	$\delta \geq 1.0$	$\delta \geq 1.4$	采用弧焊

5. 激光焊

（1）激光焊的定义　　激光焊是以聚焦的激光束作为能源轰击焊件并利用其产生的热量进行焊接的方法。激光焊可以采用连续或脉冲激光束集中不同的激光光源。一些汽车车身生产厂家已经将激光焊用于底板拼接、顶盖与侧面车身的焊接、后围板总成的焊接。

激光焊有热传导型激光焊和深熔型激光焊两类。功率密度小于10^5 W/cm²的激光焊称为热传导型激光焊，由于功率小，所以熔深浅、焊接速度慢；功率密度大于10^6 W/cm²的激光焊称为深熔型激光焊，具有焊接速度快、深宽比大的特点。

激光焊工艺示意图，如图3-19所示。

（2）功能及应用　　汽车工业中，激光焊主要用于车身拼焊、焊接和零件焊接。激光拼焊是在车身设计制造中，根据车身不同的设计和性能要求，选择不同规格的钢板，通过激光截剪和拼装技术完成车身某一部位的制造，例如前风窗玻璃框架、车门内板、车身底板、中立柱等。激光拼焊具有减少零件和模具数量、减少点焊数目、优化材料用量、降低零件重量、降低成本和提高尺寸精度等好处，目前已经被许多大汽车制造商和配件供应商所采用。激光焊接主

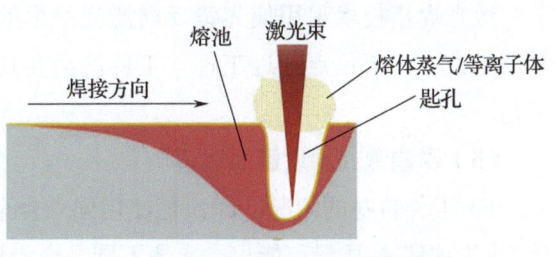

图3-19　激光焊工艺示意图

要用于车身框架结构的焊接，例如顶盖与侧面车身的焊接，传统焊接方法的电阻点焊已经逐渐被激光焊接所代替。采用激光焊接技术，工件连接之间的接合面宽度可以减少，既降低了板材使用量也提高了车体的刚度。激光焊接零部件，零件焊接部位几乎没有变形，焊接速度快，而且不需要焊后热处理，目前激光焊接零部件已经广泛采用，常见于变速器齿轮、气门挺杆、车门铰链等。

（3）**激光焊的特点**　激光焊具有输入热量少、焊接速度高、接头热变形和热影响区小、熔池形状深度比大、组织细、韧性好等优点。焊接时无机械接触，有利于实现在线质量监控和自动化生产。因此焊接质量比传统焊接方法高。

但是，如需要保证激光焊接的质量，就要做好激光焊接过程监测与质量控制，这也是激光利用领域的重要内容，包括利用电感、电容、声波、光电等各种传感器，通过电子计算机处理，针对不同焊接对象和要求，实现诸如焊缝跟踪、缺陷检测、焊缝质量监测等项目，通过反馈控制调节焊接工艺参数，从而实现自动化激光焊接。

（4）**激光焊的工作原理**　激光焊是20世纪80年代兴起的一项新技术。它利用原子受激辐射的原理，使工作物质受激而产生一种单色性好、方向性强、强度很高的光束。聚焦后的激光束能量密度最高可达$10^{13}W/cm^2$，在千分之几秒甚至更短的时间内，将光能转换成热能，温度可高达10000℃以上，可以用来切割和焊接。激光焊接原理如图3-20所示。

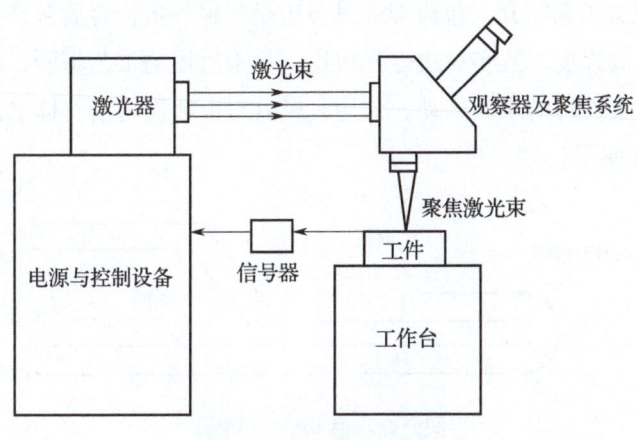

图3-20　激光焊原理图

激光焊接技术采用偏光镜反射激光产生的光束，使其集中在聚焦装置中产生巨大能量的光束，如果焦点靠近工件，工件就会在几毫秒内熔化和蒸发，这一效应可用于焊接工艺。

（5）影响激光焊质量的因素

1）工件自身的情况：即便是使用同一台全新的激光焊接机进行焊接，如果焊接的工件不同则焊接的质量可能也会有所不同。激光焊接机的精度也有一定的限定值，如若焊接工件对于精度的要求过高，则焊接工艺可能会存在一定的瑕疵；如若工件自身表面的清洁程度不佳，或工件的均匀性不好，就会影响到焊缝的美观性，从而影响焊接所呈现出来的效果。

2）工件夹具的情况：在使用激光焊接机进行焊接的过程中，固定工件的夹具也会对焊接的质量造成一定的影响。工件的夹具主要是用来将焊接工件夹紧，使焊接工件能够准确定位，以利于焊接工件的装配和焊接工作，但是如果夹具质量欠佳就会造成精度误差，从而影响焊接的精度与质量。

3）焊接机的工艺参数：不同的激光焊接机拥有的工艺参数有所不同，其中有些工艺参数对于焊接的质量会产生极为直观的影响，比如说，焊接的激光波形、激光功率以及焊接速度的设置和透镜的焦距等。因为焊接功率决定了焊接的厚度，而焊接的速度也会影响焊接面的熔深，从而进一步影响焊接效果。

简单来说，影响激光焊接机焊接质量的因素主要包括工件自身的情况、工件夹具的情况以及焊接机本身的工艺参数。所以，对于操作人员来说，想要更好地保证激光焊接机的焊接质量，则需要从外因和内因这两个方面同时入手。

二、焊装冷连接工艺

1. 包边与滚边

（1）包边与滚边工艺简介　包边即通过包边设备将外板折合后包住内板，使之连成一体，以提高包边件的强度。其实滚边也是包边，只不过用的工艺不同，通常来讲，滚边是机器人的滚轮沿钣金件边沿来回运动，包边是模具对钣金件边沿整体的冲压。汽车包边结构示意图如图3-21所示。

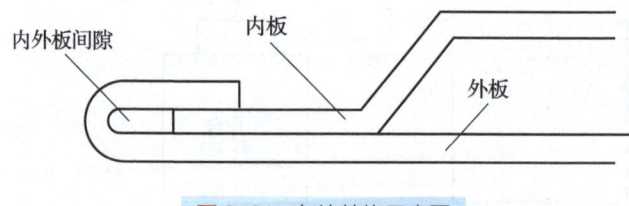

图3-21　包边结构示意图

在汽车制造中，通常使用包边工艺的是四门、发动机舱盖、行李舱盖、左右翼子板、开天窗顶篷和左右侧围轮罩等。包边工艺要求零件外表面光顺平整，没有凹坑、压痕等外表面缺陷，还要保证整个工件的轮廓度和轮廓尺寸精度，但又缺乏完善的理论计算和全面可靠的模拟分析，因此包边工艺对产品设计、设备、工装都有很高的要求。完成包边的常用工艺手段有手工包边、液压机+包边模、机器人滚边和专机包边，其中手工包边由于效率低、重复性差、外观质量难以保证，现已基本不再应用在大批量的工业生产中。

包边工艺实例如图3-22a所示，四门两盖的包边工艺流程如图3-22b所示。

知识视频

侧围包边与滚边

a）包边工艺实例

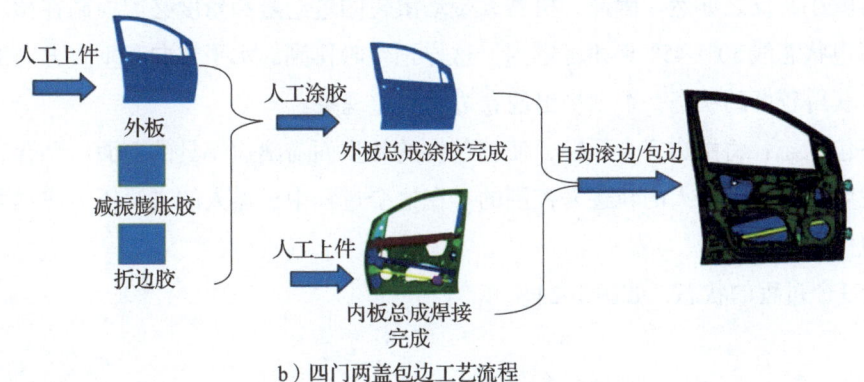

b）四门两盖包边工艺流程

图3-22 包边工艺

当今汽车制造业的竞争日益激烈，汽车开发周期逐渐缩短，新车型不断涌现，柔性化车身生产线技术是针对当今制造业小批量多品种生产而发展起来的一种新的生产模式，是缩短汽车开发周期、提高产品竞争力的关键之一。为此，各大车企均采用柔性化线体对多种车型在同一条生产线体上进行生产，并且通常采用机器人滚边系统。

（2）滚边种类以及工艺过程

1）机器人滚边的种类以及工艺过程：机器人滚边工艺是机器人通过压轮在金属薄板边上以不同的角度移动而使薄板边发生弯曲，达到所期望的包边角度，其种类主要包括扁平包边、突尖包边、凸起包边、环形包边、直接包边和180°包边，如图3-23所示。

滚边工艺分为包前状态、预包状态和终包状态。

①包前状态：被包件内板与外板都处于定位夹紧状态，夹角通常为90°。

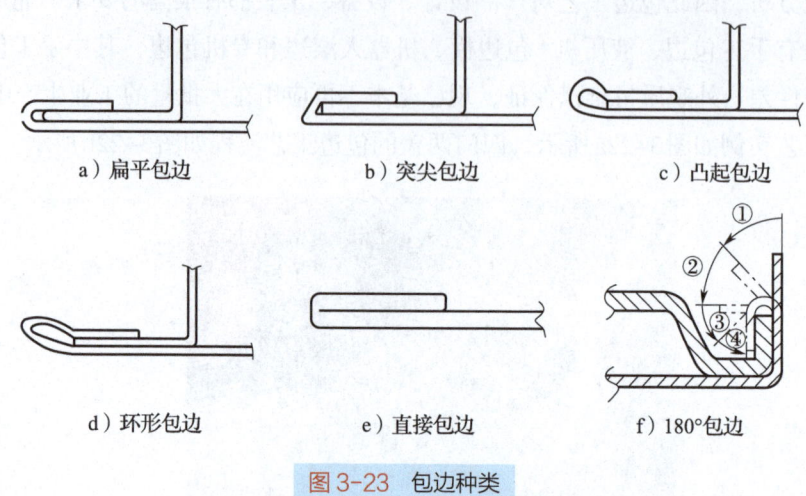

图3-23 包边种类

②预包状态：在预包时，水平方向和垂直方向的分力成反比，水平方向的力大则垂直方向的力就小，反之亦然。因此，机器人带动滚轮的进给量和角度必须控制在预压完成状态线与终包状态线30°~45°夹角范围内，这样预包时得到的水平方向和垂直方向的分力才能使翻边获得较好的状态，否则易出现卷边和鼓边现象。

③终包状态：将翻边完全压贴，使被包件的外型面与滚边模具的型面压贴合，这一工艺过程主要是通过机器人的轨迹来控制的。在这个过程中机器人的进给压力应尽可能地垂直于被包件表面。

以上3个过程的状态，如图3-24所示。

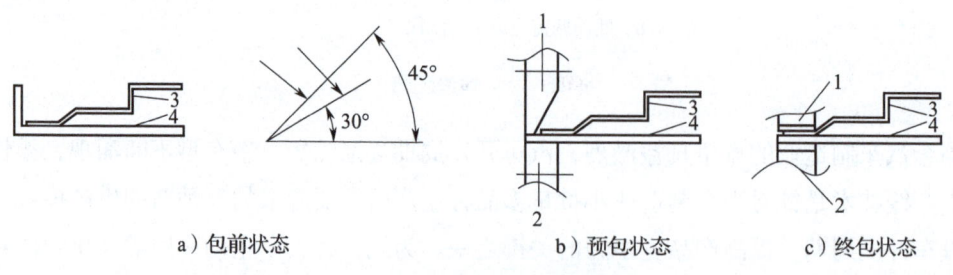

图3-24 滚边工艺过程

1—上模包边刀块　2—下模包边刀块　3—门内板　4—门外板

2）机器人滚边的原理：机器人滚边系统一般由机器人及其控制系统、滚轮系统、安全防护系统、滚边工装系统等四大部分组成，如图3-25所示。

①滚边工装系统。滚边工装系统主要实现包边的外观形状和定位尺寸,也是采用机器人滚边技术进行柔性化生产的中心区域。工装系统由滚边底模及定位夹紧部分组成,用来实现内板定位、外板定位、包边成形的功能。底模采用整体铸造数控加工而成,其型面与车门外板的型面相吻合,它的精度直接影响着车门的整体尺寸精度。定位夹紧部分包括车门外板件的定位夹紧及车门内板件的定位夹紧。外板

图3-25 机器人滚边示意图

件的定位及夹紧机构跟底模座连接在一起,外板件优先采用孔定位。如果外板件上无定位孔,则选择外形定位。内板件的定位夹紧结构有摆臂式、机器人抓持式等。夹紧单元的夹紧点主要布置在滚边沿线周围,使得内外板件在滚边结合部位都能很好地贴合。

②滚轮系统。滚轮系统是机器人滚边的执行工具,由各种不同形状的滚轮组合而成。由于滚边技术本身的特点,滚边过程一般分为2~4次顺序完成,所以滚轮通常设计有45°轮、90°轮、成形轮、专用特殊轮。

③机器人及其控制系统。机器人及其控制系统是机器人滚边的主体部分,用于控制滚轮的运动轨迹,以及机器人与其他相关系统之间的通信。包边机器人的工作原理是让位于机械管终端的滚轮能够沿着被包边工件的轮廓进行运动,通过滚轮所施加的力将工件在冲压过程中预留的翻边,也就是待包边在滚轮的作用下向内侧翻折,从90°到45°最后变成0°,从而将外板的待包边紧紧压在内板上,使外板和内板融合成一体。

④安全防护系统。安全防护系统用于控制机器人的动作,与滚边夹具、滚轮放置支架、安全光栅、安全门等系统之间进行通信,控制协调整个系统中每个单元之间的动作及顺序,并对整个系统进行故障报警监视。

3)机器人滚边工艺对产品设计及工艺开发的要求。

滚边工艺对产品设计的要求如下:

①原则上,需要滚边的外板法兰高度应不超过10mm(水滴型包边除外),法兰高度的定义如图3-26所示。

②滚边完成后,外板与内板交叠部分宽度应不少于3mm。但是,多于7mm会有波浪形的危险。

③内板边缘与外板翻折处距离应在1~2mm之间。边缘间隙要求为($1+0.5d$)mm。由于常见的外板板材均比较薄(0.6~0.8mm),为方便放件和取件,故边缘间隙1.5~2.0mm为宜,如图3-27所示。

④应避免过多的尖角,否则会增加滚轮的换向及调整时间,造成节拍的延长。

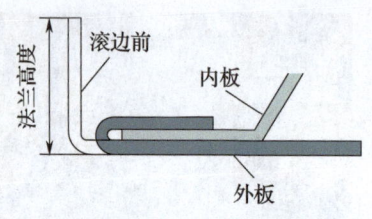

图 3-26 滚边法兰高度定义示意图

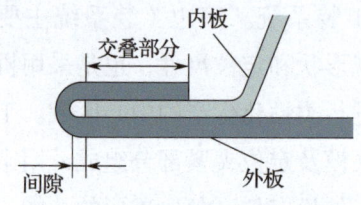

图 3-27 内外板翻边间距示意图

滚边工艺对工艺开发的要求如下：

包边法兰高度的最终确立，是设计部门根据包边厂家、冲压厂家以及压合设备厂家所能达到的工艺来修正的结果。实践证明，法兰高度并非越大越好，也并非包住内板越多越好，以包住内板且保证不窜动为宜。一般情况下，在包边面交叠部分超过7mm时，包边后将存在外板产生波浪形变形的风险。

在给定包边法兰高度之前，先确定冲压翻边所能达到的最小高度。以奇瑞汽车股份有限公司的冲压中心为例，冲压中心对板厚为0.6~0.8mm的板件所能达到的最小的法兰高度为3mm，设计在给定外板翻边时不能低于3mm；低于3mm时将产生翻边形状不稳定、拉痕、毛刺等缺陷。

4）机器人滚边工艺技术难点及攻关。

①角部成形难点：外板包不住内板。出现这个问题的主要原因是外板冲压件的翻边高度与内外板边缘间隙不匹配。边缘间隙要求为（1+0.5d）mm，由于常见的外板板材均比较薄（0.6~0.8mm），为方便放件和取件，故边缘间隙1.5~2.0mm为宜。此时需要调整尖角处边缘间隙和尖角处法兰高度。

②堆料起皱：此问题与上一个问题产生的机理有相同之处，主要受外板件的法兰高度及包边角度影响，包边角度过大是导致此问题的最大原因。尖角处一般不进行包边，如果强行包边将会出现此种堆料起皱现象。解决途径：根据产品半径调整包边可行性参数，调整翻边角度及修改滚边程序。

③出现尖角及尖角处下塌、反弹：尖角主要是由滚边程序造成的。可通过调整滚边程序，特别是控制45°滚轮轨迹的程序，防止尖角的产生。尖角最容易出现在角度小于80%的门角，常见于前门后上角。尖角下塌及尖角处反弹产生的原因也很多，有设计方面的原因也有包边机工装夹具及包边程序自身的原因。

设计方面的原因主要为内板尖角处缺少加强或者加强方向和产生变形的方向一致而无法起到加强作用；包边机工装夹具及包边程序自身的原因主要体现在工装夹具夹紧点不够，包边过程中板件和胎具脱离。

另外，包边时夹爪打开过多，整个外板件低于75%的边缘受力，滚轮滚边之后，在未受到夹紧力处会产生弹性变形。尖角处反弹较为明显，形成尖角变形、下塌；程序原因还体现在已完成包边的边切换到未包边的边时，已包边的边的夹爪还未夹紧，未包边的边的夹爪却已打开，此时造成整个外板仅有50%的边缘受力，出现整个外板的窜动。此种情况下，可以通过调快已完成包边的边的夹爪夹紧速度，降低未包边的边的夹爪的打开速度，来保证板件始终有75%的边缘受到夹紧力。

④直边波浪变形：波浪变形的原因有四种。

一是设计缺陷，在包边区域附近存在与外板间隙过小的干涉点，滚轮避让时无法到位造成的表面波浪形变形，如车门下方漏液孔设计时与外板间隙过小，即会出现顶外板造成的波浪变形。

二是法兰高度过高，根据现场调试验证的T16车型，发现车门前侧的法兰高度为12mm时，包边完成后车门外板即出现明显的波浪形变形，而车门后侧的法兰高度为10mm，均未出现过波浪形变形现象。

三是冲压件自身带来的缺陷，这就需要冲压件来进行保证。

四是在铝板件中，尤其是在较长的直边极易发生波浪变形，常见于高档轿车的铝制发动机舱盖两侧。

⑤成形后外板表面质量缺陷：这是一个综合性问题。当胎具及定位夹紧机构与外板件产生干涉或者胎具上存在脏物时，容易在外板上产生凹点。当冲压件，尤其是内板件在滚边结合区域存在凹凸不平时，这些缺陷就会印制在外板表面。当成形滚轮的压力设置不合理时，外板上同样会留下凹凸不平缺陷。在滚轮滚压过程中存在间隙性停顿时，会引起外板波浪变形及局部区域存在包边不实或者包边间隙等缺陷。对于这些缺陷，需要针对具体问题具体对待。对问题区域的胎具、定位夹紧机构、板件质量及程序合理性分别进行仔细检查，逐一排查，直到找出问题的症结所在，这样就能对症下药，对出现的缺陷进行有效的解决。

2. 铆接

（1）**铆接的定义及分类** 要实现汽车的轻量化，其中一个重要的途径是采用镁、铝等轻金属材料，而这类材料的焊接性能差，所以需要寻找一种新的工艺来实现这种材料的连接，这就是铆接。

用铆钉把两个或两个以上的零件连接为一个整体的连接方法称为铆接。

铆接主要分为拉铆、旋铆、压铆、自冲铆接、无铆钉铆接（压接）等。

汽车行业的发展，对于汽车的轻量化提出了更高的要求，同时为了满足燃油消耗法规的要求，全铝车身越来越多，特别是新能源车型，国内目前研发全铝车身的新能源汽车厂家越来越多。但是全铝车身或者钢铝混合车身的研发，对连接工艺又是一个新的挑战。铆接作为一种机械连接，可以实现钢-铝、钢-复合材料以及铝-复合材料的异种材料连接，并且连接强度高,连接质量稳定可控,易于实现自动化。多材料车身是未来的发展趋势,因此铆接技术将成为未来汽车车身的重要连接技术。下面将重点介绍目前主要应用到的SPR、TOX、FDS、拉铆及压铆工艺的特点及差异。

(2)自冲铆接(Self Piercing Riveting,SPR) 铆接是专为解决汽车轻量化的连接工艺问题而出现的一种新型连接工艺。它的工艺过程与焊接工艺差不多,通过定位、夹紧,铆钉自动送料,然后铆钉通过刺穿上层材料和中间层材料在底层材料里面形成塑性变形,最后成形。

铝合金是否能快速应用于汽车行业很大程度上取决于铝连接工艺的发展,特别是关于铝-钢异种材料的连接工艺。其中,自冲铆接(SPR)工艺克服了传统铆接工艺的外观差、效率低以及工艺复杂等缺点,实现冲、铆一次性完成,且连接过程不破坏板材的镀层,为汽车车身的连接开辟了新途径。

SPR连接技术是一种冷连接技术,它克服了点焊等热连接技术的各种缺点。SPR连接通过铆枪的压力使铆钉穿透上层材料和中间层材料,铆钉腿部的中空结构在铆模的作用下,向底层材料中流动和延展并刺入底层板材,但是不会对底层板材进行刺穿,形成一个相互镶嵌、塑性变形的铆钉连接。SPR的工艺过程主要包括定位、夹紧、施压、刺穿、变形和成形,如图3-28所示,最后铆钉与上下层板材之间形成牢固的机械互锁结构。

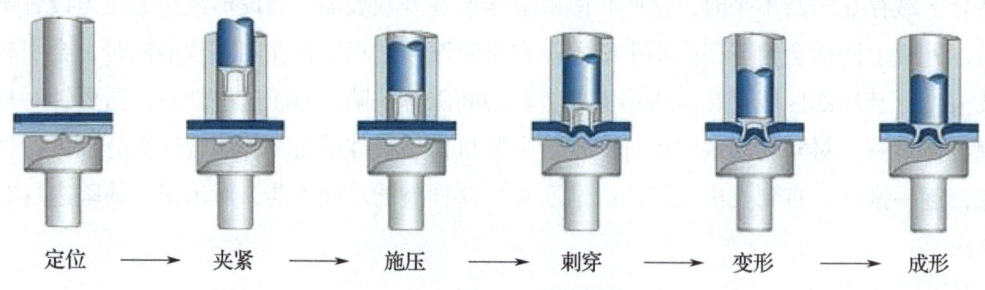

图3-28 SPR铆接工艺过程

①定位阶段:被铆接零件处于固定状态,铆枪固定。

②夹紧阶段:冲头向下移动,压边圈向下压紧待铆接板料。

③施压阶段:铆钉在冲头的驱动下垂直向下对板料进行预压紧。

④刺穿阶段:冲头向下运动,推动铆钉迫使其穿透上层板料,同时铆钉也驱使下层板料向凹模内发生塑性变形。

⑤变形阶段:铆钉腿部逐渐张开,下层板料发生塑性变形逐渐填充入凹模,在冲头和凹模凸台的共同作用下,铆钉腿部向周围扩张,嵌入下层板料,从而形成铆钉与板料间的机械互锁结构。

⑥成形阶段:当冲头将铆钉下压至铆钉头与上层板料的上表面紧密接触且平齐时可以

认为铆接完成，此时压边圈释放压边力，冲头将返回初始工位，冲铆结束。

SPR在铆接时，不同品牌设备设置的关键参数不同，具体参数见表3-9。

表3-9 SPR设置的关键参数

序号	品牌	关键参数	推荐参数范围
1	Tucker	头高	−0.5~0.3 mm
2	Hen rob	铆接速度	50~380 mm/s

SPR不仅适用于同种材料之间的连接，而且能够实现铝−镁、铝−钢、镁−钢、铝合金/镁合金/高强度钢等金属材料和高分子材料/复合材料的同质和异质材料的双层和多层连接，铆接过程能耗低，无热效应，不会破坏涂层。

图3-29所示为汽车上进行自冲铆的工作示意图，常用的SPR连接类型如图3-30所示。

图3-29 汽车上的自冲铆实拍图片

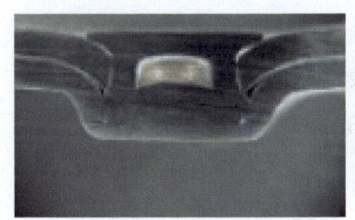  

a）钢1.0mm/钢1.0mm　　b）铝1.2mm/钢1.0mm/铝1.2mm　　c）铝3.0mm/铝3.0mm

图3-30 常用的SPR连接类型

1）自冲铆接的特点。

优点主要有以下几个方面：

①材料属性不同、有镀层及难以用焊接方法连接的材料都可以进行铆接。

②用自冲铆接方法对铝及高强度钢材进行铆接，铆接牢靠性要比点焊好。

③铆接质量稳定，能够达到牢固一致的铆接效果，铆接过程清洁，无烟雾。

④比焊接消耗的能量少得多，铆接过程比较容易实现自动化。

⑤高效，由于它无需钻孔，无需人工装配铆钉，机器仅需要2s即可自动完成装钉→压入→铆接的全过程。

同时，缺点有以下几点：

①连接钢板时，自冲铆接比点焊的抗拉强度小，铆接边长度一般在25mm以上，而普通点焊长度为14mm。

②铆接时，尾部出现突出的"铆扣"，不够平齐。

③由于铆接过程需要较大压力，铆接设备比较笨重。

④在进行自冲铆接时，铆接处材料的两面都必须接触（一面是冲头，一面是模具），而不能进行单面铆接。

可以看出，自冲铆接的缺点主要在受力、外观以及操作空间上，其实只要选择非重要承力与外观表面，设计好铆接工艺，这三个缺点就不再是缺点。

2）SPR在新能源汽车上的应用：新能源汽车由于轻量化的需求，在车身上大量运用铝合金零件，SPR钢-铝的连接以及铝-铝的连接非常多。某款新能源汽车，前减振器支座为铸铝件，周圈钣金为传统的钢制件，此处的整圈连接采用SPR技术。车身及前后车门是优质的减重部件，除了防撞横梁以及上铰链安装板为钢制零件，其他的车门内外板及加强板均为铝制件，其连接方式均采用SPR连接（图3-31）。

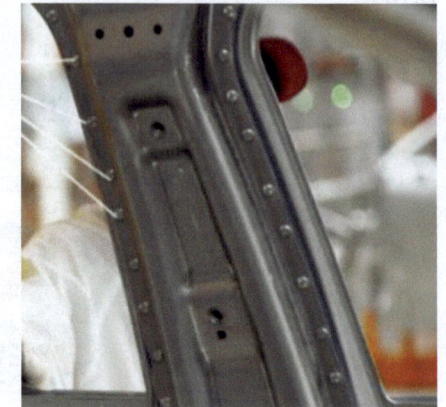

图3-31 车门门洞SPR连接

（3）无铆铆接（TOX） TOX通过简单的凸模将被连接件压进凹模，在进一步的压力作用下，使凹模内的材料向外"流动"，结果产生一个既无棱角、又无毛刺的相互镶嵌的圆连接点。TOX背面图与剖面图、TOX工作过程分别如图3-32a和图3-32b所示

 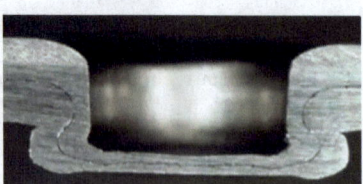 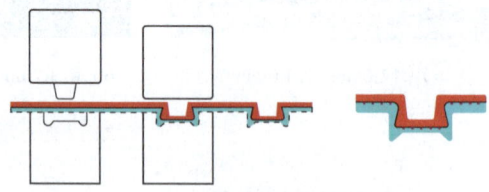

a）TOX背面图与剖面图　　　　　　b）TOX工作过程

图3-32 TOX连接示意

TOX具有铆接范围广，可连接异种材料，动态强度高于电阻焊、低于SPR，冷连接，无热变形，不损伤工件表面镀层、耐腐蚀等优势。

同时，无铆连接也存在缺点。目前在车身结构上的应用领域基本局限于车门、发动机舱盖、行李舱盖等强度要求相对较低的地方，并不如SPR广泛，主要原因在于其连接强度不如后者。

TOX与SPR对比，差异主要在于TOX是一种不需要铆钉的连接工艺，强度不如SPR。TOX正面为一个小凹坑，SPR正面几乎为平面，而TOX与SPR的背面都有凸起，在设计过程中需要重点关注，对密封条卡接量有一定要求，在钣金的配合中也需要注意。

（4）热熔自攻钻（FDS） FDS工艺是通过螺钉的高速旋转软化待连接板材，并在巨大的轴向压力作用下挤压并旋入待连接板材，最终在板材与螺钉之间形成螺纹连接，而中心孔处的母材则被挤出并在下层板的底部形成一个环状的套管的过程。

如图3-33所示，FDS高速旋转并且在轴向下压力的作用下，穿透上面板层，在底层板形成螺纹连接副，整个工艺过程可以分为四个步骤：钻孔、螺纹成形、螺纹啮合和紧固。对于不同的搭接组合，每个阶段的转矩、轴向力和转速都是不相同的。

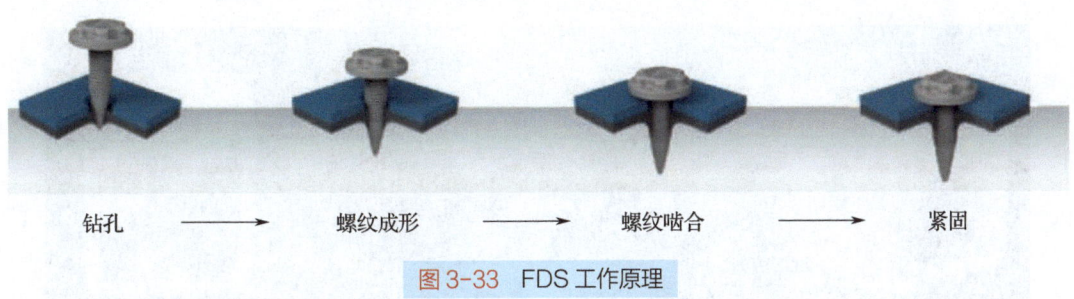

图3-33 FDS工作原理

FDS是单面自攻螺纹连接，有以下优点：

仅需要单侧空间，可连接的材料种类多（包括异种金属），螺钉可拆卸，利于维修，具有较好的连接强度，气密性、水密性好，工作环境清洁。

当然，FDS也具有它的局限性：

车身夹具需要较高的刚性支撑，连接过程约为1.5~3s，FDS螺钉成本较高，工艺完成后螺钉正反面均有较大凸起保留，螺钉选用、工艺参数以及螺接材料、螺接方式等相关因素都需要考虑。对于钣金的厚度要求为尽量小于6mm，钣金是否需要开孔取决于整体的厚度，以及FDS螺钉头部是否有空间。

目前FDS与SPR在全铝车身上应用得较多，强度较好。通常FDS应用在SPR无法满足的部位，主要是封闭的空间，因为全铝车身型材的应用，使得SPR在一些部位空间无法满足。当然FDS及SPR对于空间都有一定的要求，铆接完成后，FDS头部凸起，SPR头部几乎为平；SPR并未穿透钣金另一侧，而是让钣金变形，FDS则穿透钣金，另一侧凸出较大。

（5）拉铆 拉铆是指在铆接过程中，铆接件在外界拉力的作用下，发生塑性变形，其变形的位置通常在专门设计的部位，靠变形部位夹紧基材来实现可靠的连接。拉铆实物图，如图3-34所示。

a）抽芯铆钉　　　　　　b）拉铆螺柱　　　　　　c）拉铆螺母

图3-34 拉铆实物

图3-35为拉铆螺母的过程图，主要分为插入紧固件、回拉变形、拉铆完成三个过程。

图3-35 拉铆螺母的过程图

拉铆时的钉孔直径一般比铆钉直径大0.1mm左右。拉铆过程中变形分为3种：第一种为一侧发生变形，第二种为两侧都发生变形，第三种为通过钉套变形实现紧固连接。

拉铆可以为其他零件的安装提供辅助，也可以将几个零件直接连接。拉铆连接对于材料没有要求，且仅需要单侧空间，在全铝车身设计过程中应用很广。

（6）压铆 压铆就是指在铆接过程中，在外界压力作用下，压铆件使基体材料发生塑性变形，挤入铆装螺钉、螺母结构中特设的预制槽内，从而实现两个零件的可靠连接的方式，是用于连接两种或两种以上金属板材的冷连接技术，又称为无铆钉连接。

普通低碳钢、铝合金板、铜板等材料，通常用于压接压铆螺母柱。而一些材质过硬的材料，例如不锈钢以及高碳钢板材等，一般使用特殊的、硬度很高的压铆螺母柱，所以在一般的压铆螺柱和压铆螺母钣金零件当中，很少会使用不锈钢。压铆螺钉、螺母与压铆螺柱一样，较少采用不锈钢。

压铆采用电动机驱动模式,在铆模的作用下,铆模端结构扩张包裹铆杆端板材,产生咬边效果,从而形成牢固的铆接点。专用的压铆连接模具在外力的作用下,迫使被连接金属材料组合在连接点处产生材料流动,从而形成一个互相镶嵌的铆接连接点。该连接点具有一定的抗拉强度和抗剪强度。

图3-36和图3-37分别显示了压铆的基本要素和铆接过程的各个步骤。铆接过程分为四步:

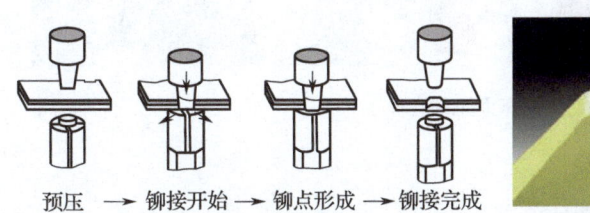

图3-36 压铆的基本要素　　图3-37 铆接过程

1)枪体向下运行,枪鼻套筒将板材预压固定在铆模上。

2)冲杆挤压上层板材,插入板材,铆接开始。

3)冲杆持续挤压上层板材,并在铆模作用下开始扩张,刺入铆模端板材形成咬边结构,铆点形成。

4)咬边结构形成,冲杆反向运动,在弹簧作用下回退,铆接完成。

因为接头连接强度的限制,压铆目前主要应用在车门、发动机舱盖、行李舱盖、门洞止口处。无铆钉连接为冷变形,不受材料限制,在钢铝混合车身和一些高端车上应用较多。此外,汽车零部件上,如摇窗机、车顶窗、车灯导板等也有应用。

压铆应用优点如下:

1)板材背面保持完全嵌平。

2)高抗扭矩阻力。

3)装备方便,只需简单压铆。

4)规格系列化,能满足多种设计要求。

压铆与拉铆相比,压铆螺母是板材变形(压铆中的涨铆为螺母变形);拉铆螺母是螺母变形。压铆过程需要双侧空间,一侧需要有平模提供压力,一侧为标准件提供支撑或者预定位的凹模,对于型材封闭这种结构没有影响,只是另一侧需要支撑,不需要压铆的那个面必须接触工作台;拉铆过程仅需要单侧空间。标准件处都需要开孔,拉铆开的孔比铆钉微大;压铆开的孔比铆钉微小。同等情况下,拉铆螺母比压铆螺母强度高。

在目前的全铝车身中,SPR、TOX、FDS、拉铆及压铆这些工艺的应用越来越多,对于未来的发展起到了至关重要的作用。图3-38为奇瑞某车型无铆连接示意。

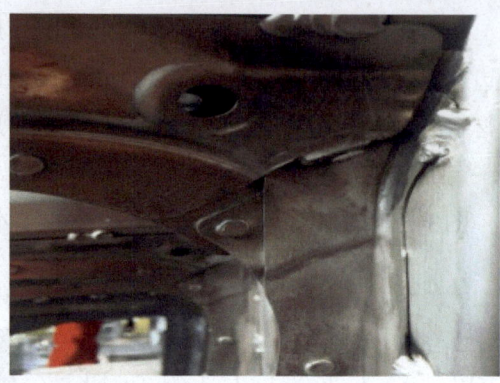

图 3-38 奇瑞某车型无铆连接

3. 螺栓连接

（1）**螺栓连接定义**　螺栓连接是指用螺栓和螺母将两个带有孔的零件紧固在一起的连接方式，具有结构简单、连接可靠、装拆方便的特点，被广泛应用于车辆、桥梁、建筑等领域中。

（2）**螺栓连接在车身上的应用**　螺栓连接一般用在车门、前后盖与铰链的连接，铰链、翼子板与车身的连接以及铰链合页的连接。很多人认为门通过铰链固定在车身上，门的重力主要是由螺栓的剪切力来承受的，其实这是一个误区，了解四门两盖安装的人都知道，安装车门时，需要给铰链一个预紧力，预紧力会给铰链与车门或车身接触的地方一个摩擦力，摩擦力才是主要承受门的重力的力。图3-39是大家所熟知的螺栓的受力分析。

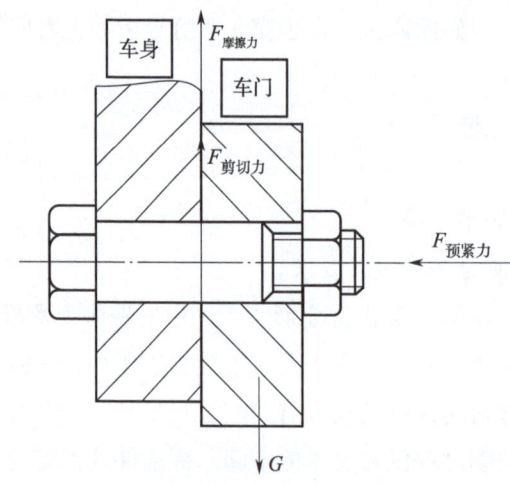

图 3-39 螺栓的受力分析

$$G = F_{摩擦力} + F_{剪切力} = F_{预紧力}\mu + F_{剪切力}$$

式中　G——车门的重力（N）；

$F_{摩擦力}$——车门与车身的摩擦力（N）；

$F_{剪切力}$——螺栓受到的剪切力（N）；

μ——摩擦系数；

$F_{预紧力}$——螺栓的预紧力（N）。

当 $F_{预紧力}=G/\mu$，$F_{剪切力}=0$，此时螺栓不受剪切力，预紧力为最佳值。

四门两盖通过铰链固定在车身上，不仅可以通过螺栓连接的方式，也可以采用焊接的连接方式，将铰链通过焊接的方式固定在车身上。两种不同的连接方式各有利弊。

（3）**螺栓的拧紧知识** 螺栓连接是汽车零件装配工艺中十分常用的连接工艺。螺栓拧紧的基本原理是通过螺柱与螺母的螺纹连接，在拧紧的状态下施予被连接件夹紧力 F。

正常工况下，被连接件会受到拉伸应力及剪切应力的共同作用（图3-40）。夹紧力 F 必须足够大，以保证被连接件在正常工况下保持固定（不转动、不滑动、无间隙）。

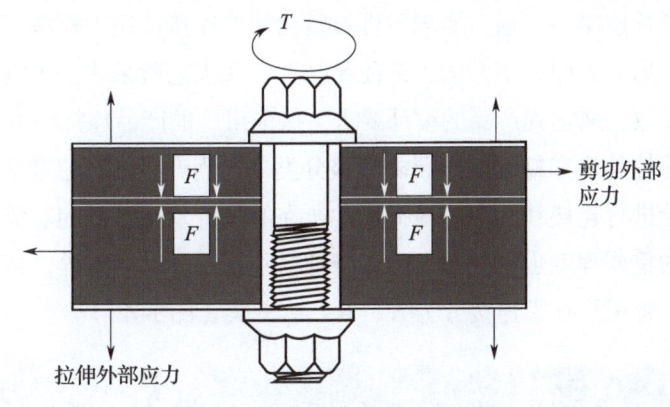

图 3-40 被连接件的负载应力

汽车上重要的螺栓连接的夹紧力，是要求100%合格的。但是螺栓连接的夹紧力的直接测定是比较困难的，需要使用传感器测量，设备与操作的复杂性使其无法应用于汽车大批量生产，业内公认的方法是通过可测定的拧紧力矩 T 来保证夹紧力 F 达到合格状态。

力矩法与转角法是两种常用的螺栓拧紧法。力矩法是指通过控制最终拧紧力矩的大小使夹紧力达到合格范围内。使用力矩法时，仅控制力矩大小，不控制转动角度。

转角法通过"力矩+转角"的方式进行拧紧（图3-41）。相比力矩法，转角法的优点是受摩擦系数的影响比较小，仅影响门槛力矩所产生的夹紧力，到了转角阶段，在弹性形变范围内，夹紧力与螺栓伸长量相关，也就是与转过的角度相关；在屈服阶段，夹紧力则与屈服强度相关。

螺栓连接在焊装车间一般用于外表面总成与车身骨架的连接，包括翼子板、车门、发动机舱盖及行李舱盖等部件。其中翼子板通过螺栓连接直接固定在车身上，其他部件为可运动部件，需要通过铰链连接到车身上，铰链再通过螺栓连接分别固定在车身及部件上。

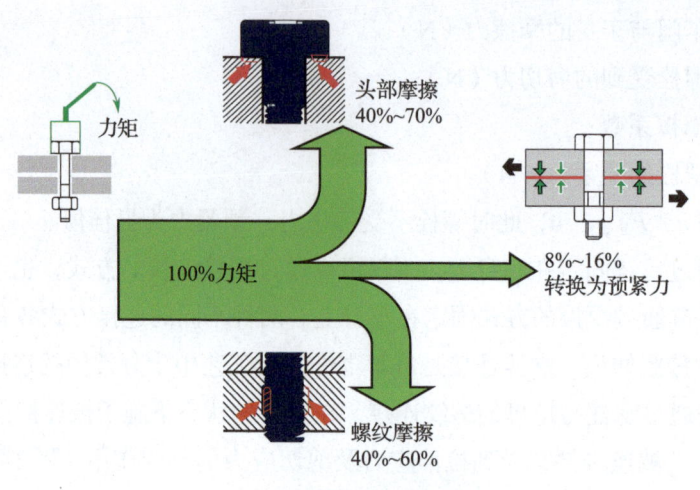

图 3-41 力矩的损耗

在白车身的螺栓连接中,通常要求弹性拧紧的螺栓连接使用力矩法,而要求塑性拧紧的则使用转角法。另一方面,不同的工艺还要结合实现工艺所采用的工具,配置不同的拧紧行程、转速等参数,来达到产品的设计要求,保证出厂的产品连接强度100%合格。

(4)白车身螺栓与汽车螺栓连接要求等级分类 一辆汽车上有超过一万个零件,大部分的零件依靠螺栓进行连接和固定。根据零件所在的位置及其发挥的功能不同,用于固定这些零件的螺栓的重要程度也不相同。为了管理这些不同要求的螺栓,根据所固定的零件功能的重要程度,将螺栓拧紧连接分为A、B、C三类(图3-42)。

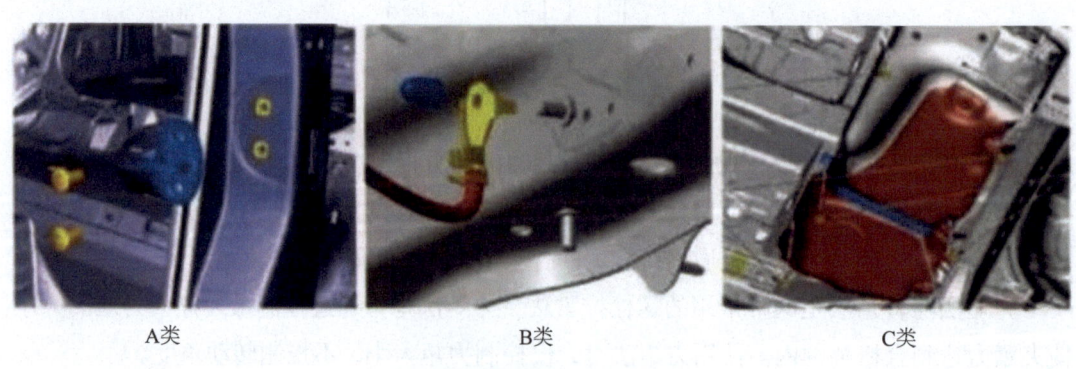

图 3-42 螺栓拧紧连接分类

A类螺栓连接:当连接失效时会危及生命安全的螺栓连接。例如:前后桥、发动机变速器部分功能、轮胎、大部分搭铁线、安全带、气囊、转向系统、制动系统、四门两盖等。这些零件的螺栓拧紧效果要求保持15年。

B类螺栓连接:当连接失效时会导致功能失效但不会危及人身安全的螺栓连接。例如:天窗、刮水器、起动机、发电机、燃油系统等处的螺栓连接。这些零件的螺栓拧紧效

果也要求保持15年。

C类螺栓连接：当连接失效时会造成用户抱怨但不会影响车辆功能的螺栓连接。例如：车门限位、消声器、一些用于定位或匹配的自攻钉等。

对不同种类的螺栓连接，奇瑞汽车也设定了不同的拧紧方法和与其相对应的拧紧参数，工艺实现以及生产操作中必须达到这些参数，以保证螺栓连接的合格。

任务实施

1. 熟练穿戴安全防护用品。
2. 完成对工件表面的清洁工作。
3. 确定焊接工具工艺参数。
4. 组装工件及使用焊接工具。
5. 按作业指导书进行焊接操作。
6. 检查焊缝质量。
7. 对焊缝进行彻底清渣及缺陷处理。

人工焊接操作

课后拓展

到图书馆、阅览室查阅汽车焊装方面的书籍与杂志，上网查询汽车焊装最新动态，观看汽车焊装工艺相关视频。

在车间或实训车间进行焊装工艺训练，提高职业能力。

学习任务四 焊装胶接工艺

学习目标

1. 思政元素:培养学生"诚信、务实、专技"的职业素养,树立艰苦奋斗、大力创新的职业精神。
2. 了解焊装胶接工艺的功能及用途。
3. 了解胶接技术在焊装车身的应用。
4. 知道焊装典型胶接工艺的用胶种类及用途。

任务导入

如图4-1所示,汽车车身框架的连接采用了电焊和结构胶粘结。

任务:汽车车身在焊接过程中如何用胶?具体使用了哪些胶?

图4-1 汽车车身框架

知识准备

一、胶接工艺简介

1. 胶接定义

胶接技术又称为粘接、粘结等,是通过具有黏附能力的物质,把同种或不同种材料牢固地连接在一起的方法。具有黏附能力的物质称为胶黏剂或黏合剂,被胶接的物体称为被黏物,胶黏剂和被黏物构成的组件称为胶接接头。

胶黏剂是能将同种、两种或两种以上同质或异质的制件（或材料）连接在一起，固化后具有足够强度的有机或无机的、天然或合成的一类物质，统称为胶黏剂或黏结剂、黏合剂、习惯上简称为胶。

自20世纪初，各类合成树脂和合成橡胶研制成功至今，胶黏剂和胶接技术迅猛发展。特别是20世纪80年代以来，新的性能优异的胶黏剂不断出现，且由于独特的胶接技术，使胶接技术朝着越来越多功能、越来越能够实现多目的的方向发展。

2. 胶黏剂组成

现在使用的胶黏剂均是采用多种组分合成的树脂胶黏剂，单一组分的胶黏剂已不能满足使用中的要求。合成胶黏剂由主剂和助剂组成，主剂又称为主料、基料或黏料；助剂有固化剂、稀释剂、增塑剂、填料、偶联剂、引发剂、增稠剂、防老剂、阻聚剂、稳定剂、络合剂、乳化剂等，根据要求与用途还可以包括阻燃剂、发泡剂、消泡剂、着色剂和防霉剂等成分。

（1）主剂　主剂是胶黏剂的主要成分，主导胶黏剂粘结性能，同时也是区别胶黏剂类别的重要标志。主剂一般由一种或两种，甚至三种高聚物构成，要求具有良好的黏附性和润湿性等。通常用的黏料有：

1）天然高分子化合物：如蛋白质、皮胶、鱼胶、松香、桃胶、骨胶等。

2）合成高分子化合物。

①热固性树脂，如环氧树脂、酚醛树脂、聚氨酯树脂、脲醛树脂、有机硅树脂等。

②热塑性树脂，如聚醋酸乙烯酯、聚乙烯醇及缩醛类树脂、聚苯乙烯等。

③弹性材料，如丁腈橡胶、氯丁橡胶、聚硫橡胶等。

④各种合成树脂、合成橡胶的混合体或接枝、镶嵌和共聚体等。

（2）助剂　为了满足特定的物理化学特性，加入的各种辅助组分称为助剂。例如：为了使主体黏料形成网型或体型结构，增加胶层内聚强度而加入固化剂（它们与主体黏料反应并产生交联作用）；为了加速固化、降低反应温度而加入固化促进剂或催化剂；为了提高耐大气老化、热老化、电弧老化、臭氧老化等性能而加入防老剂；为了赋予胶黏剂某些特定性质、降低成本而加入填料；为降低胶层刚性、增加韧性而加入增韧剂；为了改善工艺性、降低黏度、延长使用寿命加入稀释剂等。助剂主要包括：

1）固化剂：固化剂又称硬化剂，是促使黏结物质通过化学反应加快固化的组分，它是胶黏剂中最主要的配合材料。它的作用是直接或通过催化剂与主体聚合物进行反应，固化后把固化剂分子引进树脂中，使原来是热塑性的线型主体聚合物变成坚韧和坚硬的体型网状结构。

固化剂的种类很多，不同的树脂、不同要求采用不同的固化剂。胶接的工艺性和其使用性能是由加入的固化剂的性能和数量来决定的。

2）增韧剂：增韧剂的活性基团直接参与胶黏剂的固化反应，并进入到固化产物最终形成的一个大分子的链结构中。没有加入增韧剂的胶黏剂固化后，其性能较脆，易开裂，实用性差。加入增韧剂的胶黏剂，均有较好的抗冲击强度和抗剥离性。不同的增韧剂还可不同程度地降低其内应力、固化收缩率，提高低温性能。

常用的增韧剂有聚酰胺树脂、合成橡胶、缩醛树脂、聚砜树脂等。

3）稀释剂：稀释剂又称溶剂，主要作用是降低胶黏剂黏度，增加胶黏剂的浸润能力，改善工艺性能。有的能降低胶黏剂的活性，从而延长使用期，但加入量过多，会降低胶黏剂的胶接强度、耐热性、耐介质性能。

常用的稀释剂有丙酮、漆料等多种与黏料相容的溶剂。

4）填料：填料一般在胶黏剂中不发生化学反应，使用填料可以提高胶接接头的强度、抗冲击韧性、耐磨性、耐老化性、硬度、最高使用温度和耐热性，降低线膨胀系数、固化收缩率和成本等。常用的填料有氧化铜、氧化镁、银粉、瓷粉、云母粉、石棉粉、滑石粉等。

5）改性剂：改性剂是为了改善胶黏剂的某一方面性能，以满足特殊要求而加入的一些组分，如为增加胶接强度，可加入偶联剂，还可以加入防腐剂、防霉剂、阻燃剂和稳定剂等。

3. 胶黏剂的分类

随着胶接技术的飞速进步，胶黏剂产业已发展为一个独立的工业部门，渗透到各行各业中。胶黏剂也从单一的功能要求，不断地向多功能如耐水性、耐热性、耐候性和导电性等方向发展。在满足这些要求的同时，胶黏剂的应用范围也不断扩大，商品胶黏剂的种类也越来越多。胶黏剂分类至今尚无统一的方法，但可以从不同角度对胶黏剂进行分类，以突出其不同的特征。

胶黏剂的品种繁多，组成不同，用途各异，分类方法如下。

1）按来源可分为天然胶黏剂和合成胶黏剂：天然胶黏剂的原料主要来自天然，如动物胶有骨胶、虫胶、鱼胶等；植物胶有淀粉、松香等。合成胶黏剂就是由合成树脂或合成橡胶为主要原料配制而成的胶黏剂，如热固型胶黏剂有环氧、酚醛、丙烯酸双酯、有机硅、不饱和聚酯等；橡胶型胶黏剂有氯丁橡胶、丁腈橡胶、硅橡胶等；热塑性胶黏剂有聚醋酸乙烯酯、乙烯、醋酸乙烯酯等。

2）按用途可分为通用胶黏剂和专用胶黏剂：通用胶黏剂有一定的胶接强度，对一般材料都能进行胶接，如环氧树脂等。专用胶黏剂中有金属用、木材用、玻璃用、橡胶用、聚乙烯泡沫塑料用等胶黏剂。

3）按胶接强度可分为结构胶黏剂和非结构胶黏剂：结构胶黏剂胶接的接头抗剪强度可达7MPa，不仅有足够的抗剪强度，而且具有较高的不均匀扯离强度，能长时间内承受振动、疲劳和冲击等载荷，同时还具有一定的耐热性和耐候性。非结构胶黏剂在较低的温度下有一定的强度，随着温度的升高胶接强度迅速下降，所以这类胶黏剂主要用于胶接不重要的零件，或用于临时固定。

4）按胶黏剂固化温度可分为室温固化胶黏剂、中温固化胶黏剂、高温固化胶黏剂。室温是指温度低于30℃，中温是指30~99℃，高温是指高于100℃。

5）按胶黏剂基料物质可分为树脂型、橡胶型、无机及天然胶黏剂等。

6）按其他特殊性能可分为导电、导磁、点焊胶黏剂等。

4. 胶接技术优点

胶接技术与传统的连接方法相比有以下优点：

1）**工艺方面**：工艺简单，不要求较高的加工精度，对复杂零件可分别加工、胶接组装。可在水下粘结，也可在带油表面上粘结；可采用与焊接、铆接、螺纹连接相结合的方式，扬长避短，从而获得综合的效果；可降低成本，缩短工期，焊接、铆接、键连接都需要多道工序，粘结可一次完成；除用于连接、密封、堵漏、绝缘外还可广泛用于机械零件的耐磨损、耐腐蚀修复，也可用于修补零部件的各种缺陷，如裂纹、划伤、尺寸超差、铸造缺陷等。

2）**材料方面**：可实现金属、塑料、橡胶、陶瓷、软木、玻璃、木材、纸张、纤维等各种材料之间的连接，亦可实现不同厚度材料的连接。除此之外，还能克服铸铁、铝焊接时易裂和铝不能与铸铁、钢焊接等问题。

3）**力学性能方面**：不削弱零件本身结构，可避免因螺钉孔、铆钉孔和焊缝周围的应力集中所引起的疲劳龟裂。胶接面积大、应力分布均匀，可避免局部应力集中，延长使用寿命，结构的重量大为减轻，对于飞行器等运载工具来说，所获得的经济效益十分明显。

4）**其他性能方面**：如图4-2所示，连接件重量轻、外形光滑；具有较好的密封性、光滑的表面，不存在电位差导致的电化学腐蚀，使用寿命长；可赋予接头以快速固化、导热性、导电性、导磁性，以及绝缘性能、绝热性能、减振性能。

标贴
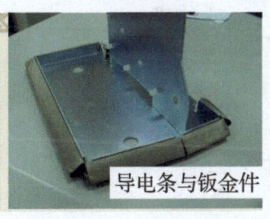
导电条与钣金件

塑料与金属轴

铜轴套与塑料

图4-2 其他类型胶接结构

5. 汽车行业用胶市场现状及应用前景展望

2001—2021年期间，我国汽车销量保持增长趋势，如图4-3所示。2021年，我国汽车累计销售2627.5万辆,同比增长3.5%,产销量位居世界前列。全国和汽车胶黏剂相关的企业达到3000多家,以单车用胶量20~40kg推测,我国汽车工业用胶黏剂市场规模已逾50万t/年。由于新能源汽车产销量发展势头迅猛,加之动力电池技术的不断更新,使得用胶量也将得到持续提升。

图 4-3 我国汽车销量

(1)汽车用胶概述 随着汽车制造技术的不断提高,汽车胶黏剂现已涉及汽车整个制造过程所需的五大类胶种,大小品种40种以上。根据功能来分,胶黏剂在汽车中的应用主要分为整车制造用胶、汽车零部件配套用胶及维修用胶,包括汽车焊装、涂装、总装,以及发动机、底盘零部件和制造工艺常用到的胶种,如图4-4所示。

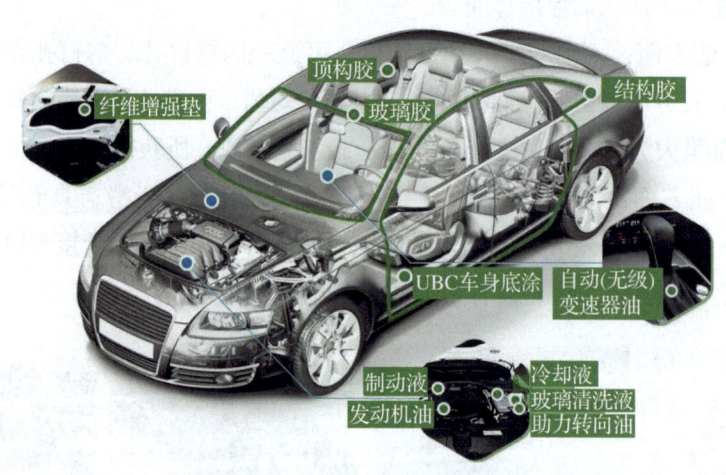

图 4-4 汽车工艺常用的胶种

(2)汽车用胶前景展望

1)胶黏剂在车身轻量化的应用前景:车身轻量化是汽车工业发展的一大趋势,是未来应对能源危机、减少燃油消耗、降低二氧化碳排放的重点发展方向。汽车轻量化材料的导入、采用粘结技术和局部增强技术则是解决这类问题的有效方法。

环氧结构胶是以环氧树脂为基材的反应型结构胶。环氧结构胶具有优异的焊装工艺性和储存稳定性,对车身钢板具有优异的粘结性,而且具有耐润滑油和钢板防锈的性能;同时具有良好的耐久性、耐蚀性、匹配电泳、耐冲洗和热加工。结构胶应用于汽车侧围、全景天窗、前后底板、前后轮罩、后隔板支撑延伸板、门槛内板等车身结构粘结,可以提高车身刚性,增强其抗冲击性能,延长汽车使用寿命。采用胶接和焊接共用工艺,可帮助汽车公司实现车身结构胶在汽车制造的焊装线上的应用,利用涂装工艺的烘烤工艺实现固化目的,增强车身结构、取代部分焊点,加强车身结构粘结韧性。尤其是针对钢铝混合结构粘结、全铝结构粘结,能够满足碰撞要求、减少车身重量、降低综合成本。

双组分聚氨酯胶在汽车车身轻量化设计的以塑代钢降重工艺中发挥了重要作用。PP本身材质质轻价廉,广泛地应用于汽车外饰结构件中,但PP材质由于其表面能低,难以粘结,一直是胶接工艺的痛点所在。而8667产品对难粘复合材料如PP、PE材质有着良好的附着力,解决了PP材质难以粘结的瓶颈,具有固化速度快、韧性好、抗冲击剥离强度高、优异的抗老化力学性能和高低温性能,满足大多数流水线工艺节拍。此粘结工艺,可帮助外饰件厂家不必增加额外的加热设备,利用现有模具,即可批量粘结复合材料结构件,如PP全塑尾门等,使车辆满足碰撞要求,车身重量显著降低。该技术在高端车型上得到广泛应用,在保证车身刚度、车身安全、NVH等性能不变的基础上,通过结构设计和优化,降低整车重量,满足车辆造型多样性的需求,从而达到节能、降排、增加续航的目的。

例如,奇瑞小蚂蚁是国内车身轻量化的"标杆",其采用的全铝车身为3R-BODY环状结构,密布的铝型材构成了一个笼式结构,骨架铝合金用量高于93%,白车身重(包括四门两盖+保险杠+副车架等所有车身附件,不喷漆)165kg,轻量化系数为2.5,白车身静态扭转刚度17138N·m/(°)。小蚂蚁的白车身骨架,如图4-5所示。

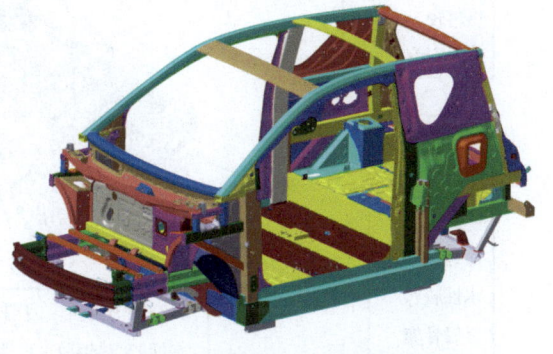

图4-5 小蚂蚁白车身骨架示意图

2)汽车内饰胶黏剂的发展趋势:汽车行业对车内空气质量的要求十分严格,并发布了GB/T 27630—2011《乘用车内空气质量评价指南》。传统汽车胶黏剂在使用过程中含有苯、甲苯等挥发性有机溶剂,危害人体健康及污染环境。随着政策助力加快胶黏剂产业升级,各类无溶剂、低挥发、高固含量的胶黏剂产品也逐渐发展起来。

汽车内饰件通常是指汽车内部装饰所用的一些产品,类似仪表台、门板、顶篷、地毯、座椅、备胎盖板等。而汽车内饰件胶黏剂,则是汽车内饰件粘结中的重要媒介,发挥着不可或缺的作用。汽车内饰件粘结图，如图4-6所示。汽车内饰胶多采用聚氨酯、氯丁等胶黏剂。

过去一直使用溶剂型胶黏剂，而溶剂型胶黏剂正是车内VOC最主要的来源之一，随着环保法规的健全以及人们环保意识的增强，溶剂型汽车胶黏剂将会逐渐被环保型胶黏剂所取代，尤其是水性汽车内饰胶的推广应用势在必行。水性聚氨酯胶黏剂除了保留聚氨酯的优点外，与溶剂型聚氨酯胶黏剂相比，还有其独特之处：

①以水为介质，无毒不燃，无公害、无危险，气味小，不污染环境，节省能源，适用于易被有机溶剂浸蚀的基材。

②黏度较低，且可用水溶性增稠剂和水进行调节，操作方便，残胶易于清理。

③可与多种水性树脂混合，利于改进性能和降低成本。

④固体含量高达50%，而大多数溶剂型聚氨酯胶黏剂的固体含量在20%左右，且溶剂型胶黏剂的黏度随固体含量增大而急剧上升，相比之下水性聚氨酯更容易调整配方。

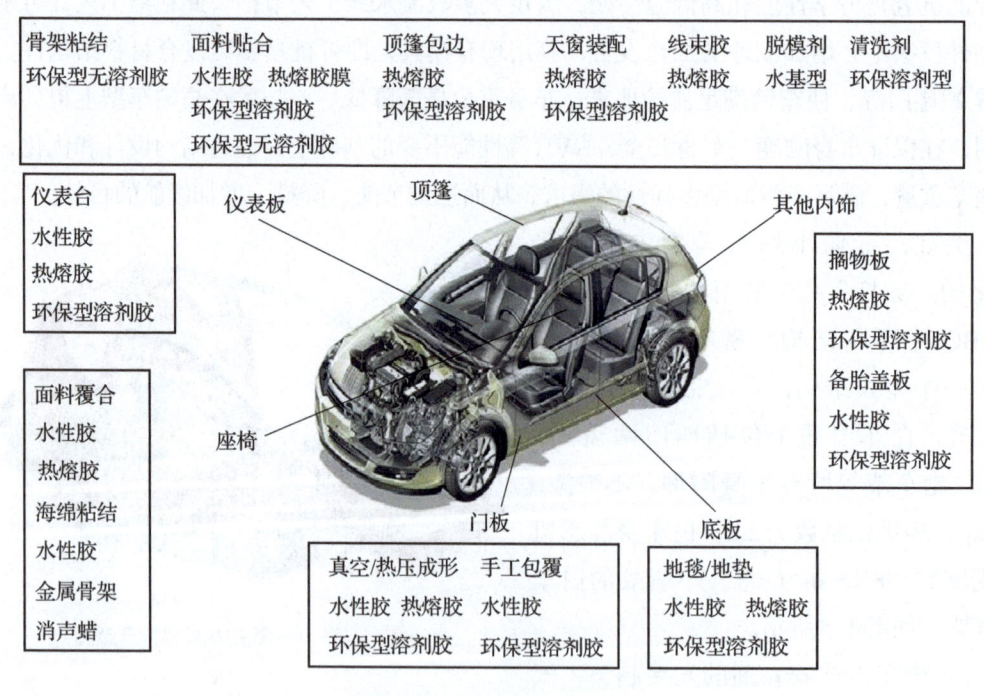

图4-6　汽车内饰件粘结图

3）胶黏剂在新能源汽车的应用前景：随着传统能源日益紧缺，环保压力日渐加重，发展新能源电动汽车目前已经成为全球政商界的共识。新能源电动汽车，因核心部件组成及设计要求，使得许多部件都需要严格的热管理以避免部件的损坏；尤其是导热材料，在新能源核心部件如电池、电机、电控等产生了很多新的需求。新能源汽车的三电核心部件，如图4-7所示，就应用了有机硅胶黏剂。

有机硅胶黏剂是目前耐高低温性能最好的一种胶黏剂,导热系数为2W/(m·K),用于电池包和液冷板之间的散热,其典型特点包括:

图4-7 新能源汽车三电部件

①优异的散热性能,有机硅体系产品黏度低,对基材有良好的浸润性,可有效降低界面热阻,实现良好散热性能,保证电池包温度在合理范围内。

②优异的耐高低温性能,有机硅胶黏剂是目前耐高低温性能最好的一种胶黏剂,常规耐温可达200℃。

③固化后硬度低,可以有效地吸收汽车振动过程中产生的应力,且易于返修。

④采用特殊导热填料,实现优异导热性能的同时,具有低密度轻量化的特点。

随着汽车轻量化及新能源汽车的加速发展,汽车工业已经成为仅次于建筑和轻工业的最大的胶黏剂应用领域,几乎涵盖了所有类型胶黏剂,而且应用范围越来越广,整车用量比例也越来越高。全国大大小小和汽车胶黏剂相关的企业已达到3000多家,以单车用胶量20~40kg推测,我国汽车工业用胶黏剂市场规模已逾50万t/年,成为世界上最大的汽车胶黏剂应用国。单车用胶量见表4-1。

表4-1 单车用胶量

工序	主要胶黏剂种类	单车用量/kg	总需求量/万t
焊装	点焊胶、折边胶等	≥1	≥2.8
涂装	焊缝密封胶、抗石击涂料等	≥5	≥14
内饰	车窗密封、内外装饰、顶篷、行李舱等	≥4	≥11
装配	发动机和底盘防渗、车灯胶、滤芯胶、制动片胶、螺纹紧固等	≥5	≥14

虽然目前汽车用胶市场仍旧被以汉高为首的外企所主导,但国产化是大势所趋,相信国产胶黏剂在国内胶黏剂市场中将逐步取代进口胶黏剂。

6. 胶接技术在焊装车身上的应用

典型轿车白车身由300~500个薄板冲压件焊接而成,焊点数多达3000~6000个,会不可避免地存在焊缝。在汽车制造中,如果各钣金件连接处的缝隙没有采取有效措施进行密封,汽车在行驶中就会出现漏水、透风和漏尘现象,严重的可能引起焊缝处钢板锈蚀,使钢板过早穿孔,加速车辆的报废。因此,焊缝处密封性的好坏直接关系到车身的质量和耐锈蚀能力,直接影响汽车整车的安全性和使用寿命。在车身焊装车间,白车身生产中涂胶工艺应用广泛,各种胶由于应用部位的不同而有一定的差别。不同车身连接位置用胶功能如图 4-8 所示。

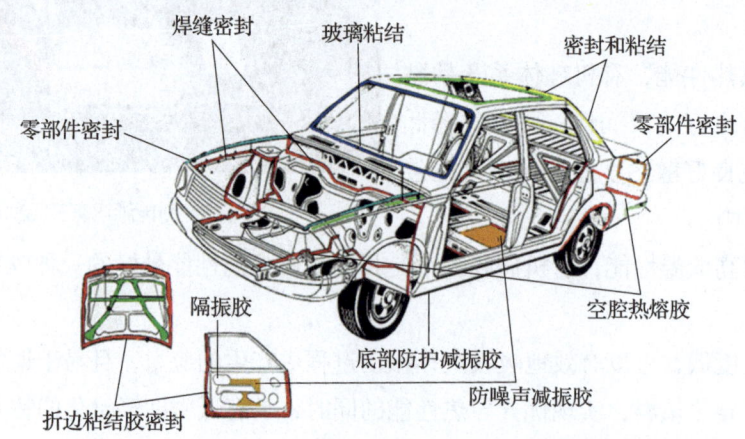

图 4-8　白车身不同连接位置用胶功能示意图

（1）**车身用胶部位**　车身一般由发动机舱、前底板、后底板、侧围、顶篷、四门两盖及前翼组成。焊装车身用胶主要分布于侧围、发动机舱、顶篷、门盖等区域。

（2）**焊装车身用胶原则**　焊装车身用胶原则如下：

1) 钣金件之间具有良好的粘结密封性能。
2) 在涂装前处理过程中具备良好的抗水洗性能。
3) 电泳烘烤具有良好的固化膨胀性能。
4) 粘结后具有良好的耐久性。

（3）**焊装车身涂胶用途**　涂胶是汽车白车身制造过程中非常重要的一环。车身在生产中应用涂胶剂或密封胶技术可以简化生产工艺，节省材料，增加零件强度。通过涂胶，对车身进行防振、隔热、防腐、防锈、防松、防漏、降噪、减重，提高汽车舒适性和安全性，在延长汽车寿命方面起着特殊作用。还有，通过涂胶，在一定程度上能够解决 NVH 问题。同时，涂胶在实现汽车轻量化、节能降耗等方面也发挥着重要作用。

随着制造技术的发展，密封胶作为汽车生产中必需的一种辅助材料，应用越来越广泛。在汽车的生产过程中，涂胶工艺在焊装车间、涂装车间和总装车间都有应用。其中焊装车间用胶主要有 5 种类型：折边胶、膨胀胶、点焊密封胶、隔振胶片和结构胶。下文重点介绍焊装车间用胶的分类、性能及工艺特点。

（4）**白车身涂胶实现形式**　胶是如何涂在板层之间的？根据操作方式，可以将涂胶分为两种形式：一是人工涂胶，二是自动涂胶。

人工涂胶是指操作者手持涂胶设备，将胶涂至工件表面。人工涂胶设备有两种，一种是便携式的胶枪,此类胶是采用支状形式进行储存的。此类涂胶方式前期设备投入成本低,但是由于储存量少,单位成本比桶装胶高,这类涂胶设备主要用于涂胶量少的地方。另外一种是采用高压空气涂胶,利用压缩空气或电力作为动力,驱动高压泵,将密封胶由料桶吸入泵的工作腔内,并增至高压(5~30 MPa),然后通过高压软管、胶枪,由人工操作将胶液涂在工件表面。此类涂胶方式可用于黏度高的胶液,胶泵、胶枪的输胶压力可调,出胶量易于控制,对于不同的焊缝部位,可采用不同形式的枪嘴,操作灵活简便,连续作业性好。这类涂胶方式前期设备投入成本比便携式胶枪的高,但是后期的成本低。人工涂胶操作,如图4-9所示。

采用人工涂胶,人作为操作者,涂胶质量的好坏由人来控制,因此需要操作者具有很强的责任感,做事认真负责,并需要有一套系统的质量管理体系。采用手工涂胶,根据工艺需要增加专用的涂胶支架或者涂胶夹具。产品设计不能设计涂胶线、涂胶槽结构的,必须在规划时考虑在涂胶支架或涂胶夹具上增加涂胶导向槽(图4-10),便于控制涂胶的位置。涂胶处,零件的装配方向应该沿涂胶面的垂直方向,否则侧面的滑动会把胶蹭掉,定位设置时需考虑。

图4-9 焊装车间的人工涂胶

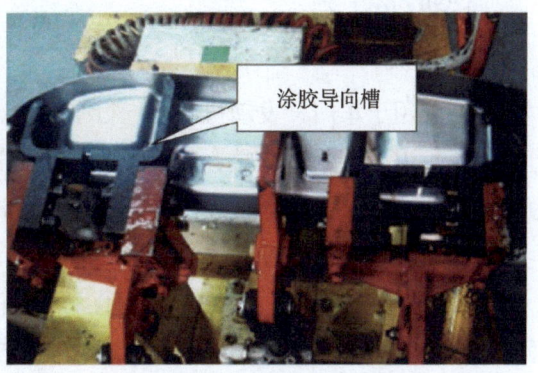
图4-10 涂胶夹具实例

自动涂胶是指通过机器人将胶涂至工件表面。自动涂胶有两种方式,一种是机器人抓着工件通过机器人的移动在固定式胶枪枪嘴下涂胶,另外一种是工件固定,机器人带着胶枪枪嘴,通过机器人的移动将胶涂至工件上。自动涂胶也是采用高压空气涂胶的方式,但是由于涂胶量是自动控制的,需要增加控制胶量的定量设备。根据胶是否需要加热分为加热性的和非加热性的自动涂胶机,如图4-11所示。自动涂胶前期投入成本最高。采用自动涂胶时一般通过两种方式控制涂胶的质量,一种是定期的检查,并在涂装车间通过人工涂胶方式进行修补。根据不同公司的要求,其检查频率有所不同。另一种是通过视觉系统进行监控,其原理是在系统中设置一个理论值,每次涂胶都会将实际值与理论值进行比对,超过一定的量(由车间根据实际情况进行设定),系统会自动报警。后者的成本高,适用于涂胶要求高的位置。

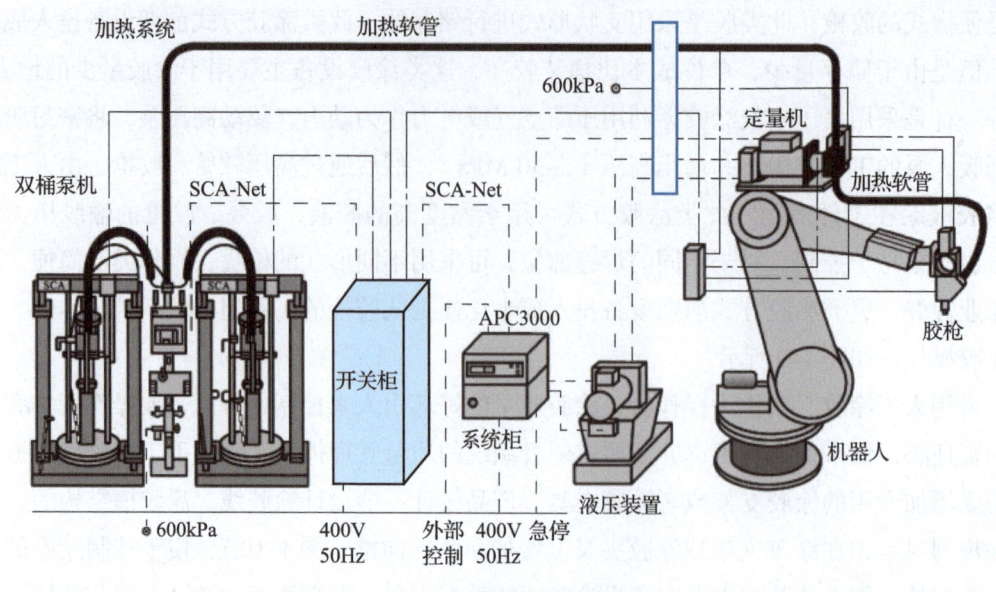

图 4-11　自动涂胶控制原理

二、典型胶接工艺

1. 折边胶

折边胶用于车门、发动机舱盖、行李舱盖、翼子板内外板、带天窗顶篷外板与内板滚边搭接处，以胶接代替焊接，避免了焊接工艺造成的车身凹坑（熔核痕迹），固化后的折边胶与内外板形成了一个整体，有效地解决了汽车运动过程中内板与外板之间因摩擦而产生噪声的问题。

折边胶是用于车身包边处黏结剂的统称。包边采用胶接工艺后的强度已远远大于焊接强度，而且不会产生应力集中，大大提升了车身撞击时的安全性能和车身寿命。

汽车的车门、发动机舱盖和行李舱盖等部件通常是将内、外盖板折边后采用定位焊连接的。定位焊产生的熔核在车身表面形成凹坑，对车身的外观质量产生了严重影响。为了解决这个问题，开始采用胶接取代定位焊的方法来生产汽车车门、发动机舱盖和行李舱盖的折边结构，所用的黏结剂被称为折边胶，如图 4-12 所示。

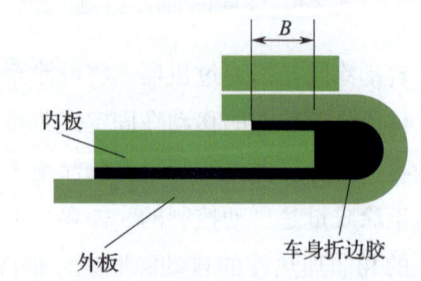

图 4-12　汽车车门所用的黏结剂被称为折边胶

折边胶按是否需要采用预固化工艺可分为采用两步固化的普通折边胶、不需要预固化的带玻璃微珠的折边胶（图 4-13）和自固化折边胶。普通折边胶在焊装车间需要预固化，将内、外板的相对位置固定，为了保证内、外板之间的装配精度，在预固化之前，采用定位焊接（定位焊、CO_2焊）。由于外板属于外观件，部分厂家采用单边定位焊接，如图4-14所示。不需要固化的带玻璃微珠的折边胶中的玻璃微珠在压力的作用下具有铆钉的作用，从而提高了内、外板的连接强度。自固化折边胶指的是双组分的折边胶，其中的一种成分起到了催化剂的作用，能使折边胶在常温下5~15min内固化，从而起到连接内、外板的作用。

图4-13 带玻璃微珠的折边胶

图4-14 单边定位焊接

在焊装车间无独立的黏结剂固化设备，因而胶的固化要随同电泳底漆的烘干而固化，这就要求未固化的胶经得起碱洗、磷化、水洗、阴极电泳漆及电泳后的冲洗等介质的作用。另外，还要求胶具有良好的油面粘结性能，这样就可以使被粘结的钢板不必严格除油，适应大批量流水线生产。

折边胶通常使用机器人或人工手持涂胶枪把黏结剂沿钣金件外板的周边涂覆（一般胶与外板的法兰边距离为3mm）。涂胶量过多或者涂胶位置不当，可能产生溢胶而污染压合模或者包边机。涂胶量过少可能会导致包边强度不满足设计要求，产生内外板窜动的问题。折边胶工艺过程如图4-15所示：

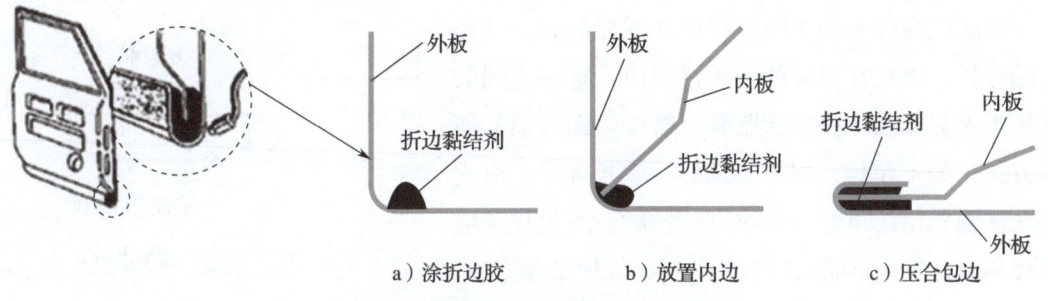

图4-15 折边胶工艺实施过程示意图

折边胶工艺选择、设计应遵循的原则：

1）根据不同车型、不同部位、不同烘烤工艺选择合适的折边胶产品。

2）涂胶部位、涂胶数量要正确，一般用量胶条直径为1mm。用量过多会在折边时溢出，固化后形成胶瘤，影响后续接缝胶施工；过少则会导致粘结强度下降，同时出现空腔，在后续涂布的接缝胶固化时空气膨胀导致表面鼓出气泡。

3）在冬季选用折边胶时，尽量采用折边胶黏度低的产品，易于施工。

4）转角部位不要打胶，部分包边有缺口，容易挤出，可在涂装车间涂布接缝胶密封。

5）折边胶抗剪强度不应小于18MPa，剥离强度不应小于3kN/m。

2. 膨胀胶

膨胀胶主要用于白车身外观件与横梁的搭接，如车门外板与横梁的搭接（图4-16）、前后盖外板与肋板的搭接、顶篷与横梁的搭接。在焊接前，将膨胀胶涂在内、外板搭接处，经过涂装油漆烘干设备加热固化后，膨胀胶具有较高的粘结强度，将横梁与外板紧密地连接在一起，从而起到了减少振动和噪声的作用。

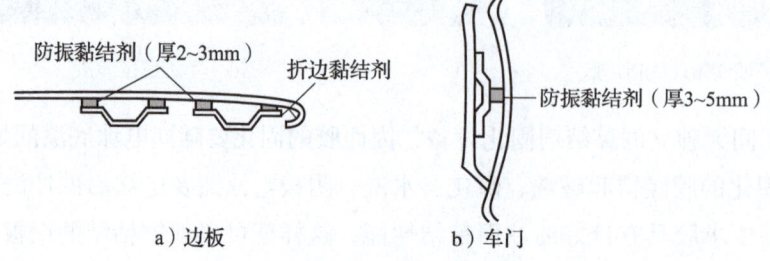

图4-16 膨胀胶使用的部位

膨胀胶又称发泡胶、隔振胶，用来减弱钢板与加强梁在行车过程中的振动和噪声，提升整车的舒适性，减少或完全取消了结合焊点，提高了车身外表的美观性。涂胶的直径根据板层的间隙来设定，在板层间隙为2~3mm时，采用直径为$\phi 5$~$\phi 8$ mm，膨胀率为30%~50%的膨胀胶。

膨胀胶在焊装加工的过程中并不能起到强度连接的作用，因此在焊装的加工过程中，板层之间的连接不能只靠结构胶或膨胀胶，需要借助其他的连接方式，如定位焊、焊条电弧焊、激光焊等。由于胶在高温的情况下会失去原有的性能，胶与焊条电弧焊和激光焊是不能兼容的，但与定位焊是兼容的，如图4-17所示。

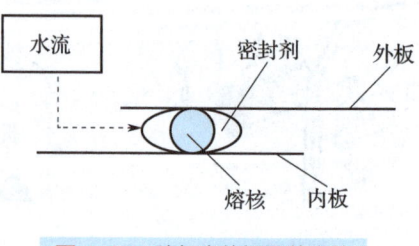

图4-17 胶与定位焊是兼容的

3. 点焊密封胶

点焊密封胶用于汽车车身、顶盖、底板、侧围、轮罩等的钢板焊接部位，起到密封、防水、防腐蚀作用，同时也可以防止点焊位置锈蚀产生质量风险，从而延长汽车使用寿命。

点焊密封胶是以合成橡胶、软化剂、增黏剂、硫化剂、颜填料为基材的成型或糊状材料，如图4-18所示。车身点焊连接焊点之间存在着缝隙，如果不密封，缝隙间摩擦会发出噪声，出现漏水、透风和漏尘的质量问题，导致焊缝、焊点钢板被锈蚀，缩短寿命。密封的方法是涂布点焊密封胶。

点焊密封胶是在焊接前涂敷在钣金件搭接处的一种密封胶，它要求被密封冲压件的附贴性要好，点焊后间隙不得超过0.3mm。点焊密封胶用于装焊工序，尤其适用于焊装后被零件遮蔽的或不宜涂布焊缝密封胶部位，用于点焊之前，能在焊点周围固化密封焊点，预防水汽侵蚀钢板缝隙。点焊密封胶的工艺实施过程如图4-19所示，通过涂胶、合拢、焊接三个步骤来实现点焊密封胶的设计要求。

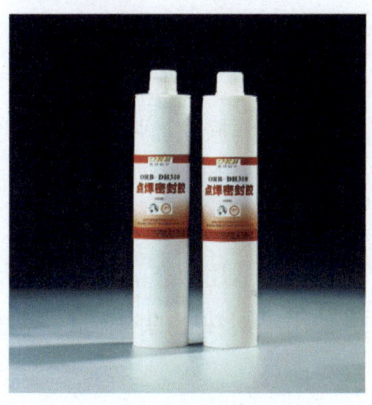

图 4-18　点焊密封胶

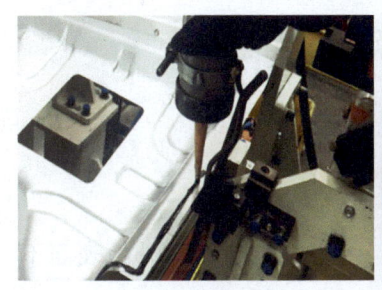　　

a）涂胶　　　　　　　　b）合拢　　　　　　　　c）焊接

图 4-19　点焊密封胶工艺实施过程示意图

点焊密封胶可应用于所有车身焊缝，但考虑成本效益，一般应用于车底板（防尘、防水）、前围（防进风）、车顶（防漏雨）、部分侧围（阻隔噪声），对于车顶、前围等重要部位，一般是点焊胶和接缝密封胶一起使用，以增加密封效果。图4-20所示为点焊密封胶在汽车前立柱内板使用的情况。

点焊密封胶选用原则：

1）根据使用部位缝隙大小选择膨胀型或非膨胀型。

2）对于一些间隙较大、垂直缝隙、施工节拍要求高的可以选择点焊胶带。

3）不要选择PVC型点焊胶，容易高温分解产生烟雾和有害气体。

图 4-20　汽车前立柱内板

4. 隔振胶

隔振胶通常用在四门、发动机舱盖、尾门、加油口盖、顶盖、侧围等空腔结构的位置，起到隔振、加强、减少变形的作用。隔振胶有膨胀型和非膨胀型两种。隔振胶主要由合成橡胶、合成树脂、增塑剂、硫化剂或固化剂、无机填料和发泡剂组成，通常为液态黏稠状，也有预成型带状或条状材料。按照合成组分的不同，隔振胶又具有抗凹性和抗流挂性两种适用形态。图4-21所示为典型的隔振胶适用结构示意图，依据不同的受力环境，会使用不同性能的隔振胶。例如图4-21a中隔振胶抗流挂性要好，图4-21b中隔振胶抗凹性要高。

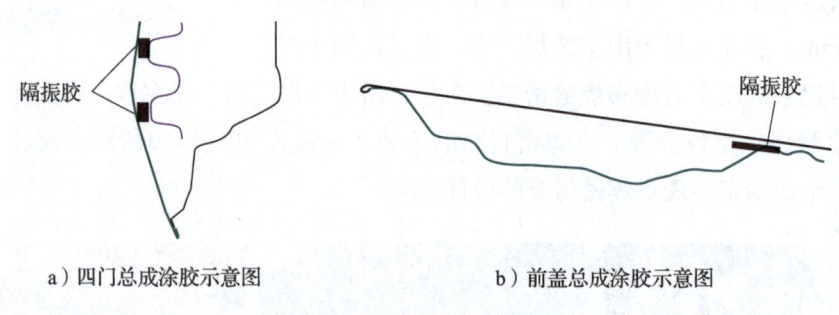

a) 四门总成涂胶示意图   b) 前盖总成涂胶示意图

图 4-21 隔振胶适用结构示意图

5. 结构胶

结构胶主要用于外板件和外板加强件之间的密封连接，用来替代点焊(外板表面不允许有焊点或可焊性差)，提高刚度和密封性，防止水、灰尘等进入车身内部，所以要求粘结强度高。结构胶的断面尺寸为直径约3 mm的圆，胶涂在距离零件边缘7 mm左右的位置。

结构胶具有高强度、高抗冲击性和高防腐性的特点，经过实验证实，结构胶可以使扭曲刚度提高15%~30%，碰撞性能提高15%~20%。有结构胶的零件比单纯焊点连接的零件有更好的吸能性能，可大大降低碰撞时钣金件的撕裂程度，增强汽车的安全性能。除了提升安全性能，结构胶还能提升汽车本身的NVH性能。

车身结构中，很多位置由于车身碰撞强度要求等原因无法布置预留足够的焊钳焊接空间，但又要求将钢板连接在一起，对这些部位通常用结构胶代替焊点。常见的应用结构胶的部位包括加油口盖组件与侧围组件配合处，如图4-22所示；后底板面板和交叉横梁配合处，如图4-23所示；顶盖后横梁与侧围连接板配合处等。

以上介绍了几种焊装车身典型的涂胶工艺。进行涂胶施工时的要求如下：

1) 施工条件：由于胶品中的环氧树脂会随温度降低而黏度增大，冬季气温较低时会增大打胶难度。结合工厂温度差异，冬季需做好胶品加热工作。

学习任务四 焊装胶接工艺

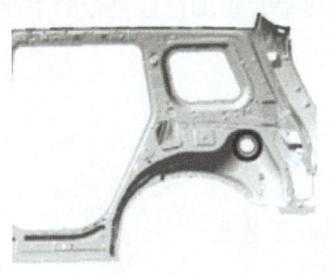
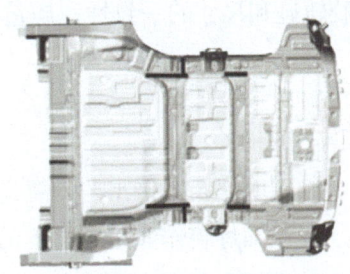

图 4-22 加油口盖组件与侧围组件配合处　　图 4-23 后底板面板和交叉横梁配合处

人工胶品加热器使用时间为每年的 11 月 1 日到次年的 3 月 30 日。烘烤箱的加热温度一般情况下设置在 40~55℃之间，加热温度推荐 45℃，具体根据现场实际情况在范围内调整。累计烘烤时间不得超过 8h。

手工涂胶一般采用小支胶。对于单支用量大于 3 台份的涂胶工位，须在操作停顿间隙对胶品进行保温，以免胶品黏度下降、出胶困难。可以在工位增加保温设备（图 4-24）。

专用涂胶机涂胶一般采用桶装胶。涂胶机必须有加热功能、温度报警功能。加热温度一般情况下设置在 20~40℃之间，加热温度推荐 30℃，具体根据现场实际情况在范围内调整。在涂胶机上安装一个低位极限开关，压盘下表面与桶底内表面的距离为 2cm 左右时换桶，以免空打吸入空气导致断胶。换桶时要注意清洁度，避免杂质混入材料之中，导致出胶嘴堵塞。

2）环境要求：涂胶设备、操作工位设置和现场要满足 ISO 14000：2004 环境体系要求。胶枪在不使用时，必须有专用枪架（图 4-25）。枪架上设计残胶收集盒，便于处理，以免影响现场环境。残胶收集盒和空胶桶按照《现场 5S 管理规定》和《危险废物处置办法》处置。

图 4-24 保温设备　　图 4-25 枪架应用

随着汽车制造工艺水平的提高，涂胶技术也在不断的发展进步，国内外很多车辆生产厂家已采用机器人涂胶的方式，用机器人实现折边胶、点焊胶、结构胶及隔振胶的涂抹，以便保证涂胶轨迹和尺寸的一致性，质量更为稳定可靠，更加符合当今的工业发展趋势。

任务实施

1. 阐明焊装胶接工艺的意义。
2. 认知焊装作业指导书上的白车身涂胶工艺流程。
3. 掌握白车身涂胶的种类及涂胶的部位。
4. 描述焊装涂胶的关键流程。
5. 使用焊装涂胶工具及辅具进行操作。

课后拓展

到汽车制造厂参观汽车焊装车间，观察焊装生产过程中工件的手动和自动涂胶工作过程，理论与实际结合，仔细观察焊装过程中，主要涂了哪几种胶，每种胶涂胶的部位，并在实训基地，学习人工使用胶枪进行打胶的操作。

到图书馆、阅览室查阅焊装涂胶方面的书籍与杂志，利用互联网了解胶接工艺在汽车焊装工艺的应用，对于胶接的典型案例，整理后进行分享。

学习任务五 焊装夹具

学习目标

1. 思政元素：培养学生"爱技、重技、专技、精技"的工匠精神，树立技能报国的爱国情怀。
2. 掌握焊装夹具的定义、功能。
3. 掌握焊装夹具的定位方法。
4. 了解焊装夹具的设计注意事项与一般设计步骤。

任务导入

图5-1中，汽车零部件为何要放在夹具上？夹具在焊接工艺中起到什么样的作用？

图5-1 焊装夹具

知识准备

一、认知焊装夹具

1. 焊装夹具的分类

随着科学技术的进步和生产水平的提高，焊接设备正朝着超大型、高容量、高参数、耐磨、耐蚀、耐低温、耐动载的方向发展。除提供质量更高、性能更好的各种焊机、焊接材料和制定正确的焊接工艺外，还要求提供各种性能优异的焊接夹具，使焊接生产实现机械化和自动化，减少人为因素干扰，达到保证和稳定焊接质量、改善焊工劳动条件、提高生产率、促进文明生产的目的。

（1）按用途

1）装配用夹具。这类夹具主要用于按车身图纸和工艺上的要求，把焊件中各零件或组件的相互位置准确地固定下来，工件只在它上面进行点定（定位焊），而不完成整个焊接工作。

2）焊接用夹具。这类夹具专门用来焊接焊件，即将已经点定好的焊件放在它上面完成所有焊点的焊接。它的主要任务是防止焊件变形，并使处在各种位置的焊点都尽可能地调整到最有利于施焊的位置。一般这类夹具用于焊接重量大或采用自动焊的情况。在手工操作小件焊接时，除有特殊质量要求外，一般不采用这类夹具。

3）焊接–装配夹具。这类夹具能完成整个焊件的装配和焊接工作，它具有装配用夹具和焊接用夹具的性能。车身的大型焊装夹具往往就是这类夹具。当焊件结构复杂，夹具的设置使车身的开放性差或焊接方法的可达性不好而无法一次焊完所有的焊点时，则在打开夹具后补焊或增加一个补焊工位，如车架和车身总成的焊接。

4）检验夹具。简称检具，它用于检查焊接完的车身部件的形状尺寸是否符合质量要求，起到量规的作用。

5）其他夹具。指矫正夹具、整修加工夹具和热处理夹具等。

（2）按应用范围

1）通用夹具。又称万能夹具，这类夹具无需调整或稍加调整，就能适用于不同工件的装配或焊接工作。

2）专用夹具。只适用于某一工件的装配或焊接，产品变换后，该夹具就不再适用。

（3）按动力来源

1）手动夹具：以人力为动力源，通过手柄或脚踏板，靠人工操作的夹具。手动夹具结构简单，具有自锁和扩力性能，但工作效率低，劳动强度大，一般在单件和小批量生产中应用较多。

2）气动夹具：以压缩空气为传力介质，推动气缸动作以实现夹具的夹紧。气动夹具结构简单，使用方便，价格低廉，容易实现焊装过程的机械化和自动化，在焊装夹具中使用最广泛。

3）液压夹具：以压力油为传力介质，推动液压缸动作以实现夹具的夹紧。与气动夹具相比，液压夹具主要用于对夹紧速度有要求以及夹紧力要求很大的场合。

4）磁力夹具：利用永久磁铁夹紧焊件的夹具。磁力夹具的夹紧力小，磁力会逐渐减弱。磁力夹具适用于受空间尺寸限制而不宜设置夹紧结构的位置，主要用于车身上小零件的上料。

5）真空夹具：利用抽真空设备使夹具内腔形成真空，借助大气压力将焊件压紧的夹具。真空夹具主要用于夹紧容易引起变形的薄板件。例如，车身顶篷在空中运输过程中常利用真空吸盘来夹紧。

6）混合式夹具：在一些大型复杂的夹具上，夹紧机构的结构形式有多种，而且还使用多种动力源，如手动加气动的、气动加磁铁的等，这种多动力源夹具称作混合式夹具。

2. 焊装夹具的作用

焊装夹具的主要作用有以下几个方面。

1）准确、可靠的定位和夹紧，可以减轻甚至取消下料和划线工作，减小制品的尺寸偏差，提高零件的精度和互换性。

2）有效地防止和减轻焊件变形，从而减轻焊接后的矫正工作量，达到减少工时消耗和提高劳动生产率的目的。

3）使工件处于最佳的施焊部位，焊点的可达性良好，工艺缺陷明显降低，可获得满意的焊点质量，焊接速度得以提高。

4）以机械装置代替手工装配零件部位时的定位、夹紧及工件翻转等繁重的工作，改善工人的劳动条件。

5）可以扩大先进工艺方法的使用范围，促进焊接结构的生产机械化和自动化的综合发展。总之，焊装夹具对焊接生产的有利作用有保证焊接质量、提高焊接生产率、改善工人的作业条件、实现机械化及自动化焊接生产过程。

因此，无论在焊接车间还是在施工现场，焊装夹具都已成为焊接生产中不可缺少的装备之一，从而获得了越来越广泛的应用。

3. 夹具的组成

常见的夹具结构示意如图5-2所示。

焊装常见的夹具组件有：

1）台板（BASE）：台板用于安装夹具组件，上表面加工有坐标刻度线，用于夹具基准状况的检测，如使用三坐标测量仪检测夹具精准度。

2）顶升：一种气动升降结构，可以使零件在Z向上具有一定的运动空间，方便从夹具上取出焊接完成后的焊接分总成件。

3）气动二联件：过滤进入夹具气路的气体，并调节夹具的气压。

4）阀座：控制压缩空气的传输动作路径。

5）操作台：夹具的总操作面板。

6）夹紧机构（Post）：夹紧机构由U形块、夹紧臂、气缸或手动夹组成，用于矫正变形的零部件，缩小工件间的搭接间隙，将工件固定在正确的位置上（基准面），避免焊接作业时工件错位或变形，确保工件焊接精度的稳定性。

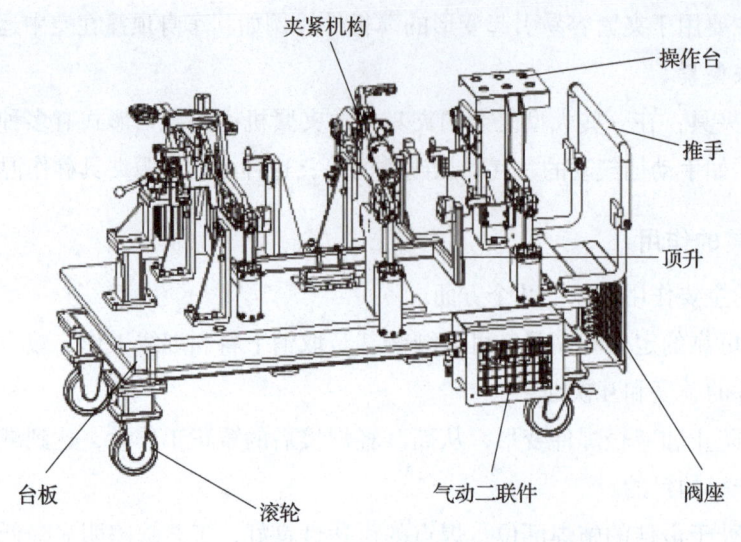

图 5-2 夹具结构示意图

4. 焊装夹具的特点及要求

（1）焊装夹具的特点

1）在焊接工艺装备中进行装配和焊接的零件有多个，它们的装配和焊接按一定的顺序逐步进行，其定位和夹紧也都是分别地、单独地或是一批批联动地进行，其动作次序和功能要与制造工艺过程相符合。

2）焊件在夹具中比机加工零件在机床夹具中所受的夹持力小，而且不同零件、不同部件的夹持力也不相同。在焊接过程中，为了减少焊接应力，又允许某些零件在某一方向是自由的。因此，在焊装夹具中不是对所有的零件都进行刚性的固定。

3）由于夹具往往是焊接电源二次回路的一个部分，有时为了防止焊接电流流过机件（如齿轮、轴承）而使其烧坏，需要对某些部位进行绝缘。

4）焊装夹具要与焊接方法相适应，不同焊接方法对夹具的具体要求是不一样的。

5）焊接件为薄板冲压件时，其刚性比较差，极易变形，如果仍然按刚体的六点定位原理，即3-2-1定位，工件因自重或夹紧力的作用，定位部位发生变形而影响定位精度。

此外，薄板焊接主要产生波浪变形，为了防止变形，通常采用比较多的辅助定位点和辅助夹紧点以及过多地依赖于冲压件外形来定位。因此，薄板焊装夹具与机床夹具有显著的差别，不仅要满足精确定位的共性要求，还要充分考虑薄板冲压件的易变形和制造尺寸偏差较大的特点，在第一基面上的定位点数目N允许大于3，即采用N-2-1定位原理。

（2）焊装夹具的基本结构要求

1）夹具设计需保证操作的安全性和便捷性，符合人机工程学，平移、平面旋转、轴向翻转等动态机构应有到位锁死装置和安全防护装置。

2）所有平移滑轨需设置四面防尘；滑轨、滑块一侧用定位销定位，另一侧采用偏心销顶紧，以保证锁在滑块、滑轨上的夹具机构的定位精度。在焊接操作时有可能踩踏的部位需保证防护罩有一定的刚性。

3）所有定位面、压紧面全部为机加工面，不允许手工修磨。

4）在保证定位稳定与定位精度的前提下，夹具结构要尽量简捷，保证有良好的操作性。

5）平面回转夹具需增加旋转到位的限位机构，限位机构的插销设计必须考虑操作人员绊脚的风险，杜绝安全隐患的存在。

二、焊装夹具定位原理

焊装夹具就是将焊件准确定位和可靠夹紧，便于焊件进行装配和焊接，保证焊件结构精度要求的工艺装备。在焊接生产过程中，焊接所需要的工时较少，而约占全部加工工时2/3以上的时间是用于备料、装配及其他辅助的工作，极大地影响着焊接的生产速度。为此，必须大力推广使用机械化和自动化程度较高的装配和焊接装备。

焊装变位夹具是通过改变焊件、焊机或操作者空间位置来实现机械化、自动化焊接的各种机械装置。焊件移动装置包括焊接变位机械、滚轮架、回转台和翻转机等。焊机变位装置包括焊接操作机、电渣焊立架等。操作者升降台是改变工人空间操作位置的机械装置。

众所周知，焊接加工一方面要求焊工要有熟练的操作技能、丰富的实践经验、稳定的焊接水平。另一方面，焊接又是一种劳动条件差、烟尘多、热辐射性大而高的工作。工业机器人的出现使人们自然而然想到用它代替人的手工焊接，减轻焊工的劳动强度，同时也可以改善焊接质量和提高焊接效率。目前用得最多的是模仿人的手臂功能的多关节式的机器人，这种机器人可以使焊枪的空间和姿态调至任意状态，以满足不同位置及不同接头形式的焊接需要。

1. 六点定位原理

在进行焊装作业时，首先应使焊件在夹具中得到确定的位置，并在装配、焊接过程中一直将其保持在原来的位置上。把焊件按图样要求得到确定位置的过程称为定位，把焊件在焊装作业中一直保持在确定位置上的过程称为夹紧。

（1）六点定位原则 为了使焊件在夹具中得到所要求的确定位置，应先研究一下物体在空间的位置是怎样被确定下来的。一个尚未定位的工件，其位置是不确定的。如图5-3a所示，将未定位的工件（长方体）放在空间直角坐标系中，用X、Y、Z三个互相垂直的坐标轴来描述工件位置不确定性。长方体可以沿X、Y、Z轴自由移动，也可以绕X、Y、Z轴自由转动，共有六个自由度。

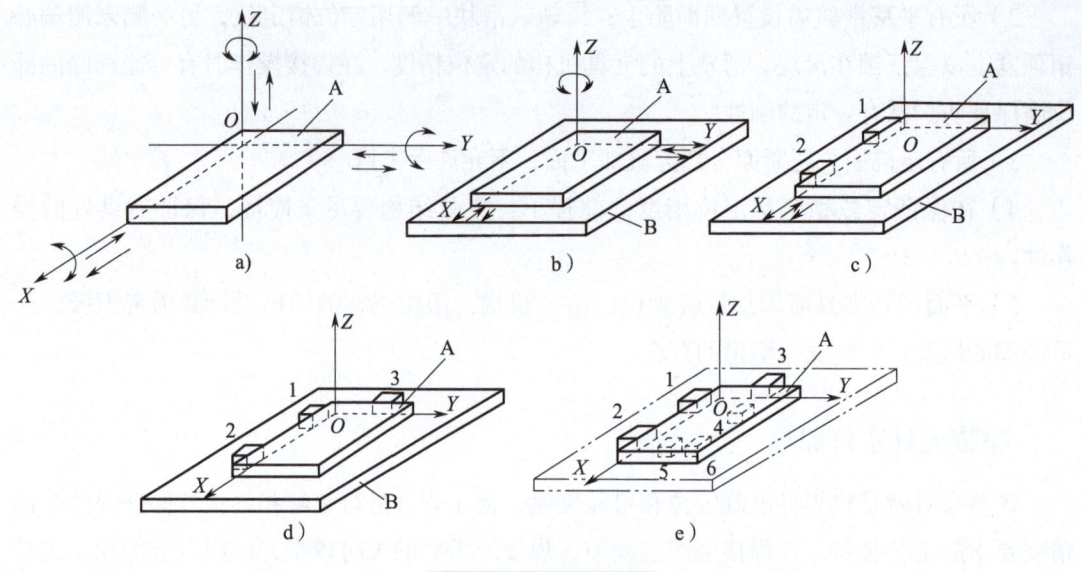

图 5-3 物体的定位

工件要正确定位首先要限制工件的自由度,这六个自由度被消除了,则物体在空间的位置就完全被确定了,所以自由度也是决定物体空间位置的独立参数。

如图 5-3b 所示,如果在 XOY 平面上放一块平板 B 来支承物体 A,这时物体 A 在这个平面上只能沿 OX 轴、OY 轴移动和绕 OZ 轴旋转,而不能沿 OZ 轴移动和绕 OX 轴、OY 轴旋转,否则,物体 A 将脱离平板 B。这说明支承板 B 消除了物体 A 的三个自由度。如果再在物体 A 的 XOZ 平面上放置两块挡铁 1 和 2(图 5-3c),物体 A 也就不能沿 OY 轴移动和绕 OZ 轴旋转了,从而又消除了两个自由度。

最后,只要在物体 A 的 ZOY 平面上再设置一块挡铁 3,消除物体沿 OX 轴移动的自由度,则物体 A 的空间位置就被完全确定下来(图 5-3d)。

从几何学中可知,三点可以确定一平面,可以用三个定位支承点 4、5、6(图 5-3e)代替图 5-3d 中的支承平板 B,同时也把挡铁 1、2、3 当作定位支承点,从而一个定位支承点平均消除了一个自由度。因此,确定物体的空间位置,就需要按图 5-3e 布置六个支承点消除物体活动的六个自由度,这种用适当分布的六个支承点限制工件六个自由度的原则称为"六点定位原则"。

由图 5-3e 可知,三个支承点在 XOY 平面上,两个支承点在 XOZ 平面上,一个支承点在 ZOY 平面上。支承点的分布必须适当,否则六个支承点限制不了工件的六个自由度。有三个支承点的平面称为安装基面。在这个面上,三个支承点不能在一条直线上,被支承工件的重心必须落在这三个支承点作为顶点所构成的三角形内。这三个定位支承点之间的距离越远,则安装基面越大,焊件的安装稳定性和相关位置精度就越高,因此,应选择焊件轮廓尺寸最大的表面与安装基面接触。

有两个定位支承点的平面称为导向基面。这两个支承点的连线应平行于安装基面，而且两点间的距离越远越有利于提高安装精度，因此应选焊件尺寸最长的表面与导向基面接触。有一个定位支承点的平面称为定程基面。显然，安装一个定位支承点就不需要很大的面积与长度，因此，通常是选焊件较小的表面与定程基面接触。

（2）焊件在夹具中的定位方法　在焊装作业中，焊件按图样要求，在夹具中得到确定位置的过程称为定位。焊件在夹具中要得到确定的位置，必须遵循物体定位的"六点定位原则"。但对焊接金属结构件来说，被焊装的零件多是成形的板材和型材，未组焊前刚度小、易变形，所以常以工作平台的台面作为焊件的安装基面进行焊装作业，此时，工作平台不仅具有夹具体的作用，而且具有定位器的作用。

另外，对焊接金属结构的每个零件，不必都设六个定位支承点来确定其位置，因为各零件之间都有确定的位置关系，可利用先装好的零件作为后装配零件某一基面上的定位支承点，这样，就可以简化夹具结构，减少定位器的数量。

为了保证装配精度，应将焊件几何形状比较规则的边和面与定位器的定位面接触，并实现完全覆盖。

在夹具体上布置定位器时，应注意不要妨碍焊接和装卸作业的进行，同时要考虑焊接变形的影响。如果定位器对焊接变形有限制作用，则多做成拆卸式或退让式的，而操作式定位器应设置在便于焊工操作的位置上。

2. N-2-1定位原理

汽车覆盖件作为汽车结构的重要零部件之一，其焊装方式也由传统的手工焊接发展为流水线、自动化加工方式。焊装夹具设计是决定汽车车身质量的主要因素，据美国汽车工业统计数据，72%的车身误差源于焊装夹具的定位误差。

汽车车身主要由众多冲压部件装配而成，薄壁零件在白车身的装配中占到了70%以上，由于薄壁板件的刚性较差、容易变形，在焊装过程中通常要采用多点定位夹紧的专用夹具，以保证各个部分在焊接位置上的贴合。由于薄板件柔性较大，在加工载荷下容易变形，在工业生产中可能会导致较大的尺寸偏差。

在传统的刚性夹具设计中广泛地应用了"N-2-1"的定位原理。在"N-2-1"定位原理中，第一基准面所需的定位点数假设为一个大于3的变量N，第二、第三基准面分别设定两个和一个定位点以限制工件刚体运动。这是由于加工载荷和工件自重所引起的变形主要集中在薄板件法线方向，因此第一基准面上采用过定位的方式，以增强薄板件的刚性，限制和减少焊接加工中该方向上的变形；而由于加工过程中所产生的力一般不会作用或者较少作用在第二、第三基准面上，两个和一个定位点一般可以避免薄板件的弯曲和翘曲。同时由于薄板件特殊的几何性质，微小的几何缺陷都可能引起工件在加工过程中产生相对较大的挠度，必须避免在薄板件正反面上同时存在定位点。

3. 定位器及定位方法与夹具体

基准又叫基准面（datum），它是一些点、线、面的组合，用它们来决定同一零件的另外一些点、线、面的位置或者其他零件的位置。

根据用途的不同，基准可分为设计基准和工艺基准。定位基准的选择是定位器设计中的一个关键问题，选择定位器时应注意以下几点。

①定位基准应尽可能与焊件起始基准重合，以便消除由于基准不重合造成的误差。

②应选用零件上平整、光洁的表面作为定位基准。

③定位基准夹紧力的作用点应尽量靠近焊接区。

④可根据焊接结构的布置、装配顺序等因素综合考虑。

⑤应尽可能使夹具的定位基准统一。

（1）定位器　定位器是保证焊件在夹具中获得正确装配位置的零件或部件，又称定位元件和定位机构。定位器的结构主要有挡铁、支承钉、定位销、V形块、定位样板五类。

1）挡铁是一种应用较广且结构简单的定位元件。除平面定位外，也常利用挡铁对板焊结构或型钢结构的端部进行边缘定位。挡铁的形式有固定式挡铁、可拆式挡铁、永磁式挡铁、可退出式挡铁。

图5-4所示为常用挡铁的各种形式。

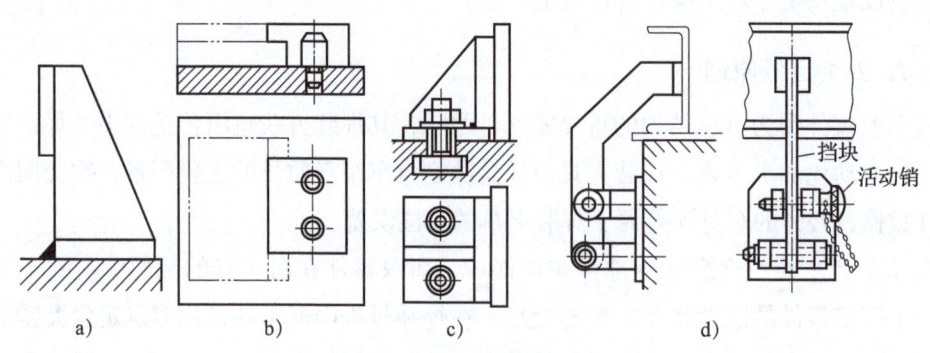

图5-4　常用挡铁的各种形式

2）支承钉和支承板主要用于平面定位。

①固定式支承钉（图5-5a），又分为平头支承钉、球头支承钉、带花纹头的支承钉。

②可调式支承钉，适合零件表面未经加工或表面精度相差较大，而又需以此平面做定位基准时选用。

③支承板定位（图5-5b），适用于零件的侧面和顶面定位。

其中，挡铁和支承钉用于平面的定位，定位销用于焊件定位孔的定位，V形块用于圆柱体、圆锥体焊件的定位，定位样板用于焊件与已定位焊件之间的给定定位。定位器可做成拆卸式、进退式和翻转式的，如图5-6所示。

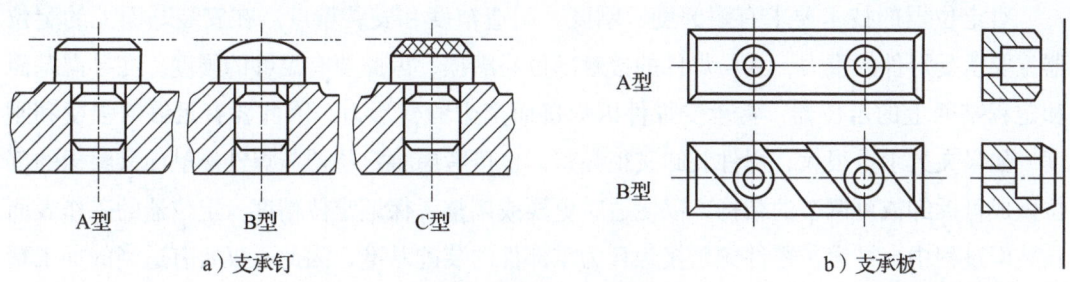

A型
B型
C型
a）支承钉
A型
B型
b）支承板

图 5-5 支承钉和支承板

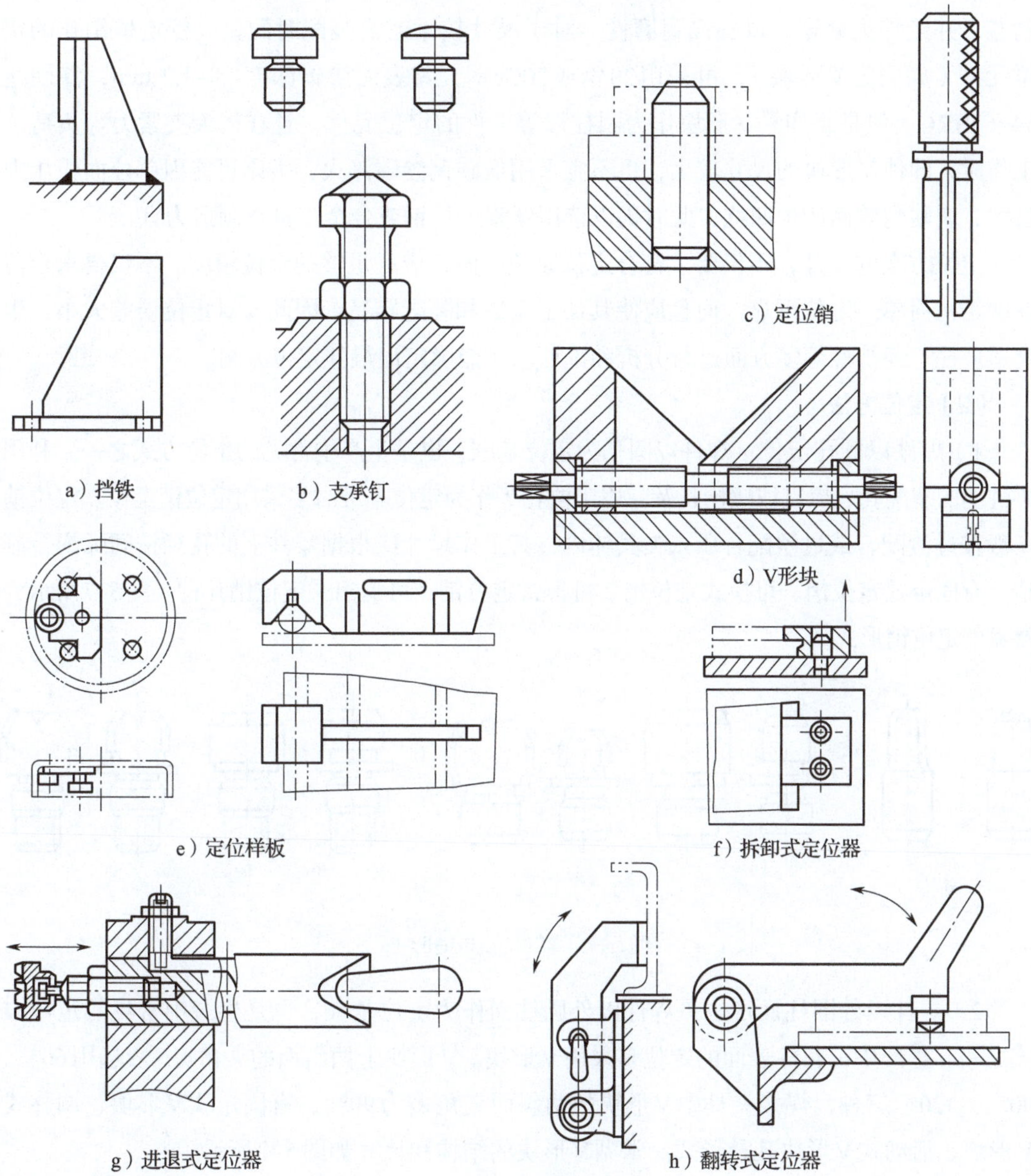

a）挡铁
b）支承钉
c）定位销
d）V形块
e）定位样板
f）拆卸式定位器
g）进退式定位器
h）翻转式定位器

图 5-6 定位器

对定位器的技术要求有耐磨度、刚度、制造精度和安装精度。在安装基面上的定位器主要承受焊件的重力，其与焊件的接触部位易磨损，因此要有足够的硬度。在导向基面和定程基面上的定位器，常承受焊件因焊接而产生的变形力，因此要有足够的强度和刚度。如果夹具承重很大，焊件装卸又很频繁，也可考虑将定位器与焊件接触而易磨损的部位做成可拆卸或可调节的结构，以便适时更换或调整，保证定位精度。定位器的工作表面在装配过程中与被定位零件频繁接触且为零部件的装配基准，因此不仅要有适当的加工精度，还要有良好的耐磨性（表面硬度为40~65 HRC），以确保定位精度的持久性。夹具定位元件可选用45、40Cr等优质碳素结构钢或合金钢制造，或选用T8、T10等碳素工具钢制造，并经淬火处理，以提高耐磨性。对于尺寸较大或需装配时配钻、铰定位销孔的定位元件（如固定V形块），可采用20钢或20Cr钢，其表面渗碳深度0.8~1.2 mm，淬硬达54~60HRC。但是，如果V形块作为圆柱形等工件的定位元件，且在较大夹紧力等负荷下工作时，即使V形块的尺寸较大，也不宜采用低碳钢渗碳淬火，否则可能因单位面积压力过大，表硬内软而产生凹坑，此时仍以选用碳素工具钢或合金工具钢制造为宜。

定位方案的设计，不仅要求符合定位原理，而且应有足够的定位精度。不仅要求定位器的结构简单、定位可靠，而且应使其加工制造和装配容易。因此要对定位误差大小、生产适应性、经济性等多方面进行分析和论证，才能确定出最佳定位方案。

（2）定位方法

1）焊件以圆孔定位：焊件以圆孔为定位基准，也是生产中常见的定位方式之一。利用零件上的装配孔、螺钉或螺栓孔及专用定位孔等作为定位基准时多采用定位销定位。定位销一般按过渡配合或过盈配合压入夹具体内，其工作尺寸应根据零件上的孔径按间隙配合制造。有固定式定位销、可换式定位销、可拆式定位销、可退出式定位销几种。图5-7所示为常见的定位销形式。

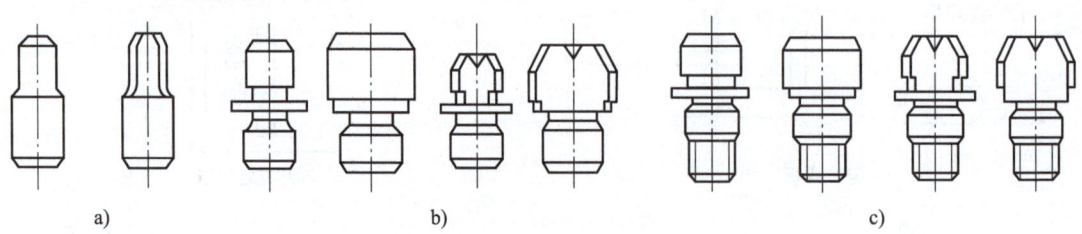

图5-7 常见的定位销形式

2）焊件以外圆柱面定位：焊件以外圆柱面作为定位基准，也是生产中常见的定位方式之一，生产中，圆柱表面的定位多采用V形块。V形块上两斜面的夹角α一般选用60°、90°、120°三种，焊接夹具中V形块的两斜面夹角多为90°，有固定式V形块、调整式V形块、活动式V形块几种形式。常见V形块的结构和尺寸如图5-8所示。

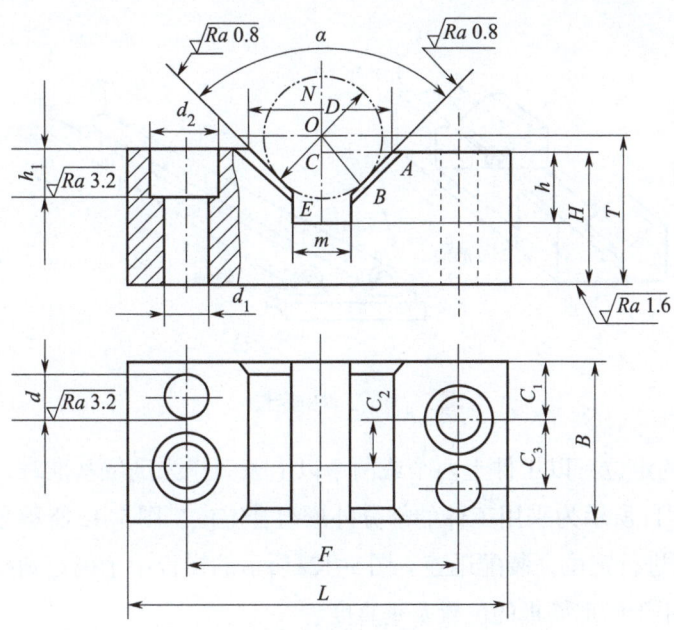

图 5-8 常见 V 形块的结构和尺寸

标准 V 形块是根据工件定位面外圆直径来选取的，如果需要自行设计非标准 V 形块，可按表 5-1 计算图 5-8 所示有关尺寸。

表 5-1 V 形块尺寸计算

计算项目	符号	计算公式		
工作角度	α	60°	90°	120°
标准定位高度	T	$T=H+D-0.866N$	$T=H+0.707D-0.5N$	$T=H+0.577D-0.289N$
开口尺寸	N	$N=1.15(D-k)$	$N=1.41D-2k$	$N=2D-3.46k$
参数	k	$k=(0.14\sim0.16)D$		

图 5-9 所示为间断型 V 形块，用于较长的工件定位。

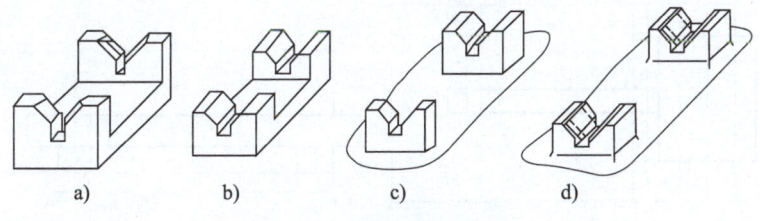

图 5-9 间断型 V 形块

当工件需要转动时，V 形块的两个斜面也可用两个滚轮或长辊轴来代替，如图 5-10b 所示，这样可以减少定位面的磨损。

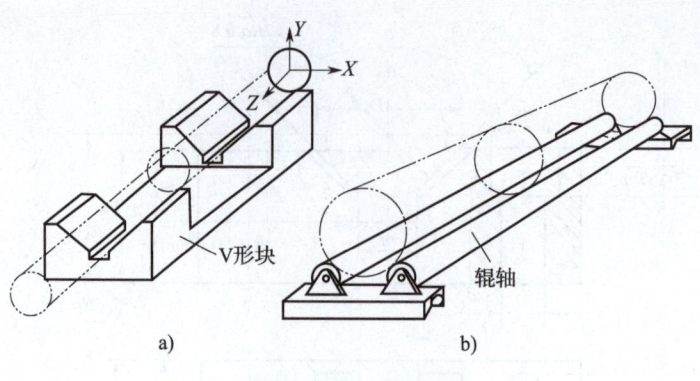

图 5-10 工件的定位

3）组合表面的定位：以工件上两个或两个以上表面作为定位基准时，称为组合表面定位。例如，图 5-11 所示为采用工件的部分外形组合定位。图 5-12 所示为定位样板，它是利用工件的轮廓进行定位，装配迅速，图 5-12a 所示的样板用于确定圆柱体的位置，图 5-12b 所示的样板用于确定筋板的位置及垂直度。

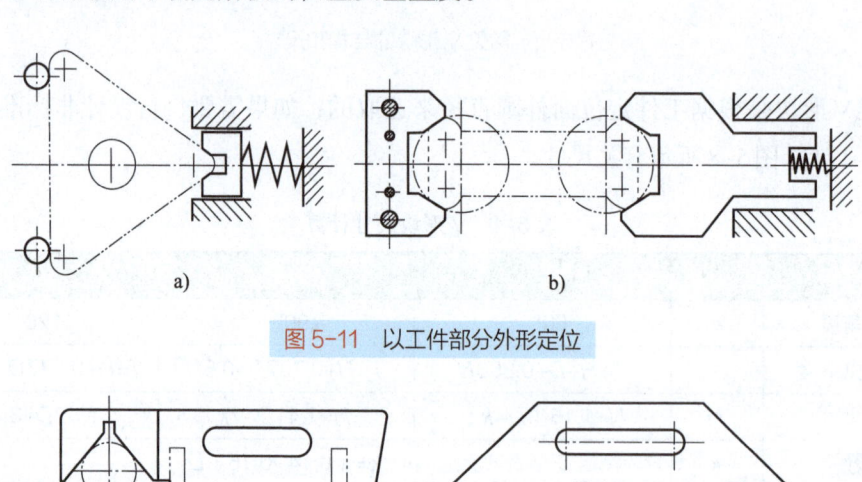

图 5-11 以工件部分外形定位

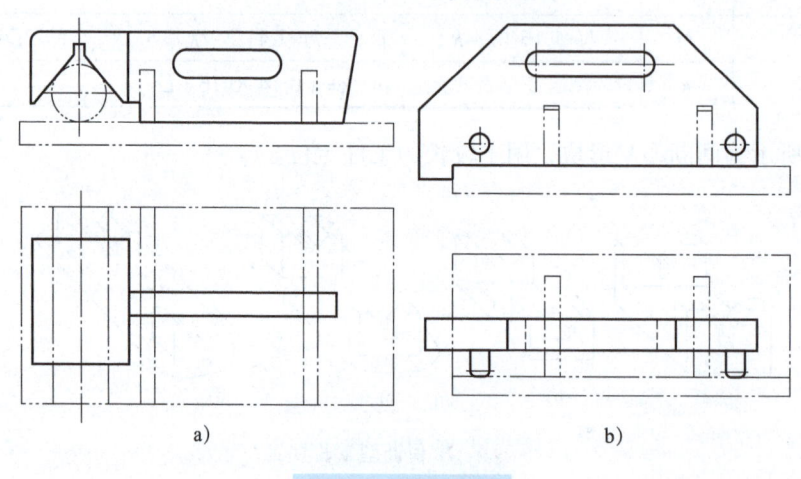

图 5-12 定位样板

4）型面的定位：对于具有复杂外形的薄板焊接件，一般采用与工件的型面相同或相似的定位件来定位，这就是型面定位。

（3）**夹具体**　夹具体是在夹具上安装定位器和夹紧机构以及承受焊件重量的部分。各种焊件变位机械上的工作台以及焊装车间里的各种固定式平台，就是通用的夹具体，在其台面上开有安装槽、孔，用来安放和固定各种定位器和夹紧机构。在批量生产中使用的专用夹具，其夹具体是根据焊件形状、尺寸、定位及夹紧要求、装配施焊工艺等专门设计的。图5-13所示是一种扇形板焊装夹具，其夹具体就是根据焊件（图中双点画线所示）形状尺寸、定位夹紧要求由型钢和厚钢板拼焊而成的结构。夹具体上安装着定位器总成以保证零件2相对零件1的垂直度和相对高度。零件定位后，用圆偏心-杠杆夹紧机构夹紧，以保证施焊时零件的相互位置不发生改变。

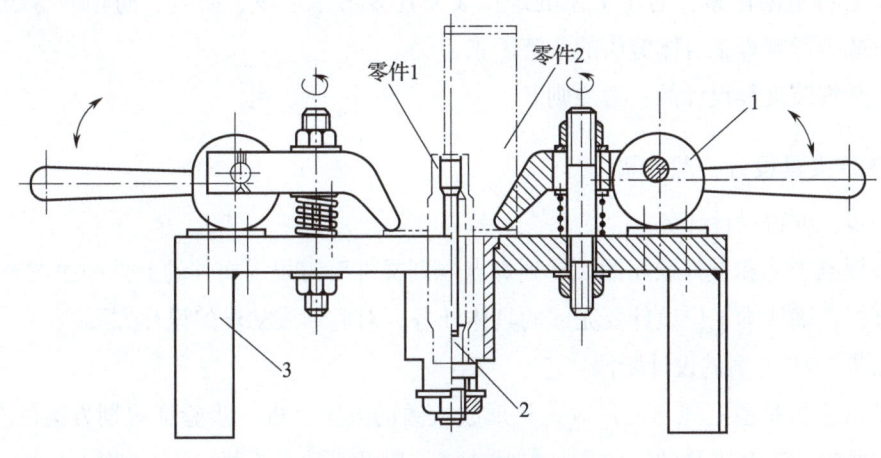

图 5-13　扇形板焊装夹具

1—圆偏心-杠杆夹紧机构　2—定位器总成　3—夹具体

对夹具体的要求是：有足够的强度和刚度；便于装配和焊接作业的实施；能将焊装好的焊件方便地卸下；满足必要的导电、导热、通水、通气及通风条件；容易清理焊渣、锈皮等脏物；有利于定位器、夹紧机构位置的调节与补偿；必要时，还应具有反变形的功能。通常，作为通用夹具体的焊装平台多为铸造结构，而专用夹具体多为板焊结构。

三、焊装夹具设计原理

1. 焊装夹具的设计原则和应注意的问题

焊装夹具的设计原则与其他机械的设计原则一样，首先必须使焊装夹具满足工作职能的要求，在这个前提下还应满足操作、安全、外观、经济上的要求。也就是说，应该按照适用、经济、美观的原则来设计焊装夹具。根据这一原则设计焊装夹具时，先根据工作职能要求，确定装备的工作原理，选择工作机构和传动方式（液压、气动、磁力、电力、机械），然后在运动分析的基础上进行动力分析，确定机构各部分传递的功率、转矩和力的

大小，根据这些数据和使用要求进行强度、刚度、发热、效率等方面的计算或校核，使设计出的装备能在给定的年限内正常工作。另外，在考虑满足职能要求的同时，要注意取得较好的经济效益，使设计出的装备成本低，动力消耗及维修费用少，能满足给定的生产效率。

设计方案的好坏，对装备的技术、使用性能以及经济上的合理性有着很大的影响，为此，要慎重地确定设计方案（对重要装备，从方案的论证分析到最后确定，一般要占设计时间的1/3左右），要注意整体结构的合理性和动作的协调性，装备的零件要有良好的加工工艺性能，要合理地选用原材料，尽量采用标准化的零部件等。另外，要特别注意操作简便、安全、可靠。对一些外露的运动部件（如齿轮、轴承、链条等），要有防护设施，尽量减少各种危险因素。对于大型的焊接装备还要考虑通风、防尘、防辐射等设备的配置，尽量减少影响焊工身体健康的危害因素。

以上是焊装夹具设计的一般原则。

2. 焊装夹具设计一般步骤

第一步：取得设计任务。

取得焊点工艺和上件顺序图，拿到焊点规划文件后对规划文件的上件顺序图及焊点工艺进行分析，确认本工位设计要完成的具体任务，对此形成初步的设计方案。

第二步：3D方案的设计阶段。

本步骤主要是根据规划文件对夹具形成大致的方案，进一步验证规划方案的合理性。该阶段主要确定工装夹具的定位点、夹紧方式，以及采取什么样的夹具结构。这一阶段是设计者和规划部门或厂家对方案可行性进一步探讨的阶段。

第三步：3D设计的初期阶段。

本阶段是设计中比较枯燥的一个阶段，但每个步骤都必须认真仔细地按照数模设计规范来完成。本阶段是3D设计打基础的阶段。

1）3D焊点生成阶段。本步骤要将设计时所需要的所有焊点生成到数模中，并存到工装设计包指定的文件夹中。焊点的生成应该规范化，要严格按照焊点号进行生成。因为在设计的过程中难免遇到焊点规划不合理的情况，相应焊点可能会取消或增加，严格执行焊点的生成，便于将来对焊点的更改。

2）焊钳选型。本步骤是根据工件的形状和焊点所处的位置选择合适的焊钳，将主要焊点的焊钳放在数模之中，并将布好的焊钳存在工装设计包指定的文件夹中。另外，焊钳的数量一般在规划文件中有个粗规划。设计时要尽量按照规划文件中要求的数量来对焊钳选型，但如果不能达到实际的使用要求，也不要拘泥于原规划文件的限制。可与相应规划员沟通，进行探讨，达成规划与设计的统一。

3）确认操作高度及夹具方式。操作高度一般为800~900mm，主要考虑焊钳的把手到

地面的距离，不能太高或太低。另外本阶段主要目标是确定夹具的使用方式，是采用固定式、旋转式，还是翻转式。

第四步：3D设计的中期阶段。

本阶段是夹具成形的关键阶段，也是与规划员沟通最多的一个阶段，往往规划方案的好坏在这一阶段最能体现。设计过程中可能会涉及焊钳的更换、焊点的增减等，严重时可能会将前面所做的工作推翻，重新制定新的方案。需要设计者与规划员做好沟通，并保持与规划一致。

第五步：3D评审阶段。

本阶段是与厂家对夹具的方案可行性进行最终确定的阶段，设计者需要将自己的夹具设计思路展现给厂家评审人员，双方通过评审尽量将问题找出来，为以后现场调试打下良好的基础。

第六步：3D的完善阶段。

本阶段主要工作是对焊装夹具进行完善，也是检查设计中疏漏的阶段，并将其改正。然后将纸质文件进行装订，整理工装设计包中的文件夹，做到设计数模清晰明了，符合数据设计规范，文件夹整齐有序，保证每个设计者都可以轻松找到每个零件的位置，以便为以后现场调试带来便利。

第七步：2D拆图及投产。

根据前面的设计成果，绘制出二维图，并交付下级供应商进行试制。

任务实施

1. 阐述焊装夹具的定义。
2. 指出焊装夹具的功能。
3. 解释夹具定位的重要意义。
4. 说出夹具定位的方法。

夹具的使用

课后拓展

到汽车制造厂参观汽车焊装车间，观察焊装生产过程中夹具的工作过程，理论与实际结合，仔细观察夹具起到的作用、夹具的操作过程，思考夹具的工作原理，并在实训基地学习夹具的使用和操作方法。

到图书馆、阅览室查阅焊装夹具方面的书籍与杂志，上网查询汽车焊装夹具的生产厂家，了解目前焊装夹具的发展现状和在焊装车间的应用案例，对于夹具的新技术应用案例，整理并进行分享。

学习任务六 焊装设备

学习目标

1. 思政元素：培养学生"爱技、重技、专技、精技"的工匠精神，树立技能报国的爱国情怀。
2. 了解焊装机器人的定义及作用。
3. 掌握焊装机器人的分类及用途。
4. 了解焊装机器人本体、电气控制柜和示教器的构成及功能。
5. 了解焊装机器人的主要技术参数。
6. 掌握点焊机、弧焊系统和自动涂胶系统的设备组成及功能。

任务导入

任务：如图6-1所示，焊装机器人在为汽车车身点焊，试分析焊装机器人和焊装设备有哪些组成部分。

图6-1 工作中的焊装机器人

知识准备

一、焊装机器人

1. 焊装机器人概述

汽车焊装的生产任务是生产出合格的汽车车身，为了提高车身焊装线的自动化程度，减轻操作者的劳动强度，提高工作效率，保证焊接质量，在现代化的车身焊接生产线上，采用焊装机器人代替人的单调、重复、长时间的强体力劳动，同时，还能实现产品的多样化生产。

随着工业互联网、智能制造、5G、大数据等技术的推广和应用，焊装机器人越来越向信息化、数字化和智能化方向发展。同时，针对不同焊件材料、不同焊接工艺、不同应用场景，市场上涌现了大量多种功能的系列化焊装机器人及其相关设备，可满足多种类型的生产制造。

（1）焊装机器人的定义　焊装机器人是从事焊装作业的工业机器人。机器人是具备两个以上自由度的机械结构和记忆装置的结合体。机械结构是能够按照记忆装置所存储的信息在空间进行动作的机械本体（图6-2）。工业机器人是面向工业领域的多关节机械手或多自由度的机器装置，是靠自身动力和控制能力来实现各种功能的一种机器，它可以接受人的指挥，也可以按照预先编好的程序运行，现代的工业机器人还可以根据人工智能技术制定的原则纲领行动。

（2）焊装机器人的机械构成　焊装机器人主要包括工业机器人和焊装设备，在工业机器人的末轴法兰盘安装焊钳或焊枪等焊接作业工具，使之能完成焊接作业，如图6-3所示。

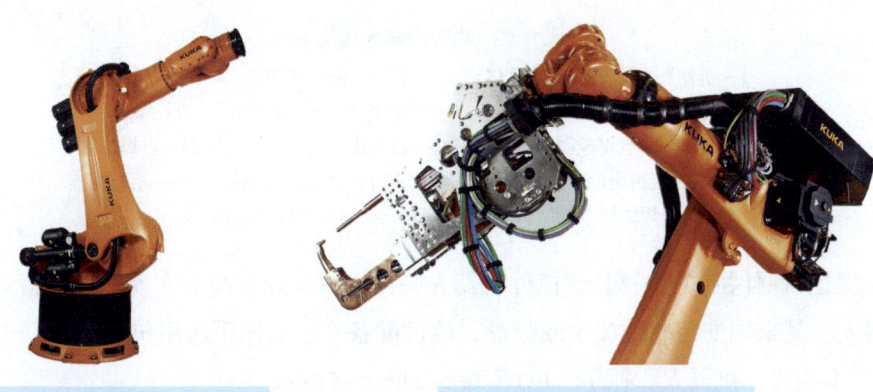

图6-2　机器人机械本体　　　　图6-3　焊装机器人机械构成

2. 焊装机器人的分类及用途

按照焊装工艺分类，焊装机器人可以分为点焊机器人、搬运/抓件机器人、激光焊接机器人、弧焊机器人、涂胶机器人、其他用途机器人。

（1）点焊机器人　点焊机器人是用于汽车车身点焊自动作业的工业机器人，其末端持握的作业工具是焊枪，软件配备专用的点焊工艺应用包。

1）基本构成：机器人、焊接控制器、焊枪三大部分，如图6-4所示。

机器人控制柜与焊接控制器通过PROFIBUS总线连接，从而实现通信数据的交互，机器人控制柜给焊接控制器提供安全电源和直流24V控制电源。

2）正常焊接条件：

①机器人安全使能信号。

②机器人运动到焊接点，给出焊接指令。

③焊接控制器调用合适的焊接参数。

④良好的板件配合。

⑤冷却水循环正常。

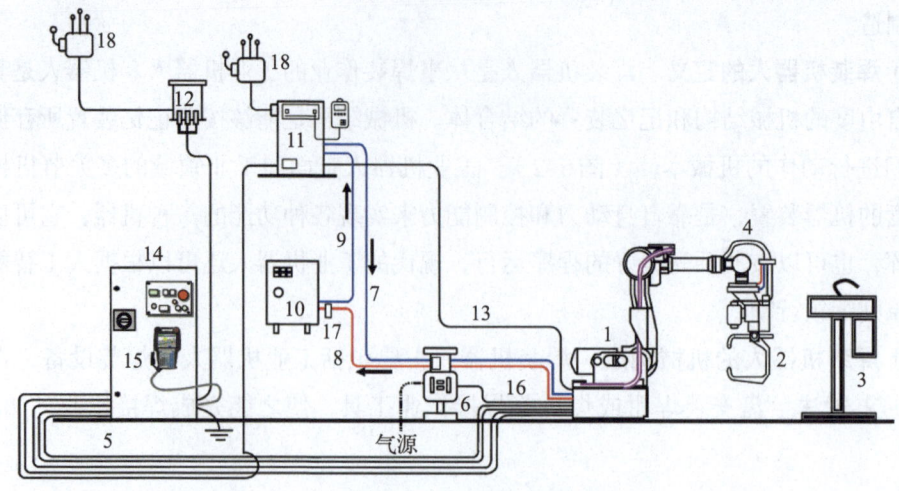

图6-4 点焊机器人构成

1—机器人本体 2—伺服/气动点焊钳 3—电极修磨器 4—管线包
5—机器人供电电缆、伺服编码器电缆、焊机通信电缆 6—水气单元 7—焊钳冷水管
8—焊钳回水管 9—点焊控制器冷水管 10—冷水机 11—点焊控制器（点焊焊机）
12—机器人控制柜电源 13—焊接供电电缆 14—机器人控制柜 15—示教器
16—焊钳进气管 17—水流检测开关 18—系统供电电源

（2）搬运/抓件机器人　搬运/抓件机器人是用于汽车焊装线上实现自动化搬运作业的工业机器人，其末端安装气动抓手或吸盘，软件配备专用的抓手应用包。

1）基本构成：机器人、抓手、I/O模块，如图6-5所示。

2）通信协议：PROFIBUS。

3）I/O模块。I/O模块可以对抓手上所安装的气缸、工件传感器、吸盘等装置的信号进行采集，通过PROFIBUS通信协议与机器人进行信号交换。同样，机器人控制柜通过该协议对抓手进行动作控制。

图6-5 搬运/抓件机器人

（3）激光焊接机器人　激光焊接机器人是用于激光焊自动作业的工业机器人，通过高精度工业机器人实现更加柔性的激光加工作业，其末端持握的工具是激光加工头。

1)基本构成:机器人、激光源、光纤和激光头,如图6-6所示。

2)工作原理:激光焊利用高能量的激光脉冲对材料进行微小区域内的局部加热,激光辐射的能量通过热传导向材料的内部扩散,将材料熔化后形成特定熔池。激光焊是一种新型的焊接方式,主要针对薄壁材料、精密零件的焊接,可实现定位焊、对接焊、叠焊、密封焊等,深宽比高、焊缝宽度小、热影响区小、变形小、焊接速度快、焊缝平

图 6-6 激光焊接机器人

整、美观,焊后无需处理或只需简单处理,焊缝质量高,无气孔,可精确控制,聚焦光点小,定位精度高,易实现自动化。

(4)弧焊机器人 弧焊机器人是用于弧焊自动作业的工业机器人,末端持握的工具是焊枪。

1)基本构成:机器人本体、控制系统、变位机、焊接系统、安全防护设备,如图6-7所示。

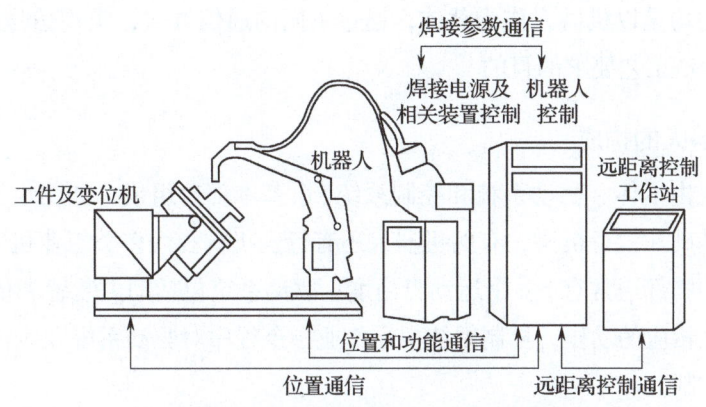

图 6-7 典型的弧焊机器人系统组成

2)焊接作业类型:弧焊机器人主要有熔化极焊接作业和非熔化极焊接作业两种类型,具有可长期进行焊接作业,保证焊接作业的高生产率、高质量和高稳定性等特点。

(5)涂胶机器人 机器人代替人进行涂胶,不仅工作效率高,而且做工精细、质量好。设计一个涂胶系统的首要任务是根据机器人所要完成的工作,先确定机器人的结构类型,可以是龙门式、挂壁安装式等;再按工作要求所给出的各轴的运动行程、负载、运动速度、加速度和动作周期来选择每个运动轴直线运动单元的型号。

1)系统组成:涂胶机器人系统主要由机器人、胶泵、涂胶控制器、定量机和胶枪组成,如图6-8所示。

知识视频 焊装机器人的作用

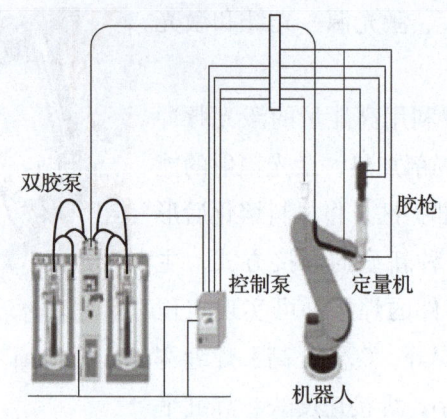

图6-8 涂胶机器人系统

2）涂胶过程：涂胶初始化→涂胶准备信号→命令涂胶机打开枪嘴出胶→命令涂胶机关闭枪嘴停止出胶。

（6）其他用途机器人 根据焊装工艺要求，可使用各种用途的机器人，用来满足焊装精度和强度的要求。

其他用途机器人有螺柱焊接机器人、滚边机器人、测量机器人、切割机器人、打磨机器人。这些应用均是以机器人作为载体，通过不同的通信方式，实现信号的采集和交换，从而达到实现生产工艺要求的目的。

3. 焊装机器人的构成

工业机器人由本体、驱动系统和控制系统3个基本部分组成，如图6-9所示。本体是机器人的支承基础和执行机构，有的机器人还有行走机构。大多数工业机器人有3~6个运动自由度，其中腕部通常有1~3个运动自由度；驱动系统包括动力装置和传动机构，用以使执行机构产生相应的动作；控制系统根据作业指令程序对驱动系统和执行机构发出指令信号，并进行控制。

a）机器人本体（含驱动系统）　　b）控制系统　　c）示教器

图6-9 工业机器人的组成

（1）焊装机器人本体　焊装机器人本体指的是机器人机械结构，包括机械手、足部和法兰，如图6-10所示。其中，机械手是机械结构的主体，一般由多个活动的、连接在一起的关节（轴）组成，具有多个自由度。足部即基座，是机器人的基础部分，起支承作用。法兰即机器人最后一个轴的机械接口（习惯上称为末端执行器），用来安装不同的机械操作装置，如夹爪、吸盘等。

机器人本体有六个动作轴即六个自由度，理论上末端执行器（法兰）中心点可以运动到机器人运动范围内的任意位置，如图6-11所示。

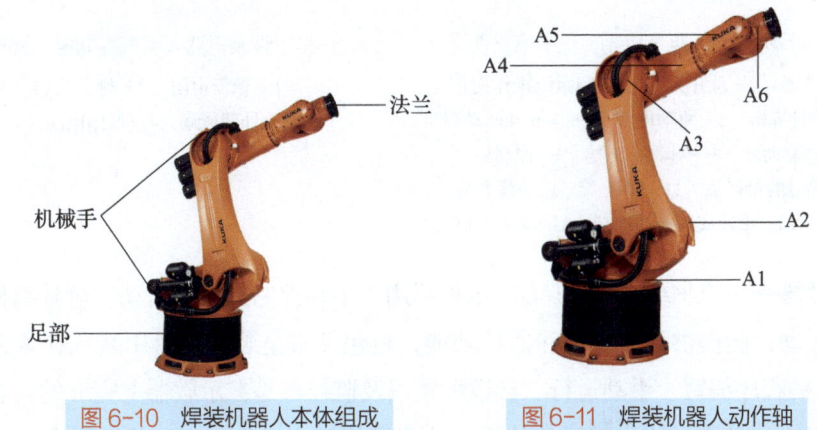

图6-10　焊装机器人本体组成　　　图6-11　焊装机器人动作轴

A1、A2和A3三轴（轴1、轴2和轴3）称为基本轴或主轴，用以保证末端执行器达到工作空间的任意位置。

A4、A5和A6三轴（轴4、轴5和轴6）称为腕部轴或次轴，用以实现末端执行器的任意空间姿态。

（2）焊装机器人电气控制柜——KUKA KR C4　焊装机器人电气控制柜主要控制机器人在工作空间的运动位置、姿态和轨迹、操作顺序及动作的时间等，通过对机器人的正向运动及逆向运动求解，帮助机器人完成轨迹规划的工作。焊装机器人电气控制柜是由控制器硬件与控制器软件组成的。其中控制器软件就相当于机器人的"大脑"。

焊装机器人控制柜的硬件主要是由控制模块、驱动模块、通信单元、安全单元、操作单元、供电模块等组成的，如图6-12、图6-13所示。一个控制模块可以连接1~4个驱动模块。驱动模块包含电子设备的模块，可为机器人本体的电动机供电。驱动模块最多可以包含9个驱动单元。每个单元控制一个机器人本体关节。标准焊装机器人有6个轴，因此有6个关节，所以每个焊装机器人关节通常只使用一个驱动模块。通信单元包括通信接口板和支持各种总线类型的通信板。安全单元包括安全板、安全控制单元、接触器等。操作单元包括操作面板、上电按钮、钥匙开关等。供电模块包括变压器、整流单元、电源分配板、电容等。

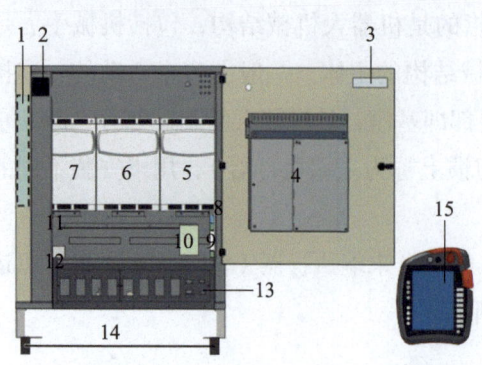
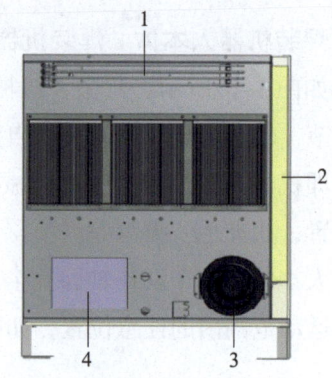

图6-12 焊装机器人电气控制柜正视概览图

图6-13 焊装机器人电气控制柜后视概览图

1—电源滤波器 2—总开关 3—控制系统操作面板
4—控制系统计算机 5—驱动电源 6—4~6轴驱动器
7—1~3轴驱动器 8—制动滤波器 9—控制柜
10—安全信号的接口板 11—熔断器 12—蓄电池
13—接线面板 14—滚轮安装组件 15—KUKA smart PAD

1—镇流电阻 2—热交换器
3—外部风扇 4—低压电源件

（3）示教器——KUKA smart PAD 示教器用于手动控制机器人运动，对其编程并执行和修改步进运动，能提供系统控制和监控功能，也包括安全装置（启用装置和紧急停止按钮）。机器人的程序编写、手动运行、参数配置以及监控都是在示教器上完成的。想要顺利地操作机器人，就必须了解示教器的结构、功能及使用方法等。KUKA机器人的手持编程器即KUKA smart PAD，也被称为KCP。此示教器适合于各种用户，适用于右手或左手使用。

KUKA smart PAD示教器的显示屏为8.4in（1in=25.4mm）触摸式彩色显示器，分辨率为600×800像素，示教器上还有键、按钮和LED指示灯、USB端口。

KUKA smart PAD示教器正面面板由触摸屏、3D鼠标、移动键、倍率按键、主菜单键、工艺键、程序启动键、键盘显示键、钥匙开关和急停按钮等组成，如图6-14所示，各按键功能及操作见表6-1。

KUKA smart PAD示教器背面面板由确认开关、启动键、USB接口和型号铭牌等组成，如图6-15所示，各按键功能及操作见表6-2。

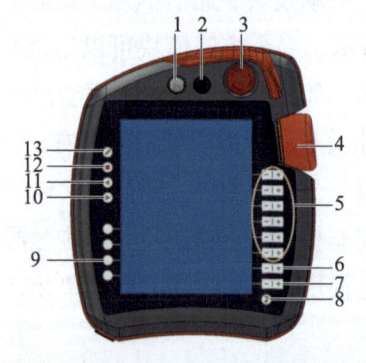
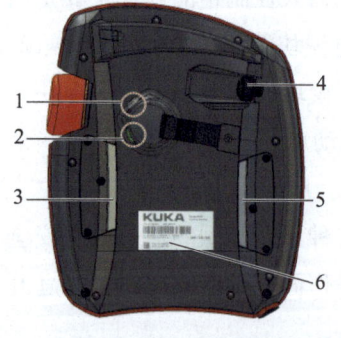

图6-14 KUKA smart PAD 示教器正面

图6-15 KUKA smart PAD 示教器背面

学习任务六 焊装设备

表6-1 KUKA smart PAD 示教器正面面板按键功能及操作

序号	名称	功能及操作
1	smart PAD 按钮	用于拔下 smart PAD 的按钮。按下此按钮后 30s 内可从机器人控制器上拔下 smart PAD。如果在计时器计时期间没有拔下 smart PAD，则此次计时失效
2	钥匙开关	用于调出连接管理器的钥匙开关。只有当钥匙插入时，方可转动开关。通过连接管理器可以转换 4 种运行方式
3	急停按钮	紧急停止装置，用于在危险情况下关停机器人，急停按钮在被按下时将自行闭锁
4	3D 鼠标	用于手动移动机器人
5	移动键	用于手动移动机器人
6	倍率按键（自动运行）	用于设定程序倍率的按键
7	倍率按键（手动运行）	用于设定手动倍率的按键
8	主菜单键	用来在触摸屏（smart HMI）上将菜单项显示出来
9	工艺键	主要用于设定应用程序包中的参数
10	启动键	通过启动键可启动程序
11	逆向启动键	用逆向启动键可逆向启动程序。程序将逐步运行
12	停止键	用停止键可暂停运行中的程序
13	键盘显示键	用于在 smart HMI 上显示键盘，通常不必特地将键盘显示出来，smart HMI 可识别需要通过键盘输入的情况并自动显示键盘

表6-2 KUKA smart PAD 示教器背面面板按键功能及操作

序号	名称	功能及操作
1	确认开关（1）	配合移动键和 3D 鼠标手动控制机器人，按下 3 个键（图 6-15 中的序号 1、3、5）中任一个（即 3D 和移动指示灯显示绿色），机器人就能运行。确认开关有未按下、中间位置和按下 3 个位置。在运行方式 T1 和 T2 下，确认开关必须保持中间位置，这样才能开动机械手。在采用自动运行模式和外部自动运行模式时，确认开关不起作用
3	确认开关（2）	
5	确认开关（3）	
2	启动键（绿色）	程序启动键（绿色按钮），通过启动键可启动一个程序
4	USB 接口	USB 接口被用于存档/还原等方面。仅适用于 FAT32 格式的 USB
6	型号铭牌	用于标示 smart PAD 的具体型号和参数

4. 焊装机器人的主要技术参数

焊装机器人的技术参数是各工业机器人制造商在产品供货时所提供的技术数据，也是工业机器人性能的主要表现，是设计、应用机器人必须考虑的方面。工业机器人的主要技术参数有自由度、精度、工作空间、最大工作速度和工作载荷等。

（1）**自由度** 机器人自由度是指机器人所具有的独立坐标轴运动的数目，不包括末端执行器的开合自由度。机器人的一个自由度对应一个关节（允许机器人手臂各零件之间发生相对运动的机构），所以机器人的自由度数等于关节数目。自由度是表征机器人动作灵活程度的参数，自由度越高越灵活，焊装机器人一般为6个自由度。

（2）**精度** 工业机器人的精度包括定位精度和重复定位精度。定位精度是指机器人末端执行器的实际位置与目标位置之间的偏差，由机械误差、控制算法误差与系统分辨率等部分组成。重复定位精度是指在同一环境、同一条件、同一目标动作、同一命令之下，机器人连续重复运动若干次时，其末端执行器到达同一目标位置的能力，是关于精度的统计数据（可以用标准偏差来表示）。由于重复定位精度不受工作载荷变化的影响，所以重复定位精度通常用作衡量示教再现方式工业机器人性能的重要指标。

（3）**工作空间** 工作空间表示机器人的工作范围，它是机器人运动时手臂末端或手腕中心所能到达的所有点的集合，也称为工作区域。由于末端执行器的尺寸和形状多种多样，为了真实反映机器人的特征参数，所以工作空间是指不安装末端执行器的工作区域。工作空间的大小不仅与机器人各连杆的尺寸有关，还与机器人的总体结构形式有关。

（4）**最大工作速度** 速度是机器人运动特性的主要指标。生产机器人的厂家不同，其所指的最大工作速度也不同，有的厂家是指工业机器人主要自由度上最大的稳定速度，有的厂家是指手臂末端最大的合成速度，但通常都会在技术参数中加以说明。最大工作速度越高，工作效率越高；但是，工作速度越高，允许的极限加速度就越小，则加减速的时间也会越长，或者对工业机器人的最大加速率或最大减速率的要求越高。

（5）**工作载荷** 工作载荷是指机器人在工作空间内的任何位置上所能承受的最大质量。工作载荷能力不仅与负载的质量有关，还与机器人运行的速度和加速度的大小和方向有关。为了安全起见，工作载荷这一技术指标是指高速运行时的承载能力。通常，载荷能力不仅指负载，而且包括了机器人末端执行器的质量。机器人的有效负载大小不仅受到驱动器功率的限制，还受到杆件材料极限应力的限制，所以它又与环境条件、运动参数有关。

二、焊接系统设备

1. 点焊机

按安装方式的不同，点焊机分为固定式点焊机、悬挂式点焊机和自动点焊机三类，汽车车身焊接用点焊机主要是悬挂式和自动点焊机。

点焊机主要由点焊控制器、变压器、点焊钳等三个部分组成，普通点焊机与自动点焊机的区别在于，自动点焊机多了一套操作点焊机工作的机械手。

（1）**点焊控制器** 为了达到所需的焊接效果，需对点焊电流和焊接时间进行严格准确的控制，为此点焊机都专门配有控制器。点焊控制器具有许多不同的功能，如焊接电流控制、焊接时间控制、电网同步控制、电流递增控制、测量焊机参数、诊断或控制焊接质量等。

（2）变压器　点焊机利用瞬间的大电流工作，因此焊接变压器的目的是降低二次侧的焊接电压，供给点焊机瞬间大电流。

（3）点焊钳　焊装机器人点焊用焊钳种类繁多，按形状结构可分为C型焊钳和X型焊钳；按驱动方式可分为气动焊钳和伺服焊钳；按变压器与焊钳的结构关系，可将焊钳分为分离式、内藏式和一体式。下面重点介绍气动焊钳和伺服焊钳，如图6-16、图6-17所示。

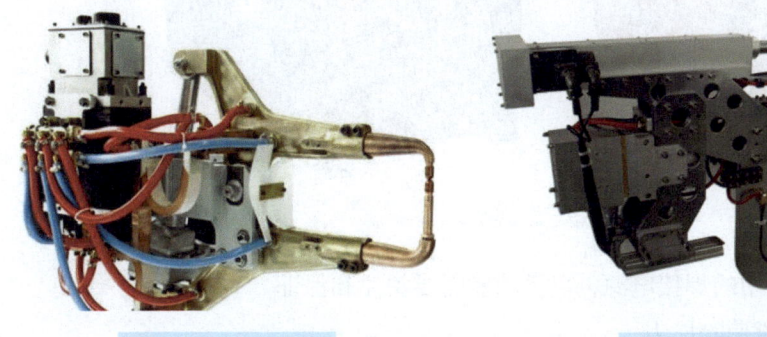

图6-16　气动焊钳　　　　　　　　图6-17　伺服焊钳

1）气动焊钳：气动焊钳使用压缩空气驱动加压气缸活塞，然后由活塞的连杆驱动相应的传递机构带动两电极臂闭合或张开。气动焊钳是目前点焊机器人上比较常用的一种焊钳。它利用气缸来加压，一般具有2个行程，能够使电极完成大开、小开和闭合3个动作，电极压力一旦调定后是不能随意变化的。

2）伺服焊钳：伺服焊钳是利用伺服电动机替代压缩空气作为动力源的一种焊钳。焊钳的张开和闭合由伺服电动机驱动，脉冲码盘反馈。这种焊钳的张开度可以根据实际需要任意选定并预置，而且电极间的压紧力也可以无级调节，是一种可提高焊点质量、性能较高的机器人用焊钳。

2. 弧焊系统

弧焊系统是完成弧焊作业的核心装备，主要由焊接电源、送丝机、焊枪、变位机等组成。弧焊机器人多采用气体保护焊，通常使用的晶闸管式、逆变式、波形控制式、脉冲或非脉冲式等焊接电源都可以装到机器人上进行电弧焊。

弧焊的焊接过程：焊丝盘上的焊丝被送丝机构的滚轮送入焊枪的导丝嘴，到达焊接区后与焊接工件间保持一个合适的距离便产生电弧，气管中的保护气体经减压后以一定流量从喷嘴流出，将电弧和熔池与空气隔离开来，防止空气对焊缝金属的侵害，焊丝不断地熔化进入熔池，从而形成连续的焊缝。

（1）**焊接电源** 焊接电源是向焊接电弧提供电能的装置，是电弧焊的核心部分，如图6-18所示。现在新型的焊接电源都具有数字通信接口，可以和控制柜之间进行基于总线的数字通信。有一些焊接电源仍然为模拟控制，有些焊接参数控制信号仍然为模拟信号，所以需要在焊接电源与控制柜之间加一个数/模转换接口板。高端焊接电源还应该具有焊接专家库系统和焊接参数一元化设置模式。

图6-18 常见弧焊焊接电源

针对焊接机器人使用的焊接电源，以下功能需要关注和保证。

1）焊接电弧的抗磁偏吹能力。
2）焊接电弧的引弧成功率。
3）熔化极弧焊电源的焊缝成形问题。
4）机器人控制器与弧焊电源的通信问题。
5）机器人控制器对自动送丝机构的要求。
6）机器人控制器对机器人匹配焊枪的要求。

（2）**送丝机** 自动送丝机构是在微型计算机控制下，根据设定的参数连续稳定地送出焊丝的自动化装置。焊接机器人自动送丝机构示意图如图6-19所示。送丝机可以装在机器人的上臂上，也可以放在机器人之外，前者焊枪到送丝机之间的软管较短，有利于保持送丝的稳定性；而后者软管较长，当机器人把焊枪送到某些位置，使软管处于多弯曲状态时会严重影响送丝的质量。因此，送丝机的安装方式一定要考虑保证送丝稳定性的问题。

自动送丝机构包括电动机、减速器、校直轮、送丝轮、送丝软管、焊丝盘等。盘绕在焊丝盘上的焊丝经过校直轮和送丝轮送往焊枪。根据送丝方式的不同，自动送丝机构可分为四种类型，即推丝式、拉丝式、推拉丝式和行星式（线式）。

（3）**焊枪** 焊枪是指焊接过程中，执行焊接操作的部分，它使用灵活、方便快捷、工艺简单。焊枪利用焊机的大电流、高电压产生的热量聚集在焊枪终端，熔化焊丝，熔化的焊丝渗透到需焊接的部位，冷却后，被焊接的物体便牢固地连接成一体。

焊枪分为半自动焊枪（手握式）和自动焊枪（安装在机械装置上）。在焊枪内部装有导电嘴（紫铜或铬铜等）。焊枪还有个向焊接区输送保护气体的通道和喷嘴。喷嘴和导电嘴根据需要可方便地更换。此外，焊接电流通过导电嘴等部件时产生的电阻热和电弧辐射热一起，会使焊枪发热，故需要采取一定的措施冷却焊枪。冷却方式有空气冷却、内部循环水冷却，或者两种方式相结合。对于空气冷却焊枪，在 CO_2 气体保护焊时，断续负载下一般可使用高达 600 A 的电流。但是，在使用氩气或氦气保护焊时，通常只限于 200 A 电流。焊接机器人焊枪示例如图 6-20 所示。

图 6-19　焊接机器人自动送丝机构示意图（松下）

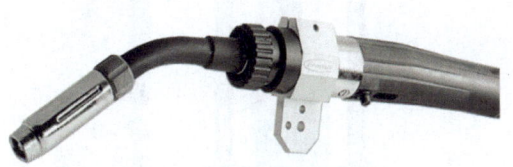

图 6-20　焊接机器人焊枪

在机器人的末端焊枪上还装有各类触觉或接近传感器，可以使机器人在过分接近工件或发生碰撞时停止工作。当发生碰撞时，一定要检验焊枪是否被碰歪，否则由于工具中心点的变化，焊接的路径将会发生较大的变化，从而出现废品。

（4）**变位机**　对于有些焊接场合，由于工件空间几何形状过于复杂，使焊接机器人的末端工具无法到达指定的焊接位置或姿态，此时可以通过增加 1~3 个外部轴的办法来增加机器人的自由度。其中一种做法是采用变位机让焊接工件移动或转动，使工件上的待焊部位进入机器人的作业空间。

变位机是专用焊接辅助设备，适用于回转工作的焊接变位，主要任务是将负载（焊接工夹具和焊件）按预编的程序进行回转和翻转，使工件接缝的位置始终处于最佳焊接状态，以得到理想的加工位置和焊接速度。变位机一般与机器人本体联动，可以看成机器人的一个或多个附加轴，能配合机器人完成复杂焊件的焊接，高性能的变位机重复定位精度能达到 ±0.1 mm。焊接机器人变位机示意图如图 6-21 所示。

图 6-21　焊接机器人变位机

三、自动涂胶系统

自动涂胶是指机器人机械手上安装胶枪，在固定的工件上进行涂胶，或机器人机械手抓取工件，围绕固定的胶枪进行涂胶。涂胶系统包括涂胶泵机、胶管、定量机、胶枪、控制器等。典型的自动涂胶系统组成如图 6-22 所示。各部件的功能如下：泵机、胶管将胶水输送至定量机、胶枪等；定量机精准调节涂胶量；系统控制器负责各子系统的通信、涂胶参数设定及涂胶数据记录等。

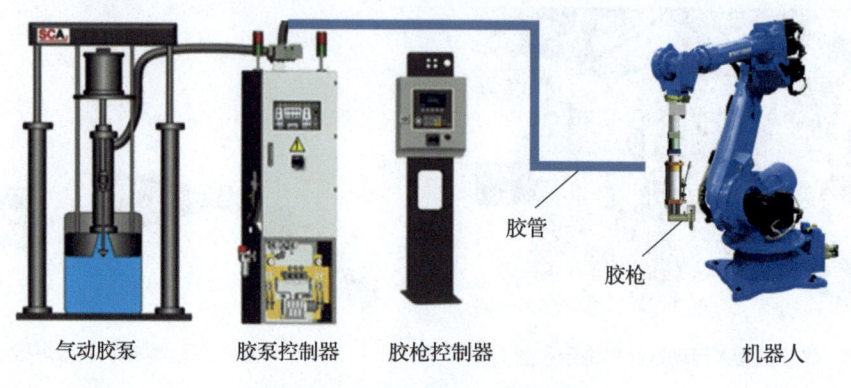

图 6-22　自动涂胶系统的组成

（1）**涂胶泵机**　涂胶泵机是自动涂胶系统的关键部件。完整的泵机系统包括泵机驱动气缸、泵机升降气缸、泵机、跟压盘等装置。

涂胶泵机是选择单泵系统还是双泵系统，取决于现场的生产节拍、工位空间大小，及项目预算投资。如果使用双泵系统，可以自动切换，节约更换胶桶时间，虽然一开始的投资比较大，但是会为后期的更换胶桶节省人力、物力；部分胶水根据工艺要求，需要加热至较高温度后才可进行涂敷，选择使用双泵系统，会更好地节省胶水预加热时间。图 6-23 所示为典型的双泵系统。

（2）**定量机**　定量机是自动涂胶系统的核心部件，机器人沿设定的轨迹做加速和减速运动时，向定量机发出一个信号，定量机根据信号实现胶料连续、一致地涂敷，可实现精确、可靠以及高效的胶条涂敷。

根据定量机驱动方式的不同，可分为气动定量机、液压定量机和电子定量机。而电子定量机对胶量的精确控制，能更好地控制涂胶质量，并且具有运行稳定等诸多优点，已在汽车行业中普遍使用，如图 6-24 所示。

（3）**胶枪**　胶枪分为手持式胶枪和自动式胶枪两种类型。手持式胶枪用于手动涂胶系统，通过操作人员扣动扳机进行控制。其主要优点是涂胶过程的可及性和灵活性；缺点就是对操作人员的依赖性高，与自动涂胶方式相比，其精密度不高。自动式胶枪用于自动涂胶系统，由涂胶系统控制器控制胶枪的开关，如图 6-25 所示。自动式胶枪选择时还需要考虑配置形式，是连接在机器人上的（分体式），还是直接和定量机相连的（连体式）。

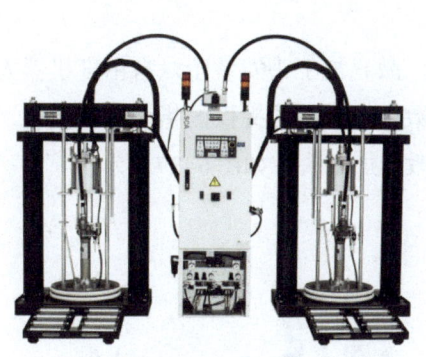

图6-23 双泵系统

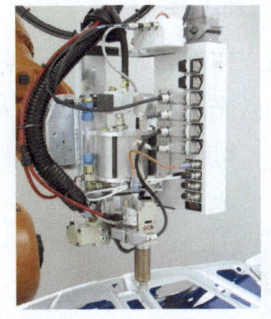

a）气动定量机

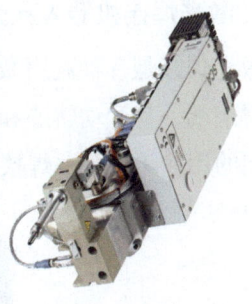

b）电子定量机

图6-24 定量机

选择胶枪的同时，还需要关注胶枪喷嘴的选择。喷嘴的选择取决于胶条的形状：圆型、三角形还是方条形。根据胶条的大小选择相应大小的喷嘴，比如圆形胶条要选择与之直径匹配的喷嘴。

（4）**控制器** 系统控制器是整个涂胶系统的"大脑"，通过现场总线，与机器人控制器交流、与胶料供给单元交流、与电子定量机交流等。其核心部分是软件，通过软件可以提高生产效率，保证涂胶质量，如图6-26所示。

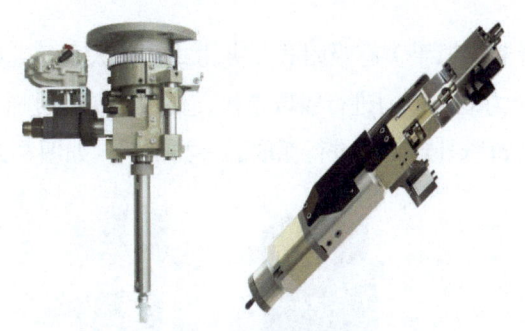

图6-25 自动式胶枪

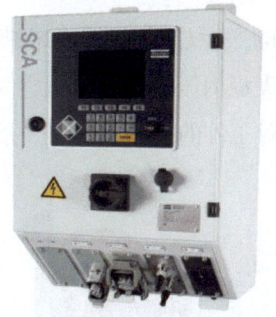

图6-26 系统控制器

系统控制器的选择，最基本的要求是人机交互友好。针对系统软件，要求系统运行稳定，基本功能要求有：可进行压力、流量监测和调节；涂胶数据的实时监控，超过误差及时报警；可设计不同的涂胶程序，进行相关参数编辑；涂胶数据的保存，可进行追溯；对系统温度进行管理；泵机行程监测，检查是否泄漏；监测胶桶状态等；还可以用来确定定量机及相关部件的维修周期、胶水气泡检查等。选择控制器时，还需考虑其总线通信协议，及上位机对其数据采集的可行性，获取整个车型的涂胶信息数据，用于统计和分析，这在智能工厂的建设中尤为重要。

四、其他设备

1. 激光焊接机器人激光加工头

激光焊接是一种利用激光作为热源的焊接工艺，激光加工头安装于六自由度机器人本体手臂末端，其运动轨迹和激光加工参数由机器人数字控制系统提供的指令进行控制。根据不同的用途（切割、焊接、熔覆）可选择不同的激光加工头，如图6-27所示。

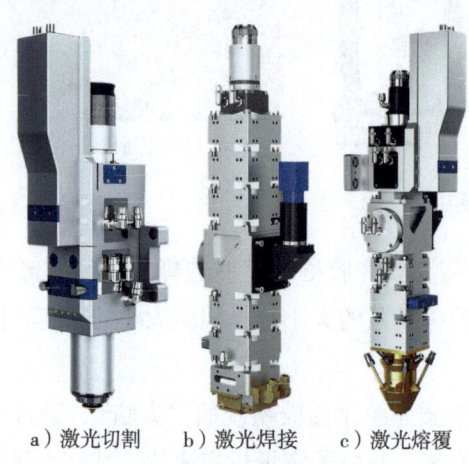

a）激光切割　　b）激光焊接　　c）激光熔覆

图6-27　激光加工头

2. 搬运／抓件机器人抓手

常见的搬运/抓件机器人末端执行器（抓手）有吸附式、夹钳式和仿人式等。吸附式主要是利用吸盘内压力和大气压之间的压力差或磁力进行吸取工作；夹钳式是通过抓手的开启闭合实现对工件的夹取；仿人式是针对特殊外形工件进行抓取的一类手爪，如图6-28所示。

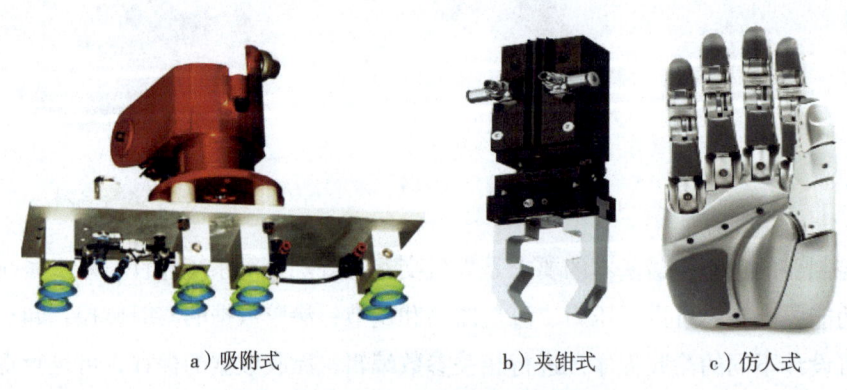

a）吸附式　　　b）夹钳式　　　c）仿人式

图6-28　末端执行器（抓手）

任务实施

随着技术的进步，现今汽车制造企业多采用柔性化生产，在汽车制造领域焊接机器人得到了广泛的应用,提高了生产效率和产品质量,而机器人在焊接的过程中,最需要关注的问题是节拍。通过分析机器人的工作时序逻辑,查找机器人不合理的工作时序,进而分析机器人的底层程序,修改程序上的问题,优化工作时序,消除机器人工作时序逻辑不合理产生的等待浪费,提升生产线的生产节拍,从而提高车间的生产效率,最终实现降本增效的目标。图6-29所示为某车型的焊装车间自动生产线固定焊枪修磨时序逻辑,当机器人带有的固定焊枪需要修磨时,在固定焊枪焊接完成,抓手机器人进行放件,回起始位(Home位)后,抓手机器人等待,摆臂修磨器对固定焊枪进行修磨,然后对固定焊枪进行电阻检测,直到修磨和电阻检测完毕后抓手机器人才调用生产程序去抓件,修磨时间为16 s,在这16 s时间内抓手一直处于等待状态。

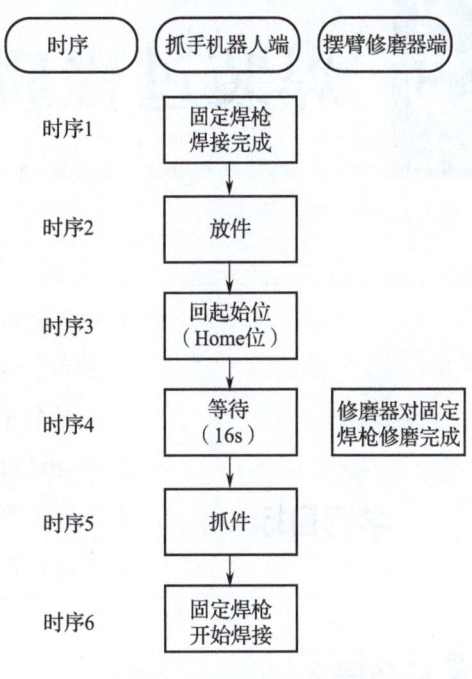

图6-29 固定焊枪修磨时序逻辑

查阅相关资料分析固定焊枪修磨时序逻辑,并回答以下问题。

1. 什么是生产节拍?为什么要进行生产节拍的分析?
2. 试分析固定焊枪修磨时序逻辑是否存在优化空间。
3. 若存在,试画出优化后的固定焊枪修磨时序逻辑。
4. 焊装生产线工艺节拍优化方法有哪些?
5. 使用实训室焊装生产线焊装机器人,分析、优化其工作时序,完善程序,进行焊装节拍生产训练。

课后拓展

到汽车制造厂参观汽车焊装车间,观察其工艺流程及组成,以便与课本学习内容相结合。建议在互联网上查询与生产节拍相关的资料,完成任务要求。

到图书馆、阅览室查阅焊装机器人方面的书籍与杂志,上网查询国产焊装机器人厂家,了解目前工业机器人的发展现状和在焊装车间的应用案例,并列出它们的自由度、精度、工作空间、最大工作速度和工作载荷等内容。

学习任务七 焊装过程质量检验

学习目标

1. 思政元素:培养学生"爱技、重技、专技、精技"的工匠精神,树立技能报国的爱国情怀。
2. 掌握车身质量管控指标及检测方法。
3. 学会识别钣金件外部常见的缺陷。
4. 了解车身间隙、面差对整车质量的影响。
5. 学会分析车辆异响的原因及解决方法。

任务导入

图7-1所示为激光焊缝在线检测系统,基于焊缝的形状及检测需求(尺寸测量、缺陷分类),根据三角测量原理,实现焊缝的三维形貌信息获取。试着描述焊装过程中常见的钣金缺陷有哪些?

图7-1 激光焊缝在线检测系统

知识准备

一、综述

焊装工艺在汽车生产制造四大工艺中起着决定性作用。首先,焊装工艺决定车身的外形轮廓及装配精度;其次,焊装工艺决定和影响车身的刚度、内部空间及承载能力等;再次,焊装工艺还对整车的密封性及噪声有一定影响。因此控制车身的焊装质量,是保证整车质量的关键。

从车身制造的质量角度来看,焊点强度和车身的几何尺寸是影响白车身质量的两个重要的方面。

1. 焊接质量的检测

在汽车制造中焊接质量是制造商和用户共同关注的焦点,焊接质量主要依靠焊接设备来保证,对车身点焊而言,主要由控制器保证焊接参数在一定的波动范围内,从而获得稳定的焊点质量。以恒流控制方式为主的国产控制器基本能满足软钢和镀锌钢板的焊接，但其控制精度还需进一步提高，对焊接电流的控制仍是开环控制，焊点质量的一致性很难保证。

在焊点质量一致性不佳的情况下，需要通过焊接检验来保证焊点质量。

在白车身制造过程中，焊点检测主要采用两种方式。

1）破坏性实验，即焊点撕裂实验。此类方法成本高，检测周期较长。

2）非破坏性实验，操作方式有目视检测、撬检、X射线检测、超声波检测等。撬检是生产过程中普遍应用的检测手段。

2. 车身尺寸精度检测技术

"车身精度控制"其实就是车身过程质量控制工程。它是一种将数理统计的原理和手段应用于汽车车身尺寸精度的控制方法。如今，"车身精度控制"已经成为一个系统化的质量控制体系。

在实际生产过程中，对车身零部件尺寸精度控制工程的监督，从两个非常重要的方面着手：一是监测车身零部件生产各个工序阶段的尺寸精度状况；二是监测零部件装焊设备精度保障状况。

车身零部件焊接总成的尺寸精度检测一直是汽车制造过程中非常重要的质量控制程序。随着科技的发展，检测方法和手段也不断改进，一般采用生产过程抽查监测，分为定性检查和定量检测。常用的定量检测手段有焊接总成检具检测和三坐标检测。

在高档轿车、高节拍车身焊接生产线上，要求对车身关键部位，甚至是车身总成进行在线检测，以及时控制车身精度。在车身焊接生产线，应用激光视觉检测技术，采用激光、视觉传感、图像处理和计算机控制等技术，实现车身空间尺寸及位置精密测量，具有非接触、速度快、环境适应性好的特点，能够较好地满足车身总成或局部在线检测的要求。

为了检查车身焊装的精度，目前常用的检测方法均为三坐标检测。随着科技的发展，测量手段也迅速发展，从固定的台式三坐标到关节臂便携式三坐标，从接触式三坐标到光学式三坐标，测量设备也在逐渐进步。

二、白车身焊装质量影响因素

现代汽车白车身的产品特性和工艺特性，决定了白车身焊装质量是一个受原材料质量、工艺材料、焊接设备、工装夹具、工艺参数、焊装检查检测等诸多因素影响的变量，下面将基于以上几个因素讲述焊装质量控制的方法。

1. 点焊质量控制

点焊作为汽车生产中最重要的焊接方式，其质量控制具有重要意义。点焊的质量控制一般采用先期焊接参数控制和后期检验的方式。

焊接电流是点焊过程中最重要的因素，因此可通过控制焊接电流的输入来控制焊接过程产生的热量。在焊接过程中由焊机对热量参数进行适时测量，并将测量值与给定值相比较，当出现偏差后通过调整晶闸管控制角，以达到控制焊接热量参数的目的。

在实际生产中通过大电流测试仪定期测量输出端的电流值，以确保焊机微型计算机系统运行良好，对于测量值出现问题的焊机进行检查，及时对出现的问题进行整改。但是恒流控制法不能对电极压力、磨损以及分流等情况进行补偿，对焊点质量不能完全控制，所以采用后期检验是必要的。

点焊后期检验针对焊点外观、强度和焊点数量是否符合要求进行检验。

1）焊点直径范围为5~8mm，如果焊点直径超出该范围则为不合格。测量方式如图7-2所示。

2）焊点半点：焊点未被零件边缘所包围的或焊点只形成一半的都视为不合格。具体如图7-3所示。

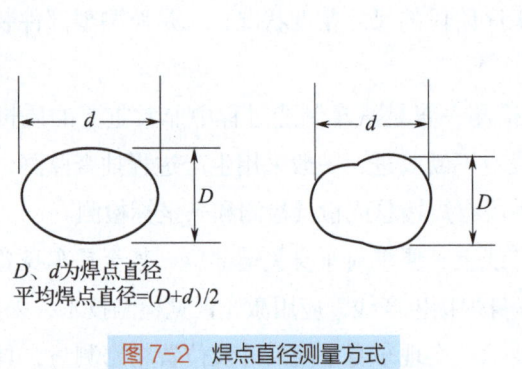

图7-2 焊点直径测量方式

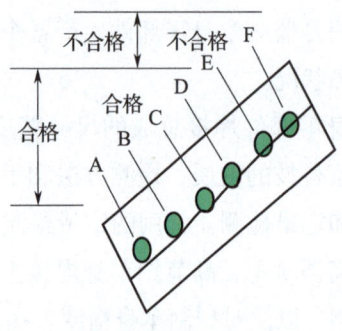

图7-3 焊点边缘距离示意图

3）焊点扭曲：由于电极在焊接时未垂直于工件表面，造成焊点与工件表面扭曲角度大于25°的，为不合格，如图7-4所示。

4）飞溅和毛刺：由于电流过大、电极压力不足或者电极不垂直造成飞溅或毛刺。

5）焊点排列直线度不佳：焊点之间偏移大于3mm为不合格。

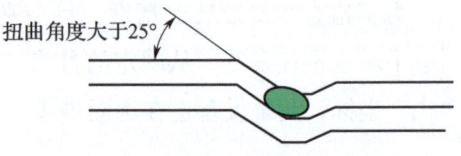

图7-4 扭曲焊点可接受程度示意图

6）点焊强度的检验：点焊强度检验采用撬检的方式，即通过錾子对焊点位置进行撬检，若工件不发生分离且焊点位置没有明显的撕裂痕迹，则符合强度要求。

在实际生产中，点焊工艺强度检验采用抽检的方式，在焊接件的首、末件和相隔20件抽检；关键工序1/10检验一次。在进行检验时，使用的工具是扁铲和锤子。点焊工艺单点强度检验，如图7-5所示。

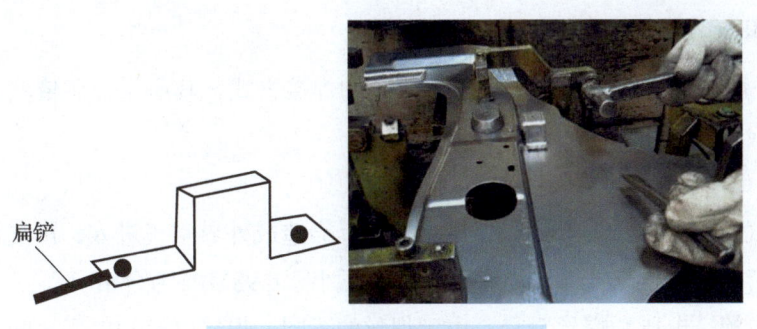

图7-5　点焊工艺单点强度检验

2. 螺柱焊质量控制

焊接车间焊接的螺柱在总装装配中主要应用在各种卡子（油管、线束等）的固定，其直径分为5mm和8mm。对于螺柱焊的质量控制主要关注以下几点。

1）位置要求。当所焊接螺柱定位刚性零件时，由于刚性零件变形量小，装配要求较高，要求螺柱必须在3个焊接定位点正中，如图7-6所示。

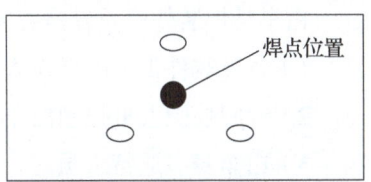

当定位柔性零件时，由于柔性零件有一定的变形量，对位置的要求不高，在实际生产中可以有一定的偏移，但不能大于2mm。

图7-6　螺柱焊点位置示意图

当所定位零件为笔直的刚性零件时，在定位这类零件时往往对两螺柱沿零件直线方向的间距要求不高，在该方向上可以有误差。但其直线度要求相对较高，在直线的垂直方向误差必须小于1mm，如图7-7所示。

2）螺柱外观。目视检验螺柱焊焊缝是否存在裂纹、击穿、过烧、焊瘤等质量缺陷；螺柱倾斜角度要求小于5°，如图7-8所示。

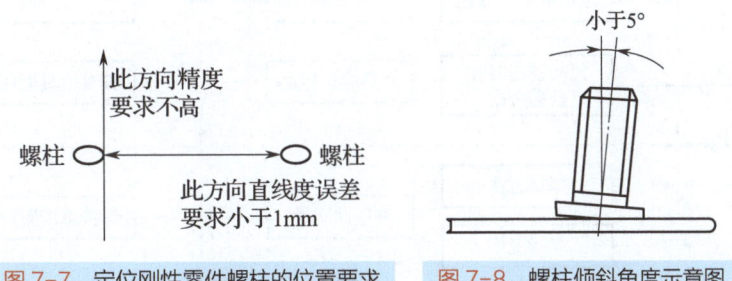

图7-7　定位刚性零件螺柱的位置要求　　图7-8　螺柱倾斜角度示意图

3）焊接强度。螺柱焊的强度除了受焊接参数的影响外，零件表面的状态、焊枪的清洁程度对强度影响很大，造成螺柱焊的焊接质量波动较大，需要对每个螺柱进行检查。检查的方法是采用标准胶质锤头对螺柱进行敲击，当螺柱被打歪至30°，而接头处没有肉眼可见的开裂为合格。

3. 二氧化碳（CO_2）保护焊质量控制

CO_2保护焊在汽车焊接中是一种重要的辅助焊接方式，其质量控制依然采用焊前参数控制和焊后检验的方式。

1）影响CO_2保护焊质量的参数控制。

①保护气体压力：保护气体如果压力过小，会造成外界空气进入，影响焊接质量。在每次开班生产前需要检查气体压力参数，参数不小于0.98MPa为合格。

②焊接电流、电压和焊丝直径：由于焊丝的不同，焊接电流和电压之间的比例是不同的，同样在生产前必须对参数进行检查。

2）焊后检验：目视检验焊缝是否存在裂纹、焊瘤、烧穿、咬边、过烧以及飞溅等质量缺陷；测量焊缝的直线度以及余高是否符合质量要求。

4. 白车身外观质量控制

白车身焊装外观质量检查主要通过以下几个环节来控制。

1）各外观件工位的操作人员控制本工位的白车身外观质量。

2）专职检验人员控制白车身外观质量。

3）白车身奥迪特人员对白车身进行奥迪特评审（具体方法与整车奥迪特评审一致），发现外观问题后进行督促整改。

5. 白车身几何尺寸质量控制

由车身的构造和车身开发制造过程可知，影响车身尺寸精度的一般有以下几个方面：车身设计质量、人、机、料、法、环、测等要素。其结构关系如图7-9所示。

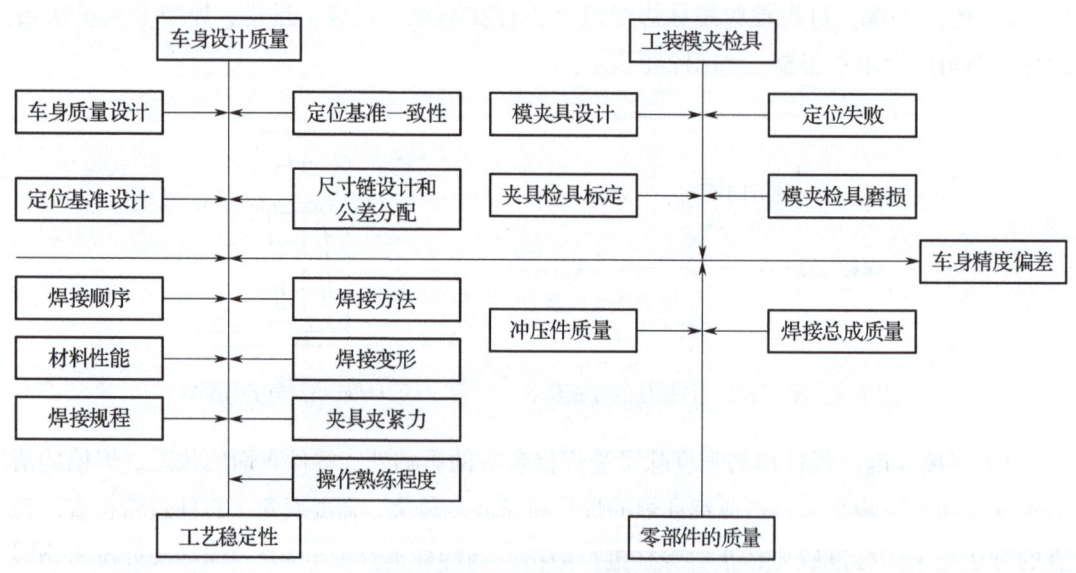

图7-9 车身几何尺寸影响因素示意图

学习任务七 焊装过程质量检验

白车身的几何尺寸质量水平是衡量汽车焊装制造水平的重要指标之一,它直接关系到整车的装配质量(零件的装配和贴合性)、外观质量(整车间隙和高差)和使用性能(直线跑偏和整车密封等)。白车身几何尺寸首先受制于设计阶段,在设计过程中的控制手段参见SE分析工作内容和尺寸工程工作内容,焊接过程制造各要素对白车身几何尺寸也有重要的影响。

三、焊装白车身质量管控

车身制造有传统四大工艺——冲压、焊装、涂装、总装,其中焊装工艺起着决定性作用:①决定车身的外轮廓及装配精度;②决定和影响车身的刚度及安全性;③决定车身的内部空间、承载能力及舒适性;④决定和影响车身自重及燃油经济性。

汽车白车身是由冲压成形的板料通过装配和焊接形成的车身壳体,衡量和考核汽车白车身焊装质量的性能指标主要有熔核强度质量、几何尺寸精度和焊装白车身外观。下面讲述这三项指标的管控方法。

1.熔核强度质量

(1)**熔核强度质量水平** 采用熔核强度质量水平(NQST)来衡量和控制轿车白车身定位焊强度质量,是汽车公司焊接质量保证的一个显著特点。

目前NQST的概念已经在整个汽车行业中广泛运用,在合理的质量成本下,将NQST值控制在目标值之内。随着产品质量的改进和顾客要求的不断提高,NQST值也随之不断调整和降低,使得原本模糊的车体焊接质量控制得到了很好的改善,使其具有明确的量化考核指标,能够更清楚、更直观地反映车体焊接质量状况。

NQST是主要通过质保部剖检室对白车身熔核的破坏性检查来评价和判断整个白车身焊接强度的一种方法。

$$NQST值 = 缺陷熔核数/总熔核数 \times 100\%$$

此处熔核缺陷包括熔核虚焊、弱焊、漏焊、错位、烧穿等。

(2)**熔核位置及尺寸要求** 在进行破坏性检查之前,对熔核的位置及尺寸(包括熔核间距、熔核边距、熔核直径和允许缺陷熔核数量)进行检查。对不符合要求的熔核进行记录,并要求提交整改措施报告。

(3)**熔核外观质量** 熔核外观缺陷包括熔核变形、熔核压痕过深、过烧/烧穿、未焊透和飞溅等方面。为便于管理,通常把车身按重要程度等级的不同分为外1区、外2区、内1区、内2区4个区域。根据熔核在车身所处的区域确定熔核外观质量等级。整车熔核外观等级分为3级,每级允许存在的熔核外观缺陷的性质和数量均有不同的规定。用熔核外观扣分来衡量车身熔核外观质量水平。

（4）白车身点焊质量保证

1）白车身点焊质量检查：为了真实反映白车身的焊接质量现状和改善焊接质量水平，实行三级检查原则，由焊装车间、焊装质检和质保部共同实施。作为生产主体和质量控制的具体部门，焊装车间对焊接质量负有直接责任；作为质量保证部门，焊装车间内质检对保证焊接质量负有检查、监督的职责；由质保部剖检室负责白车身焊接质量信息的分析、整理，焊接质量问题预防、改进等事宜。

2）白车身熔核质量三级检查。

一级检查：由焊装车间操作人员执行，主要是进行目视检查，检查熔核外观（熔核压痕、熔核变形、过烧/烧穿、飞边和飞溅）及熔核强度（用扁铲、铁锤对熔核进行半破坏检查）。

二级检查：由焊装车间内专职质量检查员执行，主要是进行非破坏性检查，目前逐步使用超声波熔核检测仪检查熔核外观质量和熔核虚实。

三级检查：在质保部剖检室，由专职质量检查员用液压扩力钳将白车身的所有熔核全部破坏，检查熔核强度质量。

一、二级检查由焊装车间执行，三级检查由质保部执行，质保部剖检室负责检查结果的处理、解释，及焊接参数调整和焊接质量改进工作，同时负责依据目前的产量、质量水平和质量状况制订体现抽检频次的监控计划。

发现不合格熔核（熔核不符合某项质量要求）后，相关部门应立即填写熔核缺陷反馈卡，及时汇总到质保部。由质保部对熔核缺陷进行整理、分析、改进，防止类似缺陷的再次发生；并根据熔核检查结果，计算出熔核强度水平，整理出NQST报告，发送到相关职能部门进行分析改进。

通过建立和实施质量保证体系（前期焊接质量策划和后期焊接质量保证），会使白车身焊接质量不断提高，为轿车取得良好的安全性能奠定坚实的技术基础。

2. 几何尺寸精度

白车身尺寸精度是保证整车零部件装配精度的基础。白车身是由数百个具有复杂空间曲面的薄板冲压工件通过由数十个工位组成的生产线制造的，其特点是大批量、快节奏，工件装配的定位、夹紧点在1000个以上，熔核多达4000~5000个。白车身的制造过程复杂，影响因素众多，整车的制造尺寸精度取决于各方面因素的综合作用。

（1）影响因素　车身装配关系树层层拓扑的复杂结构决定了误差产生的多因素性和来源的多样性，就制造过程而言，主要包含零件状态、工装夹具、操作过程以及测量过程等几个方面。

1）工装夹具：工装夹具是车身各工件定位和装配的载体。车身主要由薄板冲压件组成，"3-2-1"定位原理在车身焊接夹具设计中已不适用，其第一基面上的定位点数目应大于3。定位效果不仅取决于定位点的数目，还取决于定位点的布置形式。

工装夹具的保证能力是有效控制车身尺寸稳定性的关键。在车身制造过程中，工装夹具的材料性能、结构设计以及夹具与工件的匹配情况等，都将影响到工装夹具长期使用的尺寸精度保证能力。在车身生产过程中，冲压件尺寸相对于设计尺寸的偏差，会导致工装夹具与工件间产生不同程度的应力集中，长期作用将导致夹具变形和失效，保证能力降低。因此应对工装夹具进行持续状态监控，排除潜在失效源，及时对故障工装夹具进行维护，消除其失效造成的尺寸偏差。

2）工件偏差：工件偏差主要出现在冲压阶段，冲压件尺寸偏差造成车身焊装时处于非自然状态，是造成尺寸偏差的另一个原因。多数情况下，由于工件之间匹配不良，虽然在夹具较大的压紧力作用下强行匹配并焊接在一起，但由于产生了较大的强制变形，增加了车身尺寸的不确定性，产生了尺寸偏差。

工件变形是引起尺寸偏差的又一因素，主要问题出现在工件的包装和运输过程。部分变形情况无法目测识别，即使修复后也无法完全恢复至设计尺寸，造成车身尺寸偏差，应结合工件的特点合理设计包装形式和运输方式，消除此类工件偏差。

3）操作过程：焊装过程因素是白车身尺寸偏差的主要影响因素，主要包括工件装配、夹具开合以及焊接过程等几方面的顺序和手法（非自动化生产线）。在非自动化制造中，操作过程标准化是控制过程偏差的有效手段，实施标准化操作后，人工操作的不一致、不稳定和不确定性降至最低。

在车身焊接过程中，合理设计、优化操作顺序对车身尺寸精度控制是必要的，操作顺序设计不当会引起工件尺寸偏差和变形。在某车型投产初期，车身顶篷前、后横梁的Z向尺寸波动较大，分析发现，顶篷横梁的内外板匹配面共有64个熔核，焊接顺序显著影响了横梁区域尺寸精度，进而对侧围定位造成影响。对焊接顺序进行优化后，尺寸偏差和稳定性得到了有效改善。

在非自动化生产线的制造过程中，操作人员的操作手法也会对车身尺寸产生影响。如焊钳电极臂与被焊工件施焊面间角度不垂直，易引起熔核扭曲和焊接变形；焊钳电极臂因角度不当而接触到临近位置的工件边缘，易引起焊接分流和工件变形。在某车型车身尺寸监控中曾发现，行李舱开口两侧翻边区域Z向定位波动较大。分析表明，焊接过程中焊钳电极臂与工件干涉，导致该区域变形。对电极臂形状进行改进后，定位稳定性得到改善。在工艺规划和优化过程中，应充分考虑焊接设备的可操作性，将人为操作对车身尺寸精度的影响降至最低。

4）测量过程：测量过程对尺寸精度的影响是独立于其他几种基本因素综合作用的加工过程的。车身尺寸偏差情况需要通过测量过程得到验证，正确的测量是尺寸精度改进的第一步。对于车身尺寸的相关检测，在测量系统使用前和使用过程中，需要进行测量系统分析（MSA）和改进（如需要），以确保测量数据的准确性。

在白车身生产体系中，依据测量精度、应用位置和操作便捷性等方面需求的差异，应用了三坐标测量机、测量尺规和专用检具等测量方法。三坐标测量机是现代汽车制造中普遍使用的车身尺寸测量机构，测量精度较高并且可编程控制，适用于对整车车身、分总成和零件依据测量程序的测量。针对外覆盖件的关键开口区域，使用专用检具进行检测。检具是根据外覆盖件的理论尺寸精密加工而成，可随时装配到车身上对尺寸偏差进行检测，获得第一手信息。针对车身上部分关键区域的间隙使用专用测量尺规进行测量，此类尺规为定制的非标准工具，操作简单、高效。三坐标测量机如图7-10所示。

技能视频 白车身的三坐标测量

图7-10 三坐标测量机

（2）控制方法

1）基于测量的尺寸精度控制：从本质上看，提高制造过程尺寸精度的基础是工序控制。首先，要对制造过程进行尺寸数据的检测采样。因为尺寸数据的跟踪是实现整车装配过程监控的基础，检测方法决定了车身装配过程监控的精确性和有效性。三坐标测量是检测白车身零件、分总成和车身骨架的重要手段，凭借其较高的精度和柔性，已成为国内外汽车制造厂的重要检测设备。

①基准点。在三坐标测量机的机床坐标系下，根据整车设计基准和基准点的实测坐标值建立整车坐标系，图7-11所示为某车型车身整车坐标系和基准点。在整车坐标系中，又将车身划分为不同的功能分区，并在各分区建立分坐标系，由分区基准点构造而成，图7-12所示为某车型后底板总成的分区坐标系。

②绝对尺寸。在整车坐标系下，对根据设计要求定义的测量点测量其在整车坐标系下的坐标值偏差，称为绝对尺寸。绝对尺寸反映了整车尺寸精度与设计值之间的偏差情况，设计值是指车身设计阶段输出的整车尺寸理论数据，而绝对尺寸则反馈了制造过程中输出的车身产品实际数据。

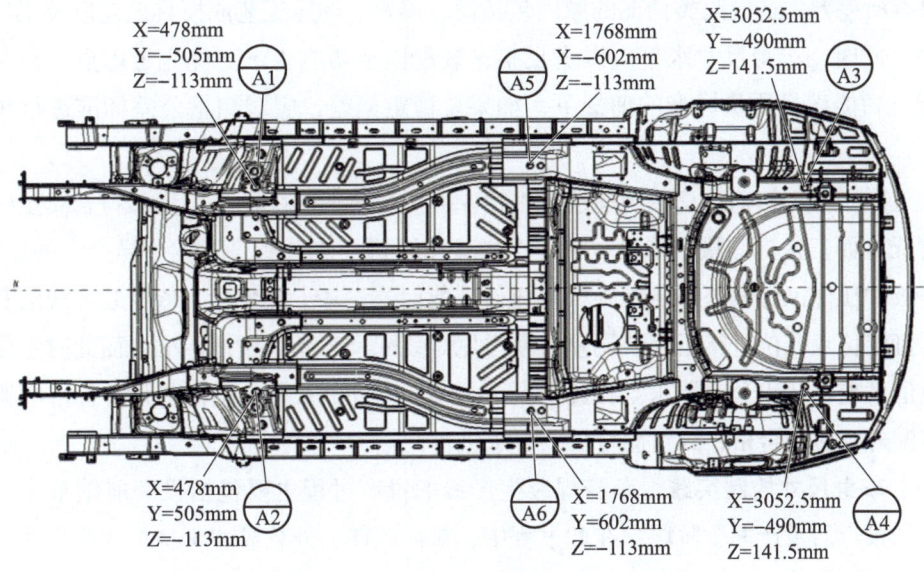

图 7-11　某车型车身整车坐标系和基准点

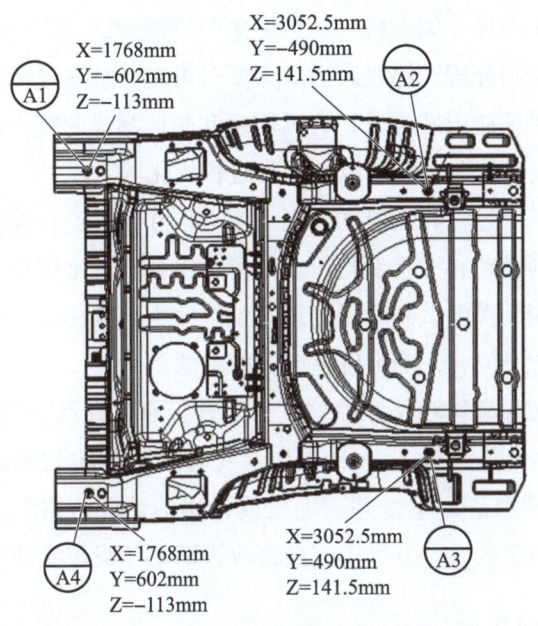

图 7-12　某车型后底板总成的分区坐标系

③功能尺寸。在整车装配过程中，还需考虑各工件装配的相对尺寸精度，称为功能尺寸。功能尺寸是为了检验工件、分总成、总成或车身的制造尺寸是否符合产品设计要求，并且保证其下一级装配精度而规定的尺寸。

2）基于装配的尺寸精度控制：在一些情况下，制造过程反馈的装配偏差与三坐标测量结果有所差异。造成此类情况的原因包括设计偏差、冲压工艺或模具偏差以及工件分装偏差等。此时，车身尺寸水平应以满足整车装配以及功能要求为优先考虑点，在保证整车装配、功能满足质量标准的前提下，如果要稳定偏差，应对测量公差标准进行相应的调整。

在某车型投产初期，总装装配线反馈出左右尾灯装配间隙、平顺度不符合质量标准要求的情况，而三坐标测量结果则均满足公差要求。进一步分析，上述差异产生的原因为，侧围外板冲压件工件偏差和侧围外板总成件焊装偏差。基于此情况，依据装配线的实际偏差对尾灯定位点孔位进行了工装调整，使得尾灯装配尺寸满足质量标准，而此时定位点孔位测量值偏差已超出公差要求。在此情况下，实际工件的尺寸水平已与设计标准不符，而尾灯装配外观质量合格，故对测量公差要求进行调整。

（3）车身尺寸控制实践　车身焊装生产线的投产过程主要包括投产前单车或小批量试生产和投产后量产两个阶段。在此过程中，对冲压件、分总成和车身总成的尺寸精度以及整车的尺寸、装配精度等逐步深入地分析，综合考虑各方面因素，对尺寸精度进行持续改进。

在试制阶段，车身尺寸偏差较大，问题集中反馈到试制车身的测量结果上，需要进行逐车测量、逐工序原因分析和停线改进。必要时可对分总成进行逐工序测量，以明确偏差源，此阶段应严格保证冲压件质量、夹具质量和制造测量的统一性。改进范畴主要包括工件状态改进、工装夹具改造、调整以及操作过程优化等。

在量产阶段，基于过程和测量两方面反馈对尺寸偏差进行监控。最常出现的尺寸变化是均值变动、不规则跳动和方差变化，或三者的组合。三坐标检测的主要目的是监控生产状态的稳定性，检测频次由试制阶段的逐车检测改为定频抽检。尺寸偏差产生时，应首先判定偏差点类别和分布位置，确定偏差产生的根源。

此后，采用PDCA流程对尺寸偏差进行闭环控制，即制订改进计划（Plan）、执行改进试验（Do）、检查改进效果（Check）以及实施改进措施并跟踪后续反馈（Action）。在改进过程中，如出现改进方案偏差、无效或错误的情况，需要重复执行P、D和C流程，直至改进试验获得期望效果，方可实施最终改进措施和跟踪反馈（A）。

3. 焊装白车身外观

白车身质量缺陷可从钣金缺陷区域和白车身缺陷两大方面进行分析。

（1）钣金缺陷区域的划分　一般在评审钣金外观缺陷时，根据其缺陷区域位置的不同将其分为A级面、B级面、C级面3个缺陷区域。划分的原则是把整体轿车表面按被发现表面缺陷的程度和影响整车外观质量的形象程度进行划分。

1）A级面范围：所有直接可见的表面以及保险杠上方的外表面，或能直接被人发现缺陷的整车外表面称为A级面。

该区的缺陷严重影响整车外观质量，属该区的主要有4个车门的外板、左右侧围外板、发动机舱盖外板（前盖）、行李舱盖外板、顶篷及左右前翼子板等部件。

2）B级面范围：所有非直接可见的表面以及保险杠下方的外表面，或不能直接被人发现缺陷或须稍加注意才能发现缺陷的整车外表面称为B级面。

该区的缺陷对整车的外观质量有较大的影响，如左右侧围的门洞侧表面，中柱的外表面和侧表面，4个车门的内门板的侧表面（门铰链和门锁的侧面）。

该区域只有开车门时才能看到缺陷，由于表面积窄长，又有加强肋、圆弧棱线，对表面质量不做重点检查，只检查拉伸褶皱、波纹、缩径、裂纹、圆角圆滑过渡、飞边等缺陷。

3）C级面范围：所有被其他零件或装饰件覆盖住的整车内外表面以及在车辆使用过程中很少或只是偶尔看到的内外表面，或不被人发现的内外表面都归为C级面。

该区的缺陷对整车的外观质量影响较小。该区零件多属于中小型冲压钣金件，结构形状多数较复杂，是受力或传力件，加强肋横竖布置，材料厚度尺寸也较外表面冲压件厚，所以表面质量，如坑、包、划伤、压痕、飞边、轻微锈蚀等不做重点检查。C级面冲压件要求装配精度较高，所以要重点检查，形状尺寸、定位孔、装配孔、装配定位面等要用检具或三坐标仪检查，当然对裂纹、较大的扭曲、粗大的飞边等缺陷也不能放过。

（2）**白车身缺陷类别** 一般在评审钣金外观缺陷时，也可根据缺陷类型的不同将其分为可视类缺陷和不可视类缺陷。

1）可视类缺陷。可视类缺陷指原则上用手可触摸到的，视力可察觉到的表面缺陷。这类缺陷会令人不愉快、不满意，影响整车和工厂、车间形象，通常会遭到用户或客户的投诉。

2）不可视类缺陷。此类缺陷是指在目视难以发现或者用手摸也较难确认的情况下，经用油石磨去冲压件表层后才能看到的缺陷。这种缺陷是可以改进的，经过调整模具是可以消除的，但也会引起设计等部门的反馈以及要求较高的最终用户的投诉和索赔。为此针对局部有不明显的不可视类缺陷也要有消除计划和措施。

（3）**焊装生产过程中遇到的钣金缺陷问题** 焊装车间在生产过程中每天遇到最多的问题就是工件钣金问题，为了有效处理和维持正常生产，现将在生产过程中经常遇到的钣金问题按发生频率进行列举，如图7-13所示。

1）可见表面有较大的凸包和凹坑、暗坑，较小的包群和麻点群。
2）拉延产生缩径、压痕、裂缝、断裂。
3）有锈蚀现象，表面产生锈蚀麻坑，镀锌板产生起层和锌层脱落。
4）拉延起皱、错位、波浪、波纹、飞边、划伤。

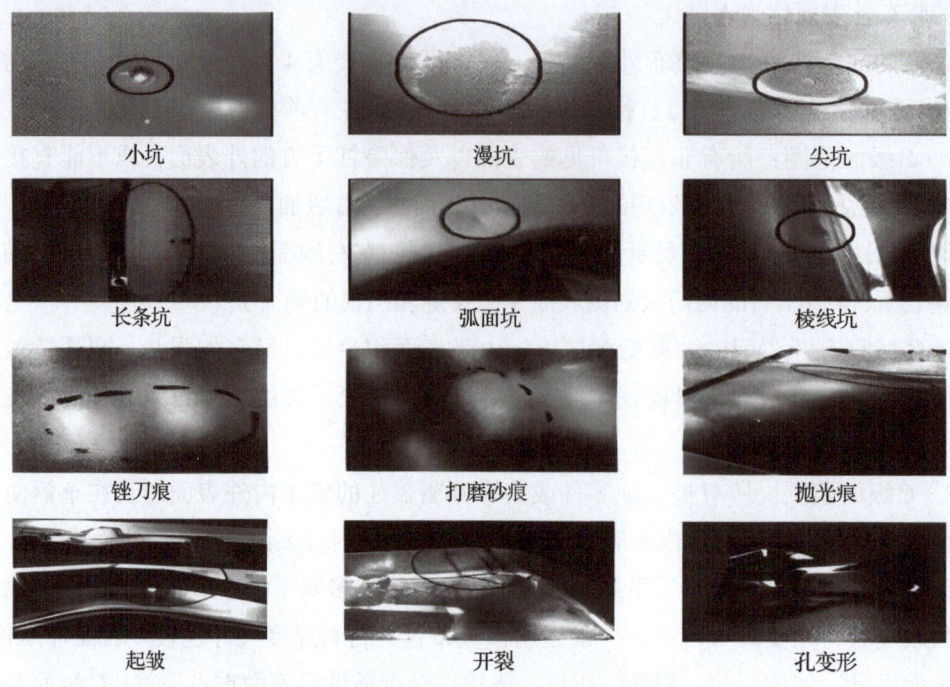

图 7-13 生产过程中经常遇到的钣金问题

5）有拉延台阶和褶纹，拉延深度不够，圆角轮廓不清晰。

6）材料缺陷，有划痕、结疤伤痕、夹杂、分层、厚薄偏差大，拉延滑移线。

7）棱线和圆角不圆滑光顺，棱线偏，不清晰。

8）飞边，孔边缘、截面边部不同程度都有飞边。

9）其他：工件的形状尺寸、四周轮廓精度、孔径孔位、装配定位面的平面度等有缺陷。

以上缺陷在焊装生产过程中都不允许存在，若在生产过程中发现缺陷，则必须按照质量问题处理流程进行反馈，并如实根据焊装不合格品整改要求进行跟踪整改，还要定期对发生的钣金缺陷问题进行复查。

（4）钣金缺陷的检查 当车身钣金问题在生产过程中被发生后，为了正确地评审检查钣金工件，在将工件外表面清洁后，根据其缺陷问题的不同，建议用以下方法进行检查。

1）辅助高亮度油灯光检查：当外观工件被怀疑有小的凸包、凹坑、折痕，需要检查时可选用束光照射（光照度为2000lx）凸凹不平处，光线会有折射。该光照法对冲压件（钣金白件）外表面很少使用，多数用于涂装后的车身检验。在钣金件上涂抹高亮度油并在强光（光照度为2000lx）下检查有无凸凹不平处，利用光线折射来判断钣金工件的平整度。

2）正常目视检查：检查形状、切边、截面和孔飞边、钻孔、隐伤、圆角、棱线清晰度、折边或翻边处及拉延圆角处是否有缩径、飞边、裂纹、断裂等缺陷。检查的方法是把被检验的工件放置在适合的支撑架或支撑台上,并且不受外力作用,然后从用户角度出发检验表面缺陷,进行全面的表面视觉检查。

3)手感检查:对于有轻微的坑、包、麻点、波浪、飞边等视力难以确认的钣金缺陷的检查,可以根据人的手感来进行判断。使用规定要求的适合触摸工件的手套(一般用单层白布手套或线手套),戴在左手或右手上,有条理地触摸工件表面,手指手掌接触表面,来回摆动,摆动距离在200~400mm为宜,要触摸所有的表面和轮廓。

4)用油石轻磨检查:在生产过程中,有时为了能够准确判断钣金缺陷问题,需要借助油石来辅助检查。检查方法是用油石轻磨钣金表面(油石尺寸为150mm×20mm×10mm),打磨表面时必须注意,不能对工件施加附加压力,原则上油石的自重已经足够了,轻轻打磨即可。对于圆角和难以接触的区域,应当使用合适的小油石(如10mm×10mm×100mm或10mm×15mm×45mm油石),或使用细砂纸包裹在硬木制成的底座上(10mm×10mm×100mm长方木块),砂纸和油石的粒度在800号之上。原则上应纵向打磨,特殊地方也可以横向打磨。

5)精度检查:对于工件的四周外形、轮廓尺寸、孔径和孔位精度、装配定位面平面度,可用专用的检具或三坐标仪来检查。

(5)钣金外观表面件评审程序与设施 为了能正确和有效地反映出钣金问题以及钣金问题的跟踪解决落实情况,下面从评审的方法、场地及设施给出要求。

1)评审方法(程序):为加强产品审核的规范性,统一标准,有必要在先期检查制定统一的产品质量标准模板并在冲压(或供应商)和焊装车间各放置一套,便于日后能够正确地判断检查结果的可比性。摆放的样件为当前生产条件下最好的产品,并列出缺陷问题和整改计划。例如,事先制定一个检查记录的表格(表7-1),便于记录缺陷种类、缺陷类别和区域以及其他信息。

表7-1 冲压(IQ)钣金不合格品整改措施表

发生日期	工件名称	问题描述	问题位置(图片)	临时措施	永久措施	问题数量	签字确认(冲压/焊装)

2)评审场地及设施:在冲压、焊装车间设置一个固定检查站(包括检具存放区域),应有平台及各种常规量具。其中工作平台及钳工平台上的光照度不小于800lx。工具有计算机一台、150mm×20mm×10mm的细油石(800#)、专用的触摸手套和擦布等,还要有

一份评审质量问题表挂在墙上，便于跟踪缺陷问题和回顾。

3）对评审检查员的要求。

行为规定：检查中不可以感情用事，不可以激发缺陷，应当以专业的方式描述、评价工件当前的状态、缺陷。

专业素质：质量保证方面的实际经验；产品方面的专业知识；身体素质（如视力测试）；能够冷静行事，提出令人信服的论据；客观的评价能力。

四、焊装范围内的整车质量

1. 间隙、面差

四门两盖（左/右前后门、发动机舱盖、行李舱盖、翼子板）是汽车车身的外观开启件，在车身制造中所具有的普遍性和工艺上的特殊性越来越引起人们的重视。门、盖装配后要与周围零件保持圆滑过渡（面差）和均匀的装配间隙，以达到良好的互换性。

（1）相关知识　由于外观间隙、面差的定义没有法规可以遵循，所以定义的时候相对来说比较自由，间隙的定义主要是考虑到美观性和工艺性。

外观间隙值越小，对于工艺保证能力的要求就越高，质量控制难度也就越大。同时运动间隙也就越难满足要求，前、后门之间的运动间隙最小不能小于2.5mm，再考虑到制造误差，间隙值不可能太小，只能在满足各方面要求的情况下尽可能小些。

外观是否美观还有一个很重要的衡量指标就是均匀度，例如图7-14所示的两条线代表前、后门之间的分块线（parting-line），定义间隙值的时候会有一项均匀度随着公差变化的线性过渡的概念在里面。

定义面差的时候主要是考虑到空气动力学，在确定车身外形之前就要着手车身的空气动力学研究。降低空气阻力的有效措施是减小空气阻力系数和车辆的迎风面积。合理定义面差可以减小迎风面积且能够减小气动噪声。

（2）零件公差　车身与冲压件的公差的分类如图7-15所示。

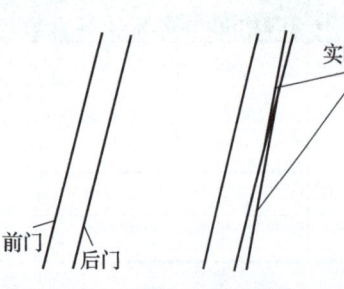

图7-14　前、后门之间的分块线

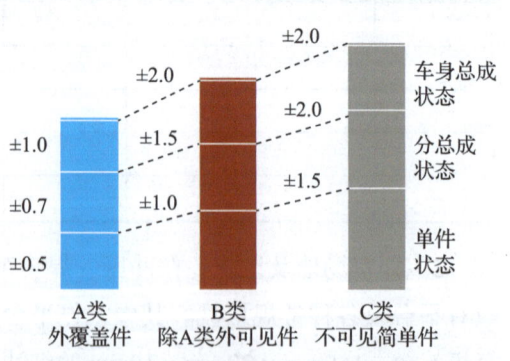

图7-15　车身与冲压件的公差的分类

通常汽车车身设定的间隙、面差、门总成公差、车身本体总成公差、前门铰链安装公差、后门铰链安装公差分别如图7-16~图7-19所示，运动间隙见表7-2。

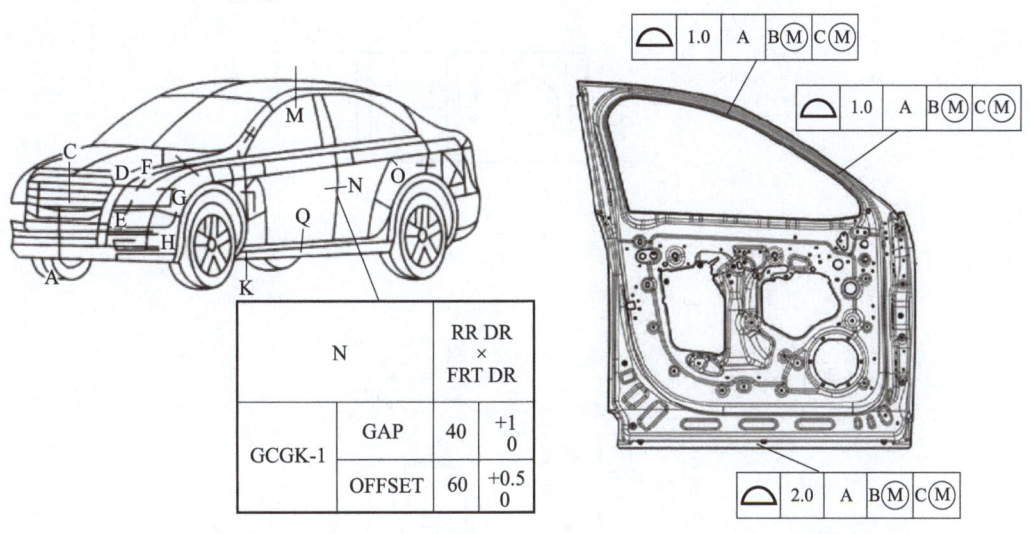

图7-16 汽车车身设定的间隙、面差

图7-17 门总成公差

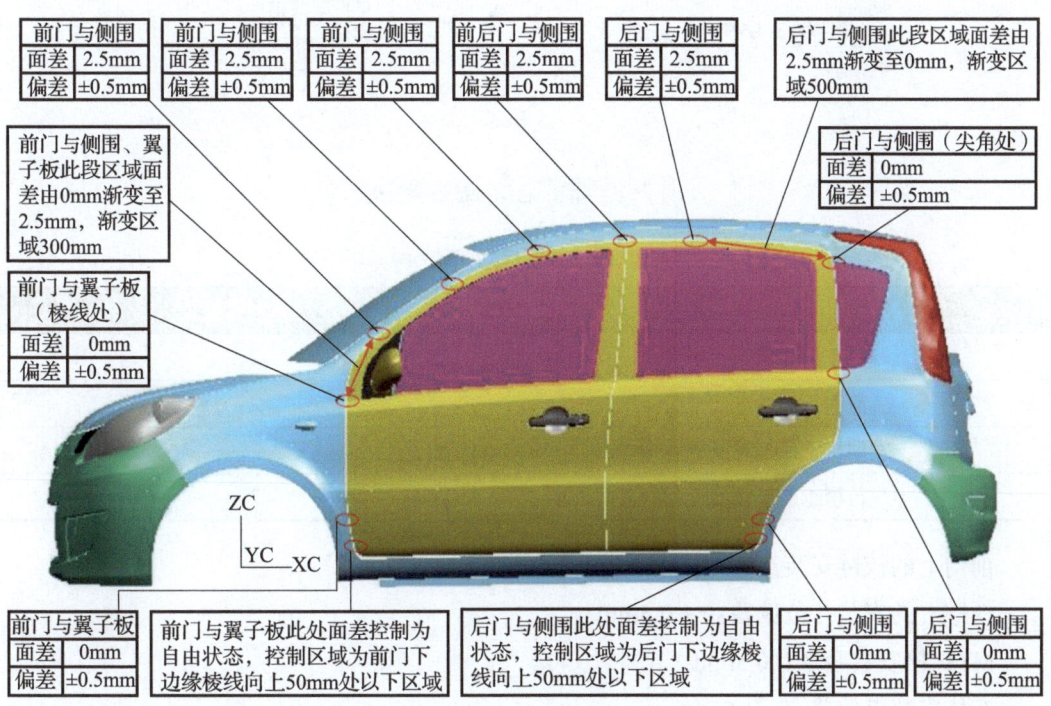

图7-18 车身本体（骨架）总成公差

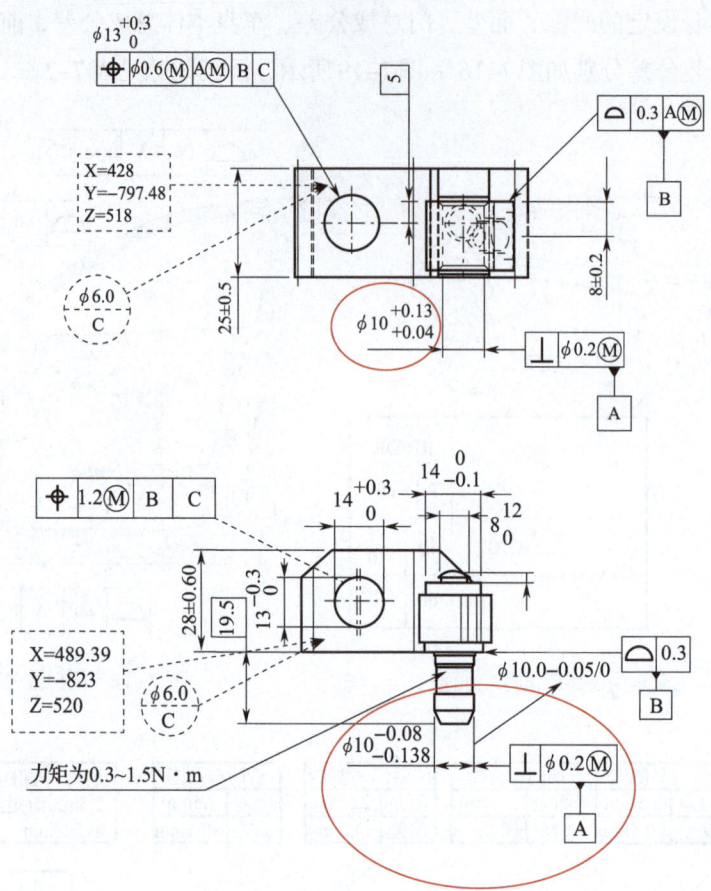

图 7-19 前、后门铰链安装公差

表 7-2 运动间隙

部位	最小运动间隙设定值 /mm
前车门与翼子板	2
前车门与后车门	2
发动机舱盖与翼子板	7
行李舱盖与侧围	7

前门上的铰链安装点偏差：±0.7mm。

铰链上的安装孔位偏差：±0.5mm。

M8螺栓安装余量：0.5mm。

车体安装点偏差：±1.5mm。

铰链上的安装孔0~0.2mm可以满足公差要求，对前门安装精度无影响。

后门上的铰链安装点偏差：±0.7mm。

铰链上的安装孔位偏差：±0.5mm。

M8螺栓安装余量：0.5mm。

车体安装点偏差：±1.5mm。

铰链上的安装孔 ϕ12mm 可以满足公差要求，对后门安装精度无影响。

由上面分析可知，只有前、后门外板型面公差对间隙公差产生影响。结论：前门、后门包边后，外板型面公差（在检具上测量）为±0.7mm时，前、后门之间的间隙公差可保证为±1.0mm（$\sqrt{0.7^2+0.7^2}\approx 1.0$）。

（3）间隙面差分析　前、后门间隙公差值的分析原则：在考虑间隙公差的情况下满足最小运动间隙要求。在设定前、后门最小运动间隙为2mm，前、后门间隙公差为±1.0mm的前提下，公称值为3mm。在设计给出的间隙公称值大于或等于3mm时，目前工艺可以保证；如果设计给出的间隙公称值小于3mm时，需要讨论工艺能力对间隙公称值及间隙公差的保证能力，寻求有效减少前、后门包边后型面公差的工艺方法，并讨论投资与收益之间的经济关系。

前、后门面差分析，考虑到减少空气阻力，前门只能比后门高而不能比后门低。在焊装车间的车身调整线，用磁铁吸合前、后门，使之平齐。在总装车间，前门上安装门锁，侧围上安装锁扣，调整锁扣使前、后门达到要求（前门只能比后门高而不能比后门低，面差 $^{+0.5}_{0}$mm）。

目前大多数汽车B柱上前门锁扣是不可调整的，这就要求在设计阶段，对B柱上前门锁扣的安装点与后门铰链安装点之间的Y向相对偏差进行协调。首先保证两者在Y向偏差相同（即向同一个方向偏离）；其次保证两者在Y向实际距离小于理论距离。

按目前工艺保证能力，可以保证间隙公称值（3mm），不能满足间隙公差（$^{+1.0}_{0}$mm）的要求。建议对间隙公差（$^{+1.0}_{0}$mm）进行更改完善（建议为±1.0mm），同时增加均匀度定义（建议均匀度≤1.0/整段），将面差及面差公差设定合理。

（4）间隙、面差调整方法　下面以MPV白车身门盖类间隙面差的调整为例，来谈谈白车身（BIW）盖类间隙面差控制方法。主要方法有两种：一是正向法，利用车门"配重"调整；二是逆向法，利用车门装具调整。本文采用逆向法阐述BIW间隙面差装配调整技术方法。

1）白车身间隙面差问题及原因分析：出现间隙和面差的各个部位如图7-20所示。部位1为前门与滑门窗框处间隙面差；部位2为前后门把手部位发生间隙面差；

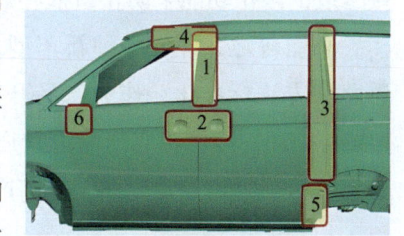

图7-20　出现间隙和面差的各个部位

部位3为滑门C柱面差突出；部位4为前门窗框与顶篷部位发生面差；部位5是中滑门与后轮罩部位间隙面差；部位6为翼子板与前门棱线部位间隙面差。

出现间隙面差可能的机械问题如下：

①滑门上锁时发生过大负荷，车锁磨损量大且可能松旷异响。

②滑门运动时发生抖动异响，路上颠簸时，车门抖动异响。

③前门玻璃运动到窗框处阻力增大，产生异响。

④前门内侧关闭车门时安全锁不能锁上。

⑤玻璃槽与车身贴合不良，造成密封性差，噪声大，可能漏雨。

⑥滑门中导槽发生扭曲，造成滑门下垂。

通过分析可知，影响白车身外观间隙面差的主要原因是零件自身精度、车门总成外观尺寸精度、夹具定位精度、车身总成精度以及车门安装孔精度。只要控制好零件精度、白车身总成精度，利用有效的车门装配调整方法，就可以消除白车身外观间隙面差的问题。

2）控制间隙面差的有效方法。

①提高单件、焊接总成精度。利用单件、总成检具对单件、总成件进行检测，对主要的定位孔、定位面以及功能面进行精度检测，并对问题点进行处理。利用精度检查表控制工件整改前后的精度，并通过试装验证确认整改效果。

②提高车门总成系统精度。在白车身尺寸固化以后，考虑整改窗框的偏差。制作简易样规，操作方便，节约成本。车门总成检测，需要采用三坐标仪或检具所测的数据，进行系统分析。

③提高白车身安装孔精度。通过数据收集和分析可以确定问题所在，并找出问题出现的根本原因。白车身制造系统中，模具、夹具、冲压件制造公差和焊接变形、车身特殊位置误差超标以及制造过程公差的累计，造成白车身重要的安装孔、性能孔及功能孔精度差。

④利用夹具的可调性控制焊接变形。车门窗框结构复杂，滚压件及工件制造误差、匹配间隙大及焊接变形等造成窗框总成扭曲，影响间隙面差。解决此问题除了要提高制造精度外，还要充分利用焊接夹具限位功能，根据制造精度合理设计夹具的限位精度，通过焊接工装的限位功能来防止窗框在焊接过程中的扭曲变形。

总而言之，开发一种新车型，要建立车型制造过程问题失效库，将整改这些问题的思路和方法标准化，作为产品开发经验进行传递，并作为后续车型开发的输入，如此做PDCA循环，就能提高产品设计质量及产品开发质量，有效避免后期质量问题整改，降低开发成本，缩短开发周期，提高产品质量。

2. 机能品质——异响

轿车车身异响严重影响驾驶的舒适性，破坏驾驶人的心情。轿车车身异响声源往往被内外饰件遮蔽，或者存在于车身封闭腔中，给异响声源的查找和返修造成很大困难。对于

学习任务七 焊装过程质量检验

轿车车身异响问题的解决，目前汽车行业还没有较为系统、全面的方法。本节将从轿车车身异响产生原理、原因分析、解决方法、如何预防等方面全面剖析轿车车身异响问题。

（1）**轿车车身异响的原理** 声音都是由物体振动产生的，正在发声的物体叫声源。声音以声波的形式传播，通过固体或液体、气体传播。轿车行驶时各系统振动、摩擦发出的声音统称为汽车的响声，也可称作噪声，这些响声可分为正常响声和非正常响声，非正常响声即异响。轿车车身异响通常出现在扭曲路面、转弯、加速和紧急制动等情况下，由车身结构内钣金件振动或滑移摩擦产生。

从物理学角度来说，声音的消除主要靠"消、隔、吸"，车身异响的消除同样要运用此原理，主要方式包括：①解决钣金件振动或滑移摩擦问题，消除异响声源；②通过内外饰包裹或封闭腔阻隔声音传播；③填充海绵、增加吸声垫，削弱声响。考虑整车的可靠性，一般采用消除异响声源的方式来解决车身异响问题。

（2）**主要异响部位** 轿车多为承载式车身，其特点是没有刚性车架，只是加强了车头、侧围、车尾、底板等部位，车身和底架共同组成了车身本体的刚性空间结构。承载式车身除了其固有的承载功能外，还要直接承受各种负荷。这种形式的车身具有较大的抗弯曲和抗扭转的刚度，质量小，高度低，汽车质心低，装配简单，高速行驶稳定性较好。但由于道路负载会通过悬架装置直接传给车身本体，振动较大，极易产生异响。

通过分析轿车行驶中的主要受力分布可知，异响主要出现在车身的A柱、B柱、C柱、顶篷等板件搭接较复杂的部位，还有运动件的连接处，例如门、发动机舱盖、行李舱盖铰链连接处。常见的异响产生原因有肋板与内板干涉、包裹架与轮罩钣金件摩擦、纵梁与底板横梁摩擦、前中后顶篷横梁与侧围搭接处摩擦、门铰链安装板与门内板摩擦等。

（3）**常见异响原因**

1）设计原因：设计间隙小、熔核布置不合理、料边悬置过长等。

①设计间隙小。车身设计过程中，对于钣金件的结构间隙是有具体要求的，目前国内的制造公差一般为1mm，因此考虑加工或生产过程中的误差积累，钣金件结构间隙一般设计为2~3mm，否则汽车在工况负载情况下就极可能会出现干涉或运动异响。面与面配合或线与面配合时，尽量设计成平行状态，若无法避免两个面或线与面的倾斜，在考虑间隙时必须以最小处间隙为准，一般大于2.5mm。

②熔核布置不合理。熔核布置不合理是造成焊接失效的主要原因。若熔核布置在圆角拐弯处或不平整处，由于焊钳在焊接时的压力比较大，易在圆角拐角处或不平整的部位产生焊接变形。另外，一般情况下，采用三层板或者三层以上的焊接结构，若没有使用工艺缺口以及用二层板焊接来代替三层板，三层板等直径通孔使用CO_2焊易造成虚焊。

③料边悬置过长。为了满足车身安全要求，同时降低车重，对于车身工况下应力分布集中部位，设计人员会尽量考虑采用整体多层次构架、局部加强的设计方式，这样就导

致车身内外板、各肋板等搭接结构复杂。车身钣金件搭接边设计时，易有长距离料边悬置（无任何连接），长距离料边悬置可能导致振动异响或与周围结构摩擦异响。图7-21、图7-22所示的设计结构就属于这种情况。

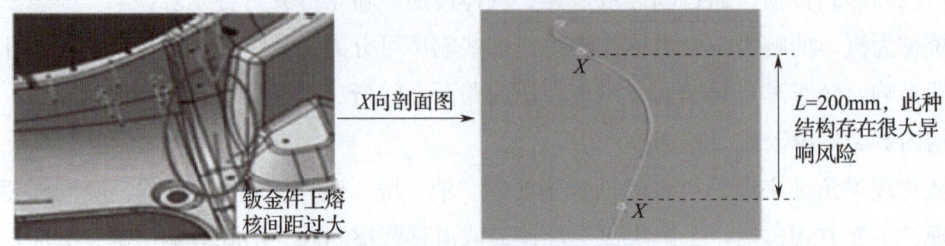

图 7-21　钣金件上熔核间距过大

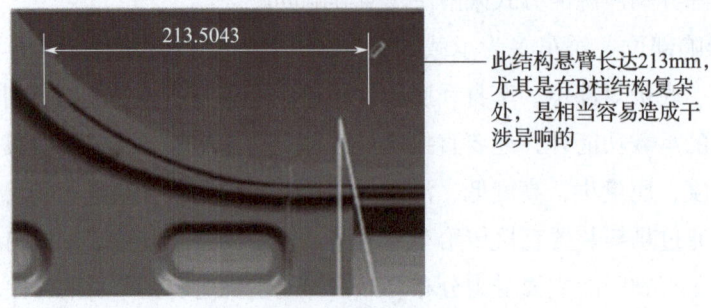

图 7-22　悬臂过长

2）制造原因：冲压件制件不合格、焊装偏差累积等造成的冲压件、焊接件尺寸形状偏差问题。冲压件制件过程中通常存在飞边、翻边不到位、回弹变形等制造缺陷，车身焊接过程中也存在定位销磨损、夹具设计不合理等造成误差累积的不良因素，具体情况如图7-23所示。

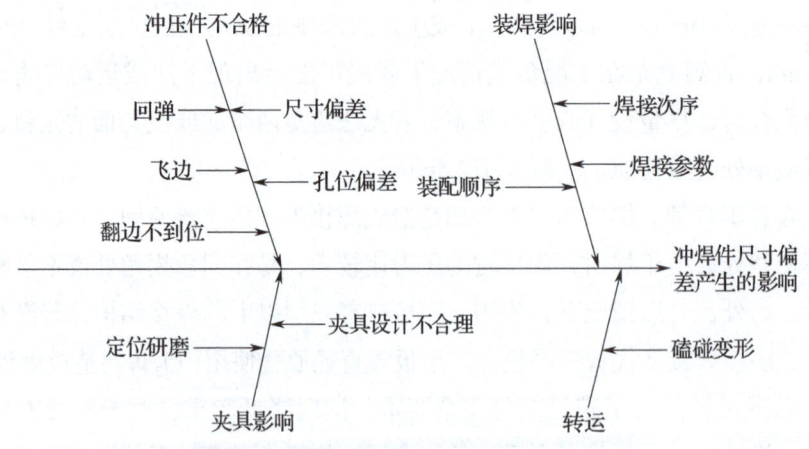

图 7-23　冲压件、焊接件尺寸偏差产生的异响

（4）轿车车身异响的现场解决步骤

1）异响声源的查找。车身异响声源查找没有什么系统的方法，较为先进的是利用异响诊断仪等听诊器具（图7-24），直接抵靠在产生异响的大概部位进行听诊，确定异响声源的具体位置。在没有设备辅助的情况下，主要采用一听、二看、三触摸的方法来查找异响声源。

2）原因验证。在判断出异响声源大致位置后，需要对该位置区域的装配关系、工艺要求、单件状态、配合公差等进行分析。常用的分析方法有数模校核及CAE分析，有时可以采用排除法、模拟法进行实验验证。验证方法有两种：一是拉大声源与振体的距离；二是让声源与振体紧密贴合。通过这两种方法来破坏声源，达到排除或故障重现的目的，以便更直观地找出异响源。

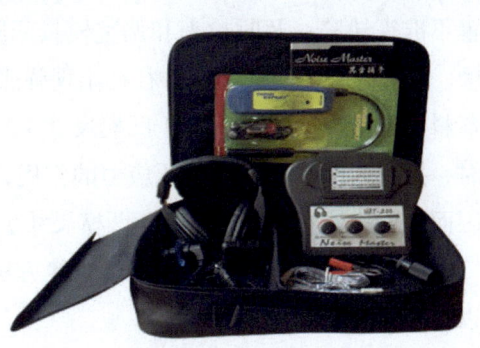

图7-24　听诊器具

3）轿车车身异响的解决。

① 完善车身设计。

a. A/B/C柱内板、肋板搭接、结构复杂钣金、车身钣金搭接边设计时，不要有长距离料边悬置（无任何连接），长度一般不超过150mm。

b. 车身钣金件配合时，避免弧面与平面、点与平面的配合。在无法避免此类配合时，要考虑设定较大的间隙或采用CO_2气体保护焊工艺。面与面配合或线与面配合时，尽量设计成平行状态。如无法避免两个面或线与面的倾斜，在考虑间隙时，必须以最小处间隙为准，一般大于2.5mm。

c. 缺口与翻边配合时，间隙设计需要考虑翻边的圆角处在冲压成形过程中产生凸边或翻边余量，以保证设计要求在生产中能得到满足。

d. 设计时充分考虑定位焊或CO_2气体保护焊的可执行性与可靠性。

e. 熔核不应布置在圆角拐弯处或不平整处。定位焊间距要求在能保证连接强度的条件下，熔核间距应尽量加大，这不仅能减少熔核，提高生产率，而且能减少定位焊时的分流，提高焊接质量。因此在设计时必须选择一个适当的熔核间距，可参考表7-3。

表7-3　定位焊熔核间距参考

一个焊接件的厚度/mm	0.3	1.0	2.0	3.0	4.0	6.0
焊二层板时最小点距/mm	12	15	25	30	40	60

② 提高生产过程保证能力。

a. 冲压件。避免分离工序中断口缺陷以及工件整体缺陷所造成的飞边、尺寸超差、位置不准等缺陷；及时检查和调整模具间隙，保证冲压件的断面质量、形状精度和尺寸精度。当间隙较小时，冲压件往往出现弹胀现象，即材料压缩变形。冲裁后的弹性恢复，使落料件外形尺寸增大（大于凹模尺寸）、冲孔件尺寸缩小（小于凸模尺寸）；当间隙过大时，拉应力的作用又超过压应力的作用，冲裁过程中有拉伸现象，冲裁后又有反向回弹，因而使落料件尺寸缩小（小于凹模尺寸）、冲孔件尺寸增大（大于凸模尺寸）。

b.在操作时必须采用合理的焊接方法和焊接工艺（焊接顺序），严格遵守焊接规范，以减少焊接变形。

c.工件在运输过程中，以及在一系列装夹取放的过程中，操作人员的熟练程度、劳动态度等方面的影响，会使工件产生一定的变形，造成焊装误差，这种焊装误差一般属于随机误差，要尽量避免。

③工艺方法弥补。对于异响问题点的处理只有两种方式：一是将相互干涉、摩擦的钣金件进行固定，消除异响源；二是增加异响问题点相互配合的间隙，使其在工况下不至于干涉、摩擦产生异响。具体对应以下两类工艺方法：

a.增加熔核、涂密封胶或填充隔振胶。

b.合理加大配合间隙。

④新工艺、新技术的应用。

a.激光拼焊板技术。激光拼焊板是将几块不同材质、不同厚度、不同涂层的钢材焊接成一块整体板。激光拼焊板的应用可减少结构件数量、提高制件质量，避免复杂结构下钣金件公差累积造成的钣金件干涉、摩擦异响，如图7-25所示。

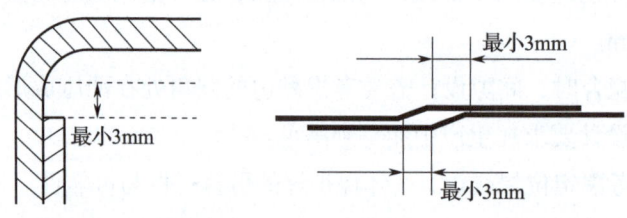

图7-25　钣金件公差累积造成的钣金件干涉、摩擦异响

b.热成形技术。热成形技术是将原材料加热到再结晶温度以上某一适当温度，使板料在奥氏体状态成形。热成形材料可以优化集成，并且没有回弹，目前广泛应用于汽车车身结构件的生产，如车门防撞梁、前后保险杠、A柱、B柱、中间通道等，如图7-26所示。

c.机器人焊接技术。机器人焊接是一种稳定、高效的车身焊接和控制方法，能够对各关键点的焊接和尺寸提供有效保证，提高车身各结构的稳定性，减少焊接过程公差累积。

d.车身结构模块化。车身结构模块化能够简化车身结构设计、降低工艺要求、提高配合精度。

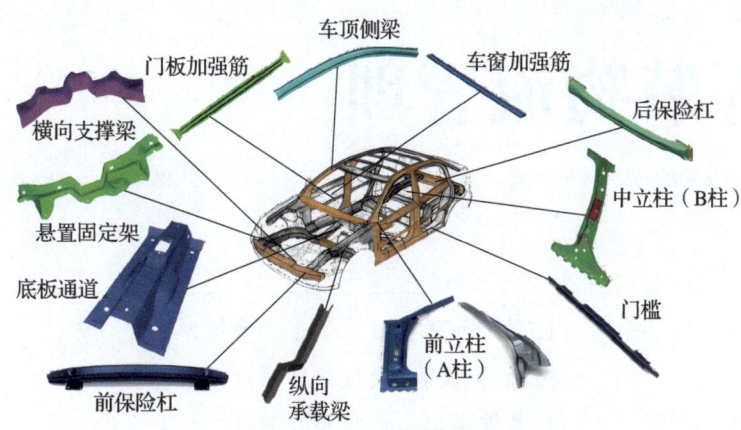

图 7-26 热成形件在车身上的应用

车身异响涉及的因素非常多,在问题处理过程中难度系数大,很多异响问题只能做到具体问题具体分析。值得关注的是,在预防车身异响方面目前还没有一套完善的检测方法,只有等到问题发生后再去寻求问题产生的原因。在工作中,设计人员及现场技术人员需要不断地总结归纳,把经验进行沉淀,并实现经验共享。在调试、生产等一系列环节和过程,都必须进行综合的控制,这样异响问题才能得到改善,整车质量才能彻底得到提升。

任务实施

1. 戴防护眼镜,穿安全鞋和工作服等,做好个人防护。
2. 能够认知焊接质量检查的意义。
3. 能够认知焊装作业指导书上的焊接质量检查流程。
4. 具备正确使用焊接质量检查工具的能力。
5. 能够描述焊接质量检查的过程。
6. 能够使用工具进行焊接质量检查。

课后拓展

到汽车制造厂参观汽车焊装车间,观察其工艺流程及组成,以便与课本学习内容相结合。建议在互联网上查询与白车身质量控制相关的资料,完成任务要求。

到图书馆、阅览室查阅车身焊装质量控制的书籍与杂志,上网查询提高白车身焊装质量的典型方法和案例,并整理提高焊装质量的方法、流程,及解决问题的典型思路等内容。

学习任务八 焊装物流管理

学习目标

1. 思政元素：培养学生"爱技、重技、专技、精技"的工匠精神，树立技能报国的爱国情怀。
2. 掌握焊装生产布局的步骤。
3. 了解焊装信息管理的用途。
4. 掌握典型的焊装输送形式及用途。
5. 了解焊装柔性化物流的形式及特点。

任务导入

现代化汽车工厂设计是一项复杂的系统工程。而汽车工厂中较为典型的焊装工厂，既涉及工艺、设备、工程及物流等专业，又要满足产品多样化、个性化趋势下的柔性化、高节拍、节能环保等需求。通过PDPS等模拟焊接生产过程，优化工艺布局、夹具结构和生产节拍，通过物流仿真优化物流配送路线，提升配送效率。

任务：如图 8-1 所示，在进行焊装生产布局时，需要按照哪些步骤进行？在物流管理方面，有哪些注意事项？

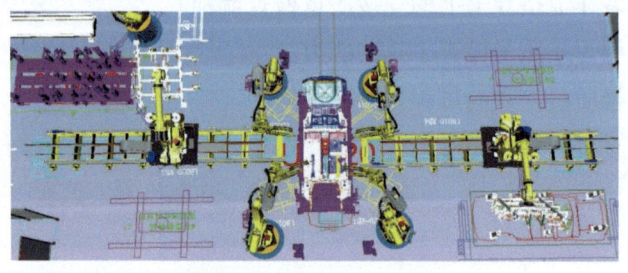

图 8-1 焊装生产布局

知识准备

一、焊装生产布局

焊装工艺作为汽车行业四大工艺之一，其重要性不言而喻，它肩负着车身成型、为整车提供支撑框架的重要使命，除了要保证外观造型之外，还必须保证总装所有零部件安装点的精度，故其工艺远比其他三大工艺复杂，生产线的规划及布置不仅需从精度保证、生产效率、配送物流、仓储存放诸多方面权衡考虑，而且受限于厂房面积及结构、涂装连廊等现有条件。没有十全十美的布置方案，只有当前最合适的布置方案。

作为四大工艺中最复杂的工艺，焊装生产线规划及布置概括起来主要从以下几个步骤着手。

1）产能计算及节拍确定。

2）主线输送方式选择。

3）工序拆分及工位数量确定。

4）侧围总成配送方式选择。

5）总拼工位结构方式选择。

6）物流仓储规划。

7）平面布置及仿真验证。

1. 产能计算及节拍确定

规划第一步，必须有市场部及公司战略规划部门输入的年产能要求，根据产能要求计算出生产节拍及单工位作业时间，作为工序拆分及工位数量确定的主要数据，其计算方法如下：

生产节拍（JPH）：每小时生产台数。

生产天数：365个自然天数，扣除国家法定节假日及双休日，年生产天数大致按250天计算。

每天生产时间：按照单班生产时间7.5h、双班15h、三班22.5h计算。

设备开动率：设备有效开动比例，焊装车间设备开动率规划时一般设定为90%。

2. 主线输送方式选择

主线输送方式决定了输送时间及效率，决定了工位的有效作业时间，是工序拆分及工位数量确定的依据。主线输送方式目前常用的有往复杆输送、辊床滑橇输送、随行夹具输送3种方式，具体选用哪种方式需结合效率、节拍、成本综合考虑。

（1）往复杆输送

优点：价格低廉，输送可靠，占地面积小。

缺点：输送效率较低，一般往复杆的输送时间达到28s（含举升、输送、下降、回退动作），只能直线输送，如工位数较多时只能分段布置，输送精度较差，需配合定位夹具使用。

适用范围：一般用于低节拍、工位数量相对较少的生产线，如输送工位超过10个，则不建议选用。

（2）辊床滑橇输送

优点：价格适中，输送可靠，输送效率较高（输送时间可达到12s左右），输送不受距离限制，可任意转弯、布置灵活。

缺点：需考虑空滑橇的回转方式及布置，会占用较多布置空间，动力辊床成本较高，输送精度较差，需配合定位夹具使用。

适用范围：适用于节拍较高、工位数较多的生产线，目前汽车行业使用最为广泛。

（3）随行夹具输送

优点：输送效率最高，定位精度高，输送机构与定位夹具功能合一，不需要额外增加定位夹具，减少了升降时间，输送时间可达8s。

缺点：单个输送随行夹具成本高，同时仍需动力辊床，定位精度要求高，需考虑空滑橇的回转方式及布置，占用较多布置空间。

适用范围：适用于50JPH以上超高节拍的焊装线布置。

随行输送的夹具，如图8-2所示。

图8-2　随行输送的夹具

3. 工序拆分及工位数量确定

设计部门输入整体产品机构及图纸、工艺路线，界定焊装工艺内容，再拆分工艺到单个工位，需遵循以下原则。

1）点焊一般按平均每个焊点3.5s作业时间进行综合测算。

2）弧焊由于存在烟尘排放问题，工作效率较低，需尽量集中布置，避免分散。

3）装件、取件、夹具夹紧与打开可根据过往经验设定作业时间。

4）单工位有效工作时间+输送时间不得大于工位作业时间。

5）需考虑输送布置中的工位损失。

4. 侧围总成配送方式选择

侧围总成大部分属于A级外观面，对表面质量要求高，故其输送方式需综合考虑输送效率、是否需要库存、侧围线的布置区域等因素确定，可分为单侧围输送和双侧围配套输送两种。

（1）**单侧围输送**　单侧围输送适用于节拍相对较低的焊装线，且侧围线需布置在主线两侧，总拼工位必须配合翻转夹具使用。单侧围输送具有成本低，抓具与输送一体，无需单独设置吊具及抓手的优点。同时具有以下缺点：

1）只有一个总成输送工作完成后才能返回输送下一个总成，节拍较低。

2）无缓冲库存，当侧围线出现异常时会直接影响整条生产线停线，无缓冲余地。

3）侧围输送后需配合翻转夹具使用。

（2）**双侧围配套输送**　双侧围配套输送适用于高节拍生产线，针对车间面积大，侧围线距离主线较远的情况。双侧围配套输送具有输送效率高，可灵活制定缓冲库存，且不受输送距离限制，总拼工位夹具方式可灵活选用的优点。其缺点为需配合自动抓手或抓件机器人使用，成本高。

双侧围配套输送，如图8-3所示。

5. 总拼工位结构方式选择

总拼工位结构方式需结合侧围输送方式考虑，主要受场地、生产车型种类等因素限制，常用的有翻转滑台和可切换柔性滑台、背扣式3种。

（1）**翻转滑台**　通过翻转夹具将侧围从水平翻转90°，利用滑台拼装侧围，该方式可与单侧围输送方式配合使用，不用预装侧围，直接拼焊，但效率偏低，不适合高节拍生产线。

图8-3　双侧围配套输送

（2）**可切换柔性滑台**　可切换柔性滑台主要由滑台基座、可切换夹具两部分组成，夹具可以整体切换，通过切换能够生产不同平台的车型，生产效率较高，但由于两侧滑台庞大，无法预装侧围，需额外增加预装工位。

（3）**背扣式**　背扣式在顶部设置转动铰链机构连接两侧夹具，往下旋转后扣在侧围上定位焊接，其主要的优势是生产效率高，但柔性差，只能生产单一车型，且必须增加预装工位，在单一车型产量高的情况下较多采用。

总拼工位的形式多样，不限于以上3种形式，可根据实际情况因地制宜，选择总拼方案，只要保证车身精度与效率兼顾，适合当前形式需求即可。但不管采用哪一种方案，都必须制定合适的长、宽、高三维尺寸要求，为同步工程及平面布置提供数据输入。

6. 物流仓储规划

物流仓储规划应结合工艺布置、生产节拍综合考虑，大致应遵循以下原则。

1）仓储区域大小应满足基本库存要求。基本库存一般不少于2h消耗量，应根据零件总数、零件工位器具尺寸、装框数量计算仓储区域面积，确保面积不小于2h库存需求面积。

2）仓储区域应靠近车间物流门及厂区物流通道。

3）综合考虑物流效率与场地节约性，焊装线之间的物流通道宽度一般为4m左右。

4）所有需要装件的工位均需预留物流通道，保证配送空间。

5）物流方向不能与车身整体流向相反。

7. 平面布置及仿真验证

平面布置应结合厂房结构以及前面确定的工位数量、侧围输送方式、总拼工位三维尺寸数据等进行布置及仿真模拟，以验证厂房结构及工艺规划的可行性。具体实施过程中应注意以下事项。

1）所有需要装配零件的工位两侧均需布置物流通道及配送空间。

2）根据侧围配送方式，单侧围配送需保证侧围线布置在主线两侧，否则无法实现侧围配送。

3）应避开厂房钢结构，避免钢结构立柱在工位中间或者物流通道中间。

4）所有夹具、设备、工位器具、厂房结构等均按1:1实际尺寸布置。

5）受厂房结构限制，需要转弯时，需充分考虑因此损失的作业工位，因为旋转辊床工位是无法作业的。

6）线体宽度应结合作业空间、工位器具摆放空间、夹具及设备尺寸综合考虑。

7）前舱、底板、门总成等分件焊接的区域，应尽量靠近其总成上线的位置；

8）所有工位布置完成后，应充分检查是否存在干涉区域，如存在及时调整布置。

二、焊装信息管理

1. MES

MES（Manufacture Execute System）是美国管理界于20世纪90年代提出的概念，即制造企业生产过程执行管理系统，是应用于制造公司内部的生产信息化管理系统。该系统涉及制造数据分析、计划安排、生产调度、库存数据、质量监控、人资管理、设备管理、采购等管理模块。随着"中国制造2025"的提出，更多的企业将制造业信息化技术应用到生产中，而MES理论及系统的研究已经成为社会各界共同关注的热点，在汽车企业应用MES并结合车间生产现场管理流程，将先进的管理方法以信息技术的方式应用到实际的生产过程中，对不断提高我国汽车生产效率和质量有着极大的意义。

对于一个汽车制造企业来讲，汽车生产装配技术的重要性不言而喻。各大厂商不断加大对汽车现场生产装配控制技术的投入与研发，不断提高汽车的整体质量。为了更好地提升生产效率和提高产品质量，有必要在各车间建立相关的制造执行系统。

（1）系统简介　MES能通过信息传递对从订单下达到产品完成的整个生产过程进行优化管理。当工厂发生实时事件时，MES能对此及时做出反应、报告，并用当前的准确数据对它们进行指导和处理。这种对状态变化的迅速响应使MES能够减少企业内部没有附加值的活动，有效地指导工厂的生产运作过程，从而使其既能提高工厂及时交货能力、改善物料的流通性能，又能提高生产回报率。MES还通过双向的直接通信在企业内部和整个产品供应链中提供有关产品行为的关键任务信息。

MES是对整个车间制造过程的优化，并不是单一地解决某个生产瓶颈问题。同时，还要求MES必须提供实时收集生产过程中数据的功能，并做出相应的分析和处理；MES需要与计划层和控制层进行信息交互，通过企业的连续信息流来实现企业信息全集成。焊装车间MES处于计划层和控制层之间的执行层，主要负责生产管理和调度执行，它为工厂搭建了一个平台，让工厂在这个平台中对人、机、料等因素进行监管，使管理者能够即时掌握生产状况。

MES主要负责从企业ERP中接收日执行计划、车型BOM等信息，形成生产顺序，并向生产线、设备以及工位下达上线、上件、装配和调整等指令。MES由服务器、网络、软件与终端设备组成。MES车间管理软件主要功能，如图8-4所示。

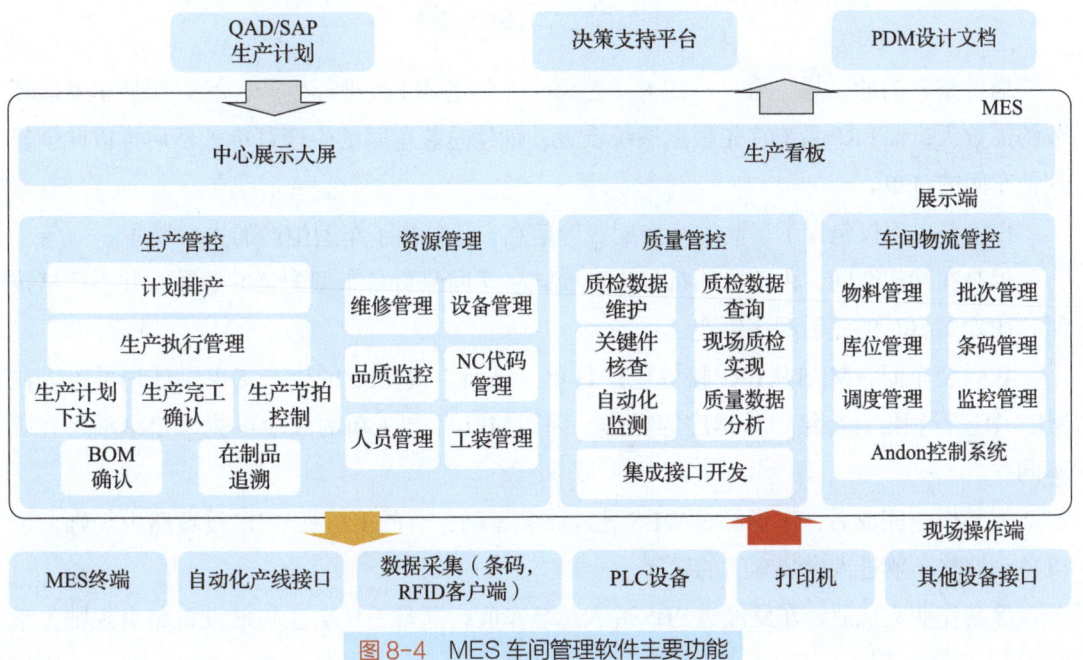

图8-4　MES车间管理软件主要功能

（2）焊装车间的应用　汽车制造是离散型生产模式，一般按照订单生产。

汽车行业有个术语叫作OTD（Order to Delivery），指的是制造商从接收订单到交付车辆的整个过程。一般而言，4S店按照顾客的购车要求、调研结果、市场预测，在制造商的销售系统创建订单。制造商的销售系统结合市场策略，形成销售订单。销售订单进入工厂的ERP系统，ERP根据工厂日历、设备状态、物料库存、采购计划等信息，进行MRP/APS运算，生成每日的生产订单。

以生产订单为依据，在SRM系统中生成零件发运单，通知供应商生产。车辆生产完成后，车辆通过物流发运环节，配送到各4S店。图8-5是OTD流程示意图。

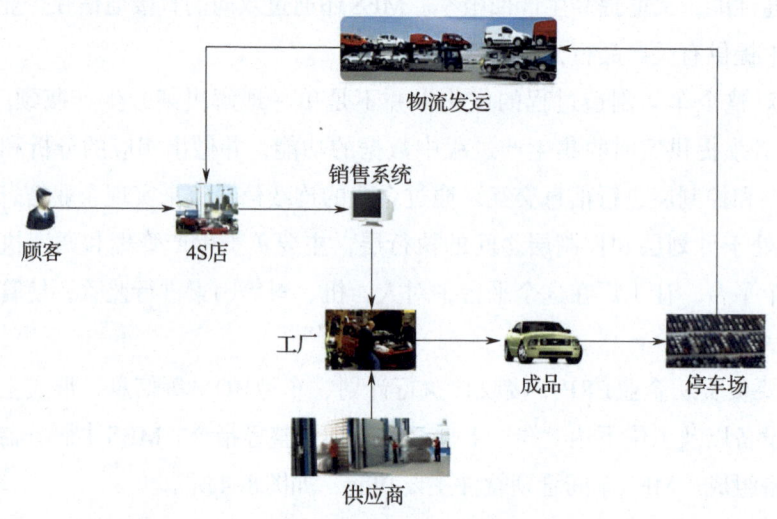

图8-5　OTD流程示意图

通常整车的冲、焊、涂、总四大工艺每个车间各需1天进行生产，然后在整车发运环节约需数天，而ERP系统首先根据系统设置，创建总装车间的生产订单，然后再以此创建其他车间的订单。

ERP订单不仅包含了车辆的车型配置等信息，还包括了车型生产的先后顺序。

但是在冲压车间，由于采用批量生产模式，车间只看各车型配置的总数，并不严格按照ERP中每台车的先后顺序生产。

在焊装车间，MES从ERP接收生产订单，进而生成MES的生产工单。计划员可以在MES中进行锁定、冻结、重排序等操作，因而MES生产工单的顺序可能与ERP顺序有所不同。

焊装作业完成后，车辆经过WBS进入涂装车间，有的工厂在WBS设置路由规则，可以自动调整车辆进入涂装车间的顺序。

涂装作业完成后，车辆经过PBS进入总装车间，通常工厂会在PBS设置路由规则，车辆根据车型、VIN等信息的检查，经过路由调度进入总装车间。

因此，严格地说起来，只有焊装的计划与ERP计划是高度一致的，而涂装、总装的生产顺序需根据现场的实际情况调整。

在焊装车间，MES要实现以下计划管理功能。

1）从ERP自动接收生产订单。

2）对生产订单执行锁定、冻结、重排序等操作。

3）订单的有效性校验(如工艺是否完备)。

4）将订单下发给主线的分装线的设备PLC。

5）将订单广播给后续工位。

如图8-6所示，MES将计划下发给三大件、左右侧围上线工位PLC。在三大件合拼工位，PLC检查三大件的车型是否匹配，如匹配则生成VIN并进行生产。当车辆进入主线，PLC检查车辆与左右侧围的车型是否匹配，如不匹配则从缓冲区调取零件。

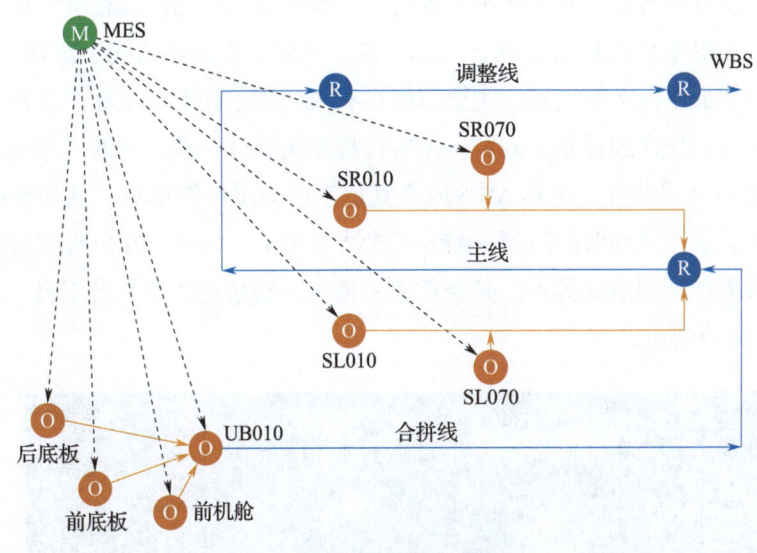

图8-6　焊装计划下发

在各订单下发工位，设备PLC从MES下载订单信息，包括订单号、VIN、车型、配置等，并且在合拼工位将重要信息写入RFID。

为了减少对MES实时响应的依赖，通常PLC会缓存3~10台车的订单信息。

2. APS系统

狭义的APS是指专门用于生产排程和生产调度的系统，即高级生产计划排程（Advanced Planning and Scheduling），广义的APS包含了企业资源计划（ERP）系统的相应功能模块以及通过固定格式设置好的电子表格。由于ERP中的APS模块和排产用的电子表格功能有限，很难实现大规模复杂的运算，所以一般情况下，大家所谈的APS系统是指狭义的APS系统。

高级生产计划排程（APS）系统是基于奇瑞多年制造经验打造赋能整车制造企业的专业平台。平台可贯通销售、物流、制造、供应等环节，解决短期产能测算、生产计划、能力计划、物料计划编制及计划管理问题，为企业指标的体系建立及监控分析提供数据支撑。目前该平台已成功覆盖奇瑞青岛超级工厂、芜湖超级工厂等多个基地。

（1）APS自动排程介绍　　APS主要用于均衡供应链与生产过程中的各种资源，在不同的供应链与生产瓶颈阶段给出最优的生产计划与排程，实现快速计划排程，并对需求变化做出快速反应。

目前，市场逐步走向个性化、以销定产模式，生产逐步以多品种小批量形式存在。对于离散制造行业，APS是为解决多工序、多资源的优化调度问题，而对于流程行业，APS则是为解决顺序优化问题。APS通过为流程和离散的混合模型同时解决顺序和调度的优化问题，从而对项目管理与项目制造解决关键链和成本时间最小化，具有重要意义。

总结起来，APS系统就是通过综合考虑产能、工装、设备、人力、班次、工作日历、模具、委外资源、加工批次等约束，主要解决在有限产能条件下，交期产能精确预测、工序生产与物料供应最优详细计划的问题。APS排程系统制订合理优化的详细生产计划，并且还可以将实绩与计划结合，接收MES或者其他工序完工反馈信息，从而彻底解决工序生产计划与物料需求计划难做的问题，APS系统结合ERP、MES、PLM等系统提供的数据支持，高效实现生产计划滚动排程，是企业实施精益制造系统的最有效工具。APS系统生产可视化，如图8-7所示。

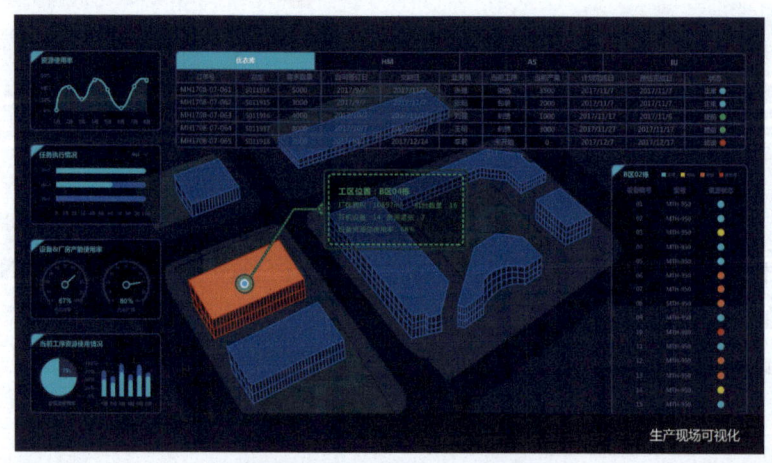

图8-7　APS系统生产可视化

（2）生产痛点及APS解决方案　　企业生产的核心痛点，主要有：

1）生产组织困难：需求波动大，定制化需求越来越高，产品多样，生产组织困难。

2）生产成本高：工艺路径复杂，柔性化设备多，生产成本不断升高。

3）业务数据不透明：供应链核心业务数据不透明，业务流程靠人工衔接，数据孤岛显著。

针对以上痛点，APS系统解决方案（图8-8）如下：

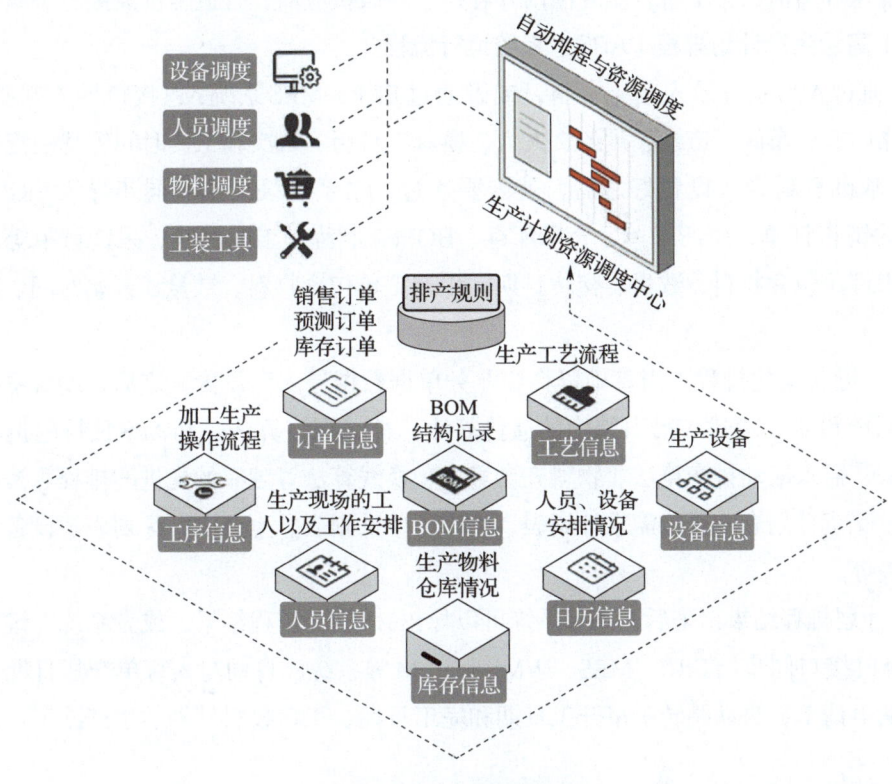

图8-8　APS系统解决方案

1）建立跨部门、端到端的产销协同机制：建立完善的产销协同机制，将年度经营目标与日常运营管理紧密联系，协调各职能模块共同运作，平衡需求与供应，输出端到端拉通的集成计划。

2）建立支持跨品牌、多产品、跨区域的供应链网络模型：建立标准的供应链网络模型，设置跨部门的联动绩效指标体系，建立集生产、采购、运输于一体的供应模式，满足工厂间互供的需求。

3）建立订单交付全程可视：实现订单的快速交期承诺，提高客户满意度，并实现订单全流程节点可视化追踪，能够提前进行订单交付风险识别与响应，确保订单准时交付。

4）建立端到端的供应链快速响应能力：建立多目标整体优化的一体化计划平台，提升端到端的供应链响应能力以快速应对客户需求的变化。

5）建设"数字企业"：以计划为核心，融合数字化供应链和数据中台，本着产销一体、管控衔接、三流同步的思想，实现产品链、供应链、价值链的贯通与连接。以供应链控制塔为主线，识别并推进相关领域的能力提升，最终构建企业数字供应链孪生体系，并为未来的企业级数字孪生生态做准备。

6）建设"生态企业"：贯通客户以及国内外供应商、服务商的一体化生产、运输、仓储、配送和增值服务平台，服务国内外客户、一级供应商，打造全价值生态供应链。

（3）高级生产计划排程（APS）系统运行流程

1）通过APS系统录入基础资料，或者通过ERP、MES系统API接口导入基础资料，比如工作中心、车间、产线、设备、人力、模具、日历、班次和工作时间等基础资料。

2）基础资料导入设置好之后，就需要通过APS系统录入或者同步导入ERP、MES系统中的销售订单、生产工单、仓库库存、BOM、制程、工艺路线、采购订单等关联数据，销售订单包含物料、数量、交货日期，生产工单包含物料、数量、开始时间、结束时间等。

3）一键自动化排程：当基础资料和业务单据数据导入和设置好之后，APS系统就可以根据系统设定，通过APS引擎中的遗传算法、神经网络算法，和APS独特的拆单换线均衡算法、需求滚动排产算法、物料齐套算法、换线算法等独有的先进的排程算法，自动排出订单交货计划表、采购需求计划表、生产工单计划表、生产工序计划表、设备资源使用计划表等。

4）计划排程结果出来后，APS系统可以导出EXCEL排程结果，或者系统一键确认自动通过API接口同步给ERP、MES、WMS和PLM等系统，自动写入订单交货日期，自动创建采购申请单，自动跳转工单开工日期和完工日期、工单投料计划、生产派工、入库计划等。

5）APS系统同时提供多种甘特图，可以直观地得到排程结果，如设备资源甘特图、订单甘特图、工单甘特图、产能负荷甘特图、库存甘特图等，通过甘特图，计划数据可以一目了然。

（4）APS系统收益　　奇瑞青岛超级工厂等部署实施了APS项目，基于优化联动的计划管理体系，构建奇瑞集团端到端的统一、协作、透明、敏捷的计划一体化平台。

1）价值提升。

①优化供应链效率和产出，提升奇瑞产量与销量，确保行业领先。

②提高资产产能利用率，降低生产成本。

③改善客户服务水平，提高企业信誉，提高盈利水平。

④提前进行风险预警，降低订单延误风险，提高准时交付率。

⑤减少生产过程中的不确定性，缩短交付周期。

⑥基于多目标整体优化，快速响应需求变化。

⑦减少停机待料风险,提高设备利用率。

2)管理提升。

①实现多部门协同,打通信息壁垒,有效提升企业运营能力。

②建立规范化的计划流程机制,实现计划流程相互匹配和协同。

③部门间数据共享与指标联动,增强部门间协同。

④提前预警,降低不确定性对计划的冲突。

⑤实现订单全流程跟踪和预警,提高快速响应能力。

⑥实现以奇瑞为主导的全价值生态供应链。

三、焊装输送形式

1. 焊装生产线输送方式简介

汽车车身生产过程是一个大批量焊接生产的过程,其中机械化输送设备是极为关键的组成。机械化输送设备主要用于焊装车间与生产线间生产过程的成品、半成品等的搬运、升降操作。衡量生产线工艺质量与水平的重要标志就是输送方式的有效性,同时也是汽车焊接组装流水线的关键布置。

(1)机械化输送设备的分类

1)按输送设备的运行方式可分为间歇式输送和连续式输送。

2)按输送设备的使用场合可分为焊装线序间输送设备、焊装线间输送设备、成品输送设备。

3)按输送设备的输送路线可分为水平输送设备、垂直输送设备、水平加垂直输送设备。

4)按输送设备的传动结构形式可分为有挠性牵引构件输送设备和无挠性牵引构件输送设备。

(2)机械化输送设备的特点及应用范围 机械化输送设备的特点及应用范围见表8-1。

表8-1 机械化输送设备的特点及应用范围

设备名称	特点	应用范围	备注
电动葫芦	间歇式起重运输设备 具有起重和输送功能	用于批量较小的焊接工序间输送 用于批量较小的焊接线间输送 作为组成搬运机的起升机构,用于检查、返修、总成下线	
搬运机	非标间歇式起重运输设备 一般具有起重和输送功能	用于焊接线间输送 用于大型总成的焊接序间输送	

（续）

设备名称	特点	应用范围	备注
平板式输送机	水平输送	车身总成调整线输送	
地面链输送机	水平输送	车身总成焊装线序间输送 车身总成调整线序间输送	有水平循环和垂直循环两种
自行小车	具有起重、储存和输送功能	焊装车间线间输送 焊装车间成品的储存、输送、编组	
悬挂链式输送机	具有水平和垂直输送功能 积放式悬挂输送机同时具有起重、储存和输送功能	焊装车间线间输送 焊装车间成品的储存、输送、编组	
往复杆式输送机	间歇输送，具有水平、垂直加水平输送功能	总成序间输送 车身总成焊装工序间输送	
滑橇输送机	具有起重、储存和输送功能	总成序间输送；车身总成焊装工序间输送；车身总成调整线序间输送；焊装线线间输送、储存；焊装车间成品的储存、输送、编组	
直线运动"机器人"输送机	具有起重和输送功能	焊装线序间输送	

2. 电动葫芦

电动葫芦是广泛用于焊装生产线输送的一种标准设备，既可以与简易吊具组合成为简易搬运装置，也可以作为自动搬运机的起升机构，如图8-9所示。

分类如下：

1）按起升机构的构造可分为钢丝绳葫芦、环链葫芦。

2）按吊钩数量可分为单钩葫芦、双钩葫芦。

3）按使用场合可分为普通葫芦、隔爆葫芦。

4）按起升速度可分为单速葫芦、双速葫芦。

图8-9 电动葫芦吊运

主要应用于以下几方面：

1）用于批量较小的焊接工序间输送。

2）用于批量较小的焊接线间输送。

3）作为组成搬运机的起升机构，用于检查、返修、总成下线。

电动葫芦输送循环时间一般为 0.2~1.0m/s；优点为占用空间小，可拓展性强，投资成本小；缺点为节拍低，对大件适应性差。

小型焊接总成的输送方式绝大多数是人推或者叉车运输料架，即使生产节拍很快，到达 1min 左右也采用该输送方式。虽然每一个工厂都努力做到物流短捷，但是每一个焊接总成的生产区不可能都布置在它的上件工位附近，甚至有的还比较远，保持少量几个焊接总成的料架，以便进行生产线间的倒运是必需的。

中、大型焊接总成的线间输送不便采用人推料架，工件大而且沉重，料架装件数量有限，叉车运送距离比较短，宜采用电动或者气动葫芦吊运上线。按照吊运工件的大小，选用单钩葫芦或者双钩葫芦。双钩葫芦制造的吊具相对运行平稳，适用于大型焊接总成。焊装车间使用的电动葫芦绝大部分是双速葫芦，能够避免带件吊具快速下降对夹具的冲击，减少对装备的损害。

电动葫芦的运行轨道尽可能设计成直线式，避免采用弯道。如果必须采用弯道，那么尽量不使用滑触线。受各种条件的限制，必须使用滑触线时，应该选用国内质量最好的品牌，严格控制施工质量，因为电动葫芦在弯道处出现故障的现象比较多。

3. 自行小车输送机

各大汽车整车厂焊装车间内机器人广泛应用于焊接、搬运等工位，对于不同线体之间的搬运单纯依靠机器人很难实现转接功能，在整个生产线体规划时往往需要增加输送设施与其进行配合完成最终的转接。近年来自行小车输送系统广泛应用于焊装车间分总成、总成等工件及物料的输送转接线，在整个生产线体中自行小车输送系统主要功能是完成载荷的搬运转接。焊装车间的空中悬挂自行小车，如图8-10所示。

自行小车输送系统在整个输送过程中对设备的定位精度要求不高，但是在自行小车带载荷与线体交接时需要较高的定位精度，尤其是一些需要机器人直接在自行小车吊具上抓放载荷的方案时，需要自行小车能够达到很高的重复定位精度要求，以满足机器人的正常抓取。

一般情况下，自行小车输送机主要由升降机、道岔、集电器、滑触线、铝合金轨道、均衡梁、载物车、电控系统、牵引小车以及环链

图8-10 焊装车间的空中悬挂自行小车

电动葫芦等构成。自行小车输送机不但能够用于焊装线线间储存输送、焊装线序间输送，还能够用于焊装车间白车身存储输送。产品的结构是积木式，适用于大部分情况，且具有较高的自动化程度，不过其不足之处在于无法进行准确的定位。自行小车输送机通常用于

将无门盖车身由主焊线输送至调整线。如若生产节拍约1min，或是要求编组数个品种的情况下，较为适宜替代搬运机，作为车身下部、侧围、前/后底板和发动机舱的线间搬运设备。由于环形轨道是使用自行小车输送机的必要前提，所以会占用较大的空间面积，且活动范围较广，在上件较多的车身下部生产区会造成生产线复杂，所以如果可以使用搬运机的情况下通常都不会选择自行小车输送机。

4. 滑橇输送机

滑橇输送机是焊装车间应用范围最广泛的输送设备之一，可用于大总成线序间输送、车身总成线序间输送、调整线序间输送、焊装车间成品储存输送。滑橇输送机自动化程度高，适用于各种批量的生产线输送，可以在一条生产线上实现间歇、连续输送，易实现生产线联线输送；可以将分总成线、车身总成焊装线、车身总成调整线、储存输送线联系成一个整体，易实现一个车间多品种生产线联线；可以将各种产品分总成线、总成线独立布置，共同建立补焊线、调整线，易于实现生产线分期投入；但是操作接近性较差，生产线高度较高，投资较大。

汽车白车身焊接分总成输送至下一序进行焊接，一般焊装手工线的输送形式是吊具输送、往复杆输送等。自动线的输送形式有滑橇输送、往复杆输送、机器人抓取、EMS输送、升降机输送、移载机输送等。调整线及WBS库的输送形式有板链输送、摩擦链输送、滑橇输送等。滑橇输送自动化程度高，适用于各种批量的生产线输送；可以在一条生产线上实现间歇、连续输送，易实现生产线联线输送，因其具有输送速度快、定位精度高等特点而得到了广泛的应用。但由于滑橇输送与夹具关系密切，需进行非标设计。

滑橇式输送系统由滑橇、辊床、控制系统组成。以白车身总成线为例，一般滑橇长度为3000~5000mm，滑橇线工位间距为5500~6500mm。滑橇由滑橇框架本体及定位机构组成，滑橇框架本体主要与辊床上的辊轮接触。控制系统主要为PLC系统，PLC系统将指令传递给变频器，通过变频器调速，控制电动机的转速。电动机转动带动辊床上的辊轮转动，辊床左右各一排辊轮，左右对称的两个辊轮组成一组，由4~5组辊轮支撑一个滑橇，辊轮转动带动滑橇向前运行。通过PLC控制系统控制，滑橇可以随时停止运行，同时可以实现连续和间歇式运行。

白车身滑橇输送线，如图8-11所示。下面以白车身总成线为例，进行工位间一个循环的输送说明（图8-12）。

1) 滑橇往复运动过程：当工位X完成该工位的焊接后，辊床升起，滑橇随辊床一并升起，升起到位后，滑橇从辊床上脱开，依靠驱动辊轮摩擦滑橇向前移动至X+1工位。滑橇在辊床上抱死后，随辊床一起下落至辊床最低位。滑橇从辊床上松开，从工位X+1返回至工位X，辊床将滑橇抱死，如此实现一个循环。

图 8-11 白车身滑橇输送线

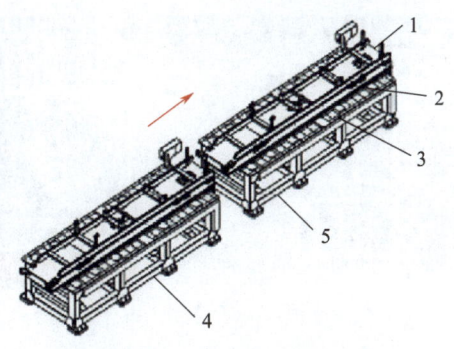

图 8-12 主焊线的滑橇输送示意图
1—升降辊床 2—滑橇 3—工位夹具（base）
4—X 工位 5—X+1 工位

2）大循环辊床运动过程：当工位 X 完成该工位的焊接后，辊床升起，滑橇随辊床一并升起，升起到位后，滑橇从辊床上脱开，依靠驱动辊轮摩擦滑橇向前移动至 X+1 工位。滑橇在辊床上抱死后，随辊床一起下落至辊床最低位。如此实现一个工位间输送，依次类推，最后通过升降机或者转台将滑橇输送回来，实现大循环功能。

四、柔性物流

1. 智慧物流

焊装是汽车质量分界点，工艺相对复杂，环境较为恶劣，部分操作要求带有计算机视觉的设备进行自动化激光点焊，自动化率可达 80%~90%。因此，焊装车间的数字化建设是车企制造端数字化建设的重中之重，焊装的数字化建设的核心技术主要集中在工业大数据、工业管理软件、工业机器人、数字孪生等方面。

（1）从制造走向智造 数字化工厂的本质是实现信息的集成，数字化物流是数字化工厂的一部分。智慧物流将成为未来制造业的新常态，存在于包括运输、仓储、包装、配送、装卸等供应链全过程。

以焊装车间为例，新建的智慧工厂启动焊装无人化配送项目，共计投入 200 余台潜伏式 AMR，实现了焊装工序间物流、冲压自制件物流、焊装外协件物流的线边点对点转运。AMR 自动化搬运，如图 8-13 所示。

智能仓储管理系统（iWMS）和机器人控制系统（RCS）无缝对接物流执行系统（LES），实现仓储信息和产线配送信息数字化管理，提高信息准确性和配送及时性。主要通过工位 Andon 呼叫系统、智能仓储管理系统（iWMS）以及机器人控制系统（RCS）之间的相互联动，实现了线边物料无人化配送的场景搭建。智能仓储管理系统，如图 8-14 所示。

图 8-13 AMR 自动化搬运

图 8-14 智能仓储管理系统

RCS智能识别料架尺寸并柔性规划路径，规避拥堵的同时提高配送效率，满足节拍要求。AMR柔性规划路径，如图8-15所示。

图 8-15 AMR 柔性规划路径

（2）**智慧物流成效** 智慧物流上线后，带来以下成效。

1）传统牵引车+人工配送的作业模式，升级为AMR+料架的智慧物流模式，人力成本降低28%，显著提升了线边配送效率与质量。

2）智慧物流模式上线后，AMR替代传统牵引车，实现焊装工厂无牵引车，同时降低了安全事故风险。

3）RCS与PLC对接，打通业务信息流，实现焊装机器手工位的精准投料并通过AMR转运料架，关灯也能精准操控，大大降低了能耗，让"黑灯工厂"成为现实。

（3）**焊装物流仿真应用** 仿真分析是数字化的关键技术之一，也是验证产品设计方案或预测产品性能、产品可制造性、可装配性、可使用性以及减少产品开发中错误的重要手段和工具。随着开发过程集成度要求的不断增加，以及多媒体技术和仿真技术的发展，已提供了多种仿真工具和虚拟现场工具，不仅可对产品性能、可制造性、可维护性、可使用性、成本和外观等进行预测和评估，而且利用虚拟现实的交互性、沉浸性和想象性可实现产品开发环境的高度真实感，使人可直接对虚拟原型进行实时交互操作，产生身临其境的感觉。

1）物流仿真价值。从客户公司层面来说：

①通过对整个工厂进行仿真，可以及早发现规划中的缺陷和错误，使工厂规划质量得到保证。

②通过仿真分析和优化，提高了规划的效率和效果，为公司节约投入的资金。

③预知未来工厂的运行状况和极限能力，确保投资安全有效。

④加快项目规划进度和减少规划员讨论时间，一方面有效减少人员时间浪费，另外一方面可以有效缩短新工厂从规划到投产的时间。

从规划员层面来说：

①通过三维建模和仿真分析支持，使规划员之间以及上下级之间沟通更加直观和简单。

②减少规划中的盲目性，帮助规划员提高其规划能力。

③用软件分析代替手工复杂计算，提高了规划的效率和效果，同时有利于激发员工思考，能够帮助规划员找到更优的规划方案。

④通过量化分析评估规划方案的优劣，更有说服力，有效减少规划端与工厂端之间的矛盾。

2）物流仿真软件：Plant Simulation 是一款完全采用面向对象方法的仿真软件，它构建了一个完整的工厂，从生产线、加工单元到工序操作的所有层次进行设计、物流仿真和优化的集成计算机环境。面向白车身的解决方案主要解决白车身焊装生产线的工艺规划、焊装生产线的布局等问题，同时应用物流仿真模块对整个生产线进行物流分析和优化。

数字化工厂计算机仿真技术作为一种系统建模和实验分析方法，能够把离散制造系统中的生产资源、产品工艺数据、库存等信息动态地结合起来，以系统活动过程的"复现"代替以往数学等方法单纯的抽象描述，表达形式易于理解，能全面反映生产系统动态活动过程和特征，因此为离散制造系统的设计和运行管理提供了理想手段，并已成为贯穿系统的整个生命周期，为各项单元技术提供集成环境，进而形成数字化制造的重要手段。与此同时，对离散制造系统进行计算机仿真研究，能达到提高生产效率、降低库存量、降低成本、缩短生产周期、快速响应市场等目标。

3）某焊装车间物流仿真案例：通过物流仿真，可以对车间生产排产方案进行对比分析，实现生产过程控制策略，评估生产过程的效率，也可以对车间内部物流运输线路以及配载策略进行验证。

使用物流仿真技术可以对物流配送系统中的某些环节、功能区域等进行模块化建模，使这些模块可以在多种物流配送方案中重复、高效地使用，降低物流规划的时间成本，提高工作效率。除此之外，定制化的人机交互界面也为非专业人士提供了便捷的使用窗口。

在该焊装车间物流仿真项目中,我们通过仿真分析发现现有物流规划方案的风险点和问题,评估叉车数量、电动车数量、器具数量、存储区库存量和通道物流量等物流规划关键指标,对多种方案进行仿真分析后,提供分析报告和改善建议。某焊装车间物流仿真项目部分仿真模型、模型参数界面,分别如图8-16、图8-17所示。某焊装车间物流仿真项目部分仿真结果,如图8-18所示。

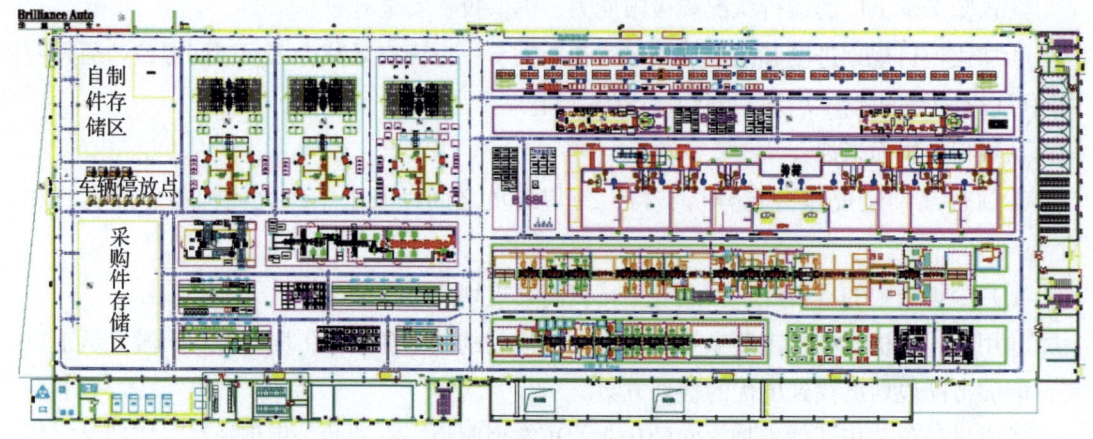

图 8-16　某焊装车间物流仿真项目部分仿真模型

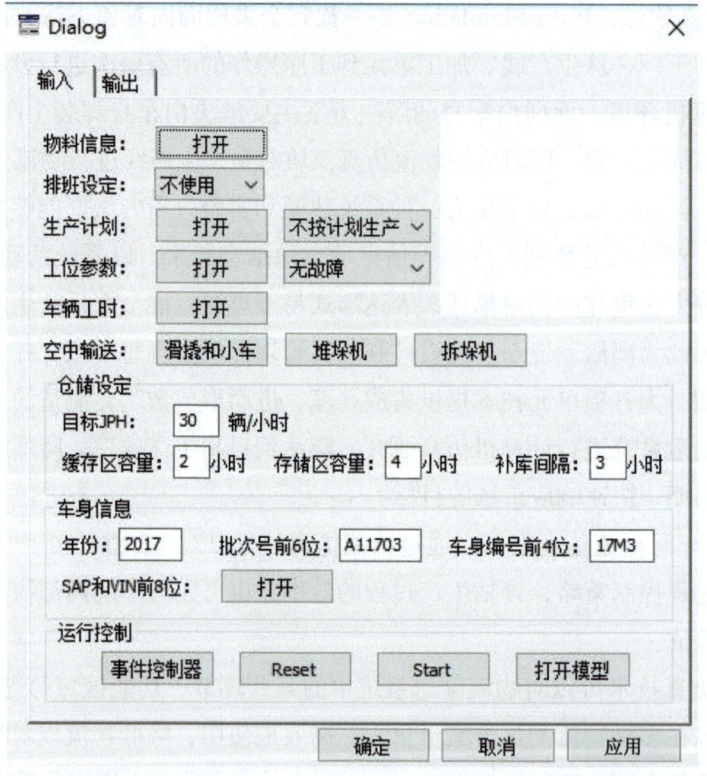

图 8-17　某焊装车间物流仿真项目部分仿真模型参数界面

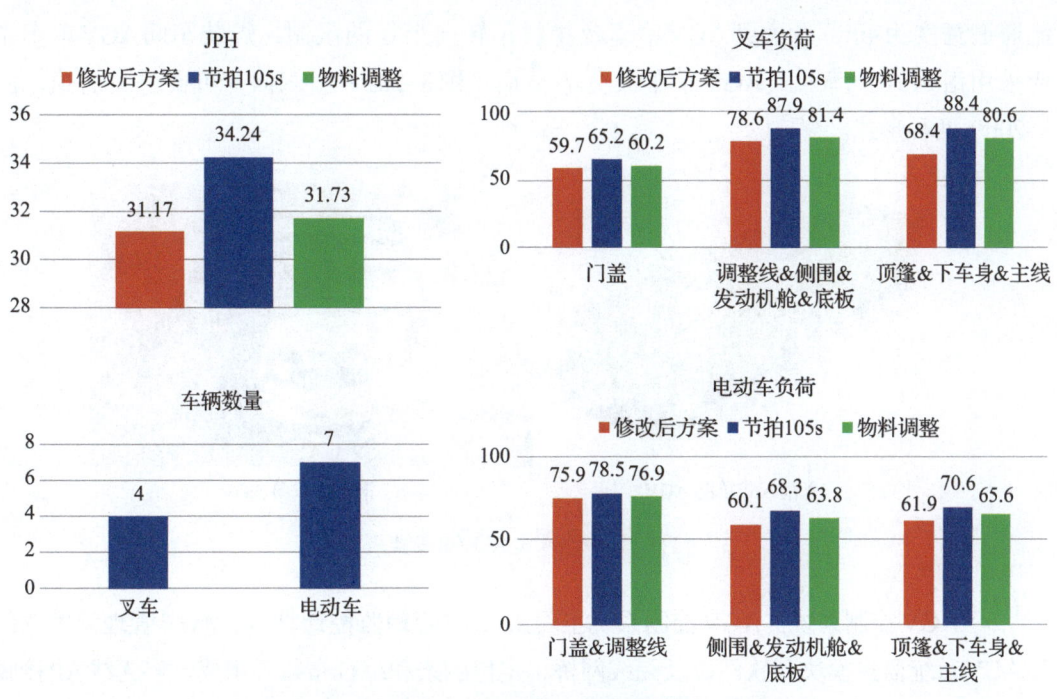

图 8-18 某焊装车间物流仿真项目部分仿真结果

2. AGV 物流

与传统的物流方式相比，AGV（Automated Guided Vehicle，自动导航运输车）输送具有施工简单、路径灵活、移动性和柔性较好等优点。AGV 目前在汽车总装车间的应用已十分广泛，开始逐渐向焊装车间拓展。在焊装车间使用 AGV 进行物流运输，不仅可以提高车身钣金件搬运的自动化水平，还能满足大批量生产的要求。

（1）AGV 输送系统构成

1）AGV 输送系统组成部分：AGV 输送系统由 AGV 单车、AGV 控制系统和 AGV 充电系统组成。

2）AGV 单车的类别：AGV 单车目前主要有潜入式和拖车式（图 8-19）。焊装车间物

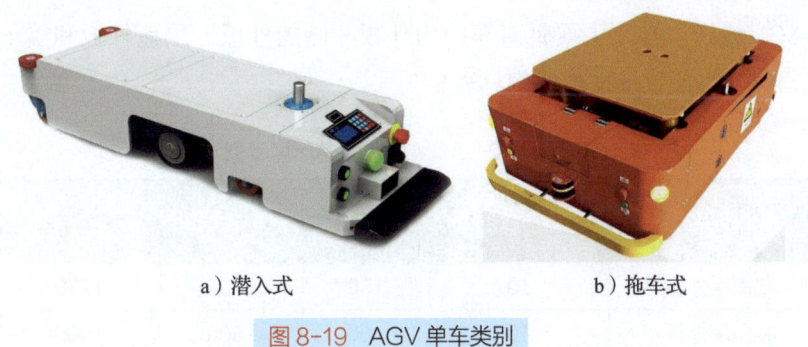

a）潜入式　　　　b）拖车式

图 8-19 AGV 单车类别

流通道宽度为4m，考虑到AGV单车及物料车转向半径的限制，焊装车间AGV单车主要采用潜入式。潜入式AGV单车又分为单向（图8-20a）和双向（可前进、后退，图8-20b）两种形式。

a）潜入式单向AGV

b）潜入式双向AGV

图8-20　潜入式AGV单车类别

3）AGV控制系统：AGV控制系统主要由AGV管理监控计算机、AGV管理调度软件和AGV系统监控模块等软件以及无线网桥、定位磁条和综合布线等组成。当无线AP接收到调度控制系统的信号时，会将转弯、停止、运行和等待等指令进行转化并通过无线局域网传递给AGV小车，AGV小车通过上述指令并根据现场磁条路线执行具体的操作指令，最终完成物料的输送及空料框的运回。

4）AGV充电系统：AGV在线自动充电采用快充模式，快速充电模式只对快充蓄电池组进行快速充电操作。采用恒流定压充电方式，也就是设备先以恒定的电流对电池组进行充电，电流的大小由用户设定，电池组随着恒流充电电压不断上升，当电池组电压达到用户设定的电压值时，设备自动对电池组进行恒压补充充电而电流值不断减小，直至快充电流值小于设定值的40%或达到最大设定充电时间时结束。从开始的恒流充电到后来的恒压充电，整个充电过程全部由智能充电机的控制中心自动完成。

（2）AGV焊装车间工艺方案规划

1）AGV输送区域的选取：因为焊装车间由多条分总成线体及分装工位组成，且分装工位一般是按制件结构进行排布，每个工位节拍与整车规划节拍都不尽相同，所以不建议全部采用AGV输送。本文主要针对车门内外板、侧围外板、顶篷外板和翼子板物流输送进行介绍。AGV小车数量计算示例见表8-2。

表8-2　AGV小车数量计算示例

序号	装入件名称	物料车收容量	单件生产节拍/s	整车耗时/s	单批次输送耗时/s	AGV需求量/台
1	左侧围外板	10	180	1800	1720	0.96
2	右侧围外板	10	180	1800	1560	0.87

（续）

序号	装入件名称	物料车收容量	单件生产节拍 /s	整车耗时 /s	单批次输送耗时 /s	AGV 需求量 / 台
3	左翼子板	20	120	2400	1160	0.49
4	右翼子板	20	120	2400	1360	0.57
5	顶篷	10	120	1200	1720	1.44
6	后背门外板下段	32	120	3840	1360	0.36
7	后背门外板上段	32	120	3840	1360	0.36
8	右前门内板	60	120	7200	1360	0.19
9	发动机舱盖外板	32	120	3840	1360	0.36
10	左前门外板	32	120	3840	1160	0.31
11	右前门外板	32	120	3840	1360	0.36
12	左后门外板	32	120	3840	1160	0.31
13	右后门外板	32	120	3840	1360	0.36
AGV 数量合计			小计			6.94
			考虑：交通管制及充电等待（有效工作时间 90%）			7.71
			考虑：AGV 负荷率不超过 90%			9.57

2）AGV 工作流程：在发货区，配货人员使用手持终端检索生产区物料需求、录入信息并发送输送任务；在生产区，生产人员使用安装在对应区域的呼叫按钮反馈物料使用状态，也可按时序自动产生输送指令。

对应焊接区一般设置 2 个物料车存放位，交替存放满车和空车。当一车物料即将用完时，操作工按动附近的呼叫按钮。AGV 调度管理系统接收到此信号后，将补料信息发送到自制件区配货人员的手持终端上，配货人员以此配货。

配货就绪后，配货人员通过手持终端发出发货请求。AGV 调度管理系统自动调度 AGV 从站台取走自制件物料车。AGV 小车钻入自制件物料车底部，升起顶升销挂住物料车底部，牵引自制件物料车到指定区域。

到达卸货区后，AGV 将满料框连同空料框一同向前推进，待满料框到达指定位置后，AGV 脱销，从实车料框底部钻出至空料框底部，顶起顶升销，将空料框拉回配货区。以此往复，逐一输送自制件物料。

3）AGV 输送系统的路径规划：AGV 输送系统的路径是根据生产设备布置图和工艺流程来规划的，安排最佳的 AGV 输送路线，以达到输送路径最短且简洁流畅的目的，并尽量避免多台车之间的干涉，以提高系统的运行效率，降低企业的运营成本。一般选取一条物流通道为 AGV 输送满料框通道，另一条物流通道为空料框返回通道，尽量避免 AGV 发生会车现象，节约物流通道的占地面积。

4）AGV小车需求数量计算：AGV小车的使用数量（表8-2）是由线体输送频次及单循环输送时间决定的，以某公司某车型前门外板为例：车门外板收容数为32，节拍为120s/件，即单批次使用时间为120s×32＝38400s，也就是每38400s需输送一次前门外板；再计算AGV小车输送一个循环所需时间，单批次输送耗时$T=t_1+t_2+t_3$，其中t_1为AGV小车直行路段所用时间，此时AGV小车在设定的最高速度下运行；t_2为AGV小车拐弯或遇障碍物减速状态时运行所用时间；t_3为AGV小车将制件运送到线体后等待空满料车转换所用的时间。

（3）AGV常见问题及应对措施

1）小车计算不出当前位置：首先观察小车路线上的定位磁条及RFID磁点是否有缺失或损毁，如果存在这种现象，需要补充、更换，如果不能让小车重新找到自身位置，需要将小车手动开离当前区域到AGV运行主路上，小车会重新进入系统。

2）急停状态：首先检查急停按钮及接触式安全保护装置，若所有AGV小车均为急停状态，需在监控软件中取消急停。

3）小车行走过程出现左右摇晃：小车出现摇晃的主要原因是车间部分区域有磁场干扰，当出现此种状况时，首先确认AGV小车驱动轮是否摩擦力不足，摩擦力偏小可导致小车行走过程中左右摇晃；其次就是RFID扫描仪的原因，因AGV小车行走原理为磁导航，当地面磁条磁性小于其他干扰磁场（主要指地下电缆、光纤等）的磁性时，AGV小车会沿磁场较强的方向行进，此时就需要对AGV小车程序进行调整，尽量屏蔽外界磁场的干扰信号。

4）其他需注意的事项。

①长时间不使用AGV小车的时候，需要在AGV小车停靠在HOME站点后关闭小车并将小车电池连接线插头拔掉，并用塑料布蒙在小车上，以防灰尘进入车体内部，当再次使用小车的时候，再将电池连接线插头插上。

②操作AGV小车上线时应选择较宽敞的地方，尽量在AGV的行驶路线上上线。

③经常对小车进行清洁维护，特别是传感器等部件，避免上面有大量灰尘遮挡，导致感应功能失效。

④定期检查举升装置，使其处于良好状态，并按期更换滤清器。

随着汽车制造业的发展和物流技术水平的提高及进步，AGV依靠其运行平稳、安全无噪声和自动化程度高等优点被越来越多的汽车生产厂家所采用。AGV的成功应用实现了物流输送的高自动化及高效率，真正做到了无人化的智能输送。为了将AGV更多、更全面地运用在焊装车间，我们还需进一步研究焊装车间AGV的特点及功能。

知识视频
AGV在焊装车间的应用

任务实施

1. 戴防护眼镜,穿安全鞋和工作服,做好个人防护。
2. 能够对焊装车间的生产布局进行认知。
3. 能够认知焊装车间采用的先进物流方式。
4. 具有辨识焊装车间物流输送工具的能力。
5. 能够了解焊装车间采用的信息管理方式。
6. 能够考虑焊装物流设计要素,完成焊装物流路线设计。

课后拓展

到图书馆、阅览室查阅汽车焊装车间物流管理方面的书籍与杂志,上网查询汽车焊装物流最新动态,观看汽车焊装物流相关视频。

学习任务九　焊装过程数字化管理

学习目标

1. 思政元素：培养学生"爱技、重技、专技、精技"的工匠精神，树立技能报国的爱国情怀。
2. 了解焊装车间管理的标准和要求。
3. 了解6S管理的要求。
4. 掌握车间安全生产要求与规定。
5. 了解焊装数字化设备的运营、焊装过程的5G应用。
6. 掌握焊装车间劳保用品穿戴方法。

任务导入

随着工业4.0理念在汽车生产中的深入，数字化、工业互联网、大数据、人工智能等技术手段被广泛采用，整个汽车生产及装配过程也随之发生变化，对焊接过程数字化、可视化、透明化、可预测性及自适应提出了更高的要求。数字化焊钳构建了数字焊装生产线的核心基础。数字化焊钳加装了各类传感器和采集器（图9-1），可实现设备预测性维护、焊点质量在线评判、焊点飞溅识别评判、焊点能耗计量、焊点数据追踪追溯、完成各类统计报表等。

图9-1　数字化焊钳

任务：数字化焊钳的应用，可以给企业带来哪些收益？

知识准备

一、焊装生产管理

1. 焊装车间管理规定

制定焊装车间管理规定的目的，是为了使每位员工在认真执行公司各项规章制度的同时，更好地做到提高产品质量、增加生产效益、降低生产成本、确保生产安全。

（1）劳动纪律

1）焊装车间所有员工必须遵守公司各项规章制度。

2）焊装车间所有员工必须无条件完成上级管理人员安排的生产任务（除非有不可抗拒的因素）。

3）焊装车间所有员工必须具有团结协作的工作精神，要互帮互助，不得搬弄事非。

4）所有员工不得醉酒上班，以免损害公司形象，造成安全隐患。

5）员工上班时间不得吸烟、吃零食，不能接打私人电话，不得擅自离岗（有紧急情况可以向组长请假）。

6）不能电话请假，必须事先请假，在主管同意后方可不来上班，两天以上病假必须有病历证明。

7）人为损坏工具、量具、仪器的必须照价赔偿。

8）严禁在车间内嬉戏、打闹、追逐，严禁在厂内打架斗殴。

9）上班时不得无故串岗、闲聊与工作无关的事。

10）不得把个人情绪带到工作当中，以免发生不必要的冲突，工作中遇到异常情况要及时反馈。

11）不得越级反馈问题，要随事逐级反馈，本部门能解决的尽量在本部门解决。

12）焊装车间所有员工上班必须穿戴干净整齐，不得穿凉鞋、拖鞋上班。

13）不得有偷窃行为，不得私自加工与本部门无关的产品，必要时须经车间主管同意。

（2）岗位要求

1）操作人员必须严格按照设备操作指引及注意事项去作业，遵守安全制度和劳动纪律，不违章作业。

2）焊接操作人员上班时间必须穿工作服、佩戴工牌、穿戴防护用品，不得赤手拿取工件，以免材料生锈及弄脏工件。

3）所有操作人员必须熟悉本岗位生产中所用的各种原料及产品性能、设备性质，懂得防火和人体的安全急救知识，并能熟练地操作与正确使用安全和消防设施，在发现事故苗头时，应具有及时排除不安全因素的能力。

4）没有特殊情况，人机不得分离，保养设备时必须关闭电源。

5）操作人员有义务查问与本岗位无关的人员，未经许可，任何人不准乱动设备、仪器等，不是自己分管的设备、工具不得动用。员工在公司内都要走人行道，在车间内要走安全道。

（3）工作环境要求

1）地面必须干净，无油污、无纸屑、无烟头、无痰迹、无其他生活垃圾、无工作过程中出现的废物。

2）工作台不得摆放与工作无关的物件，随时保证台面干净，不得有焊渣铁屑类的物体。

3）操作机器时应检查水电、气、设备是否正常，如有异常的现象，应立即切断电源，不得私自拆卸，必要时向行政部门报告，经批准后报设备维修组处理。

4）工具箱（柜）要定位放置，箱（柜）外面要有明确的用途标识。

5）设备的清洁由当班生产人员完成，设备清洁时必须切断电源，不得直接用水清洁，不得直接用手与转动部位接触，清洁要干净，要求做到设备及其四周无杂物。

6）冷却液、润滑油等应有回收装置。

7）工作区域要保持干净、整洁，垃圾由当班人员负责清理，工作的残余物料必须回收到指定的回收箱内。

8）要及时清除安全隐患，有危险的地方必须有警示，电气柜必须上锁，钥匙由专门人员保管。

（4）定位管理

1）车间的工具摆放：常用工具摆放在工具箱中，非常用工具摆放到固定位置。

2）车间物品存放柜：员工的生活用品统一放置在各自的柜子内柜上，必须有统一的标识，柜内分类清楚，办公桌上摆放的物品为办公用品、杯子，要摆放整齐，不得摆放其他物品。

3）易燃易爆物品不得在车间内存放，需要时到仓库领取。

4）安全通道内不得摆放任何产品、物料等。

5）垃圾桶、扫把、手动叉车等放到固定的区域内，每日由生产班组用完后进行清理。

6）班组长负责做好日常检查，督促员工做好本职工作，并保持工作环境干净整洁。

（5）物品摆放

1）物料摆放在规定的区域内，要求每款零件都有明显标识，摆放要整齐，能让员工一目了然。

2）生产过程中不合格品放入不合格区域，要求摆放整齐并及时处理。

3）零头子件放置在货架上并摆放整齐，做好标识，做好防锈措施，统计好种类、数量并及时反馈给生产计划部门,作为下批生产的子件,以免长期积压。

4)不得超高摆放,以免产品发生变形。对表面要求高的产品要采取隔离防护措施,以免产生划伤现象,影响产品表面质量。

5)特殊工件必须用专业放置器具进行放置。

(6)安全操作

1)未经考试合格及未持有操作证者不准上岗作业,徒工应有师傅带领。

2)操作前,焊工必须穿戴好各种劳动防护用品,以防烫伤、触电等事故的发生。

3)焊机上不准放置导电物品,离开操作现场前应关闭焊机电源。

4)焊接操作现场周围10m内不得有易燃、易爆物品,焊机所用电气系统的导线应绝缘良好,防止触电、火灾、爆炸等事故的发生。

5)使用弧焊机时要熟悉其性能,工作前应确保设备各部分的接线连接处无破损,接地线安装牢固,气路、冷却水路要可靠通畅。

6)在安装气表时,必须将表拧紧,开气时身体要避开气表和气瓶出气口,防止气体冲击伤人。

7)气瓶要固定好,轻抬轻放,不准乱摔乱扔、猛力撞击,防止爆炸。

8)工作结束后将水、电、气阀门或开关关好,将电缆线及相关橡胶管盘收好,清理场地,熄灭火种,并将工具放回原位。

9)打磨操作时必须戴好口罩、手套、护目镜等防护用品。

10)检查周边是否有易燃易爆的危险品,无法清除的与人员较近的危险品要用隔板隔离,避免伤及人员及埋下火灾隐患。

11)插接电源时,磨机开关应处于关闭状态。

12)暂停使用磨机或更换磨片时,应先关闭电源,等磨片停止旋转后方可进行下一步动作。

13)严禁私自拆掉磨机防护罩进行作业,以免发生工伤等事故。

2. 焊装生产现场管理

(1)生产现场管理体系 生产现场管理就是指用科学的管理制度、标准和方法对生产现场各生产要素,包括人(工人和管理人员)、机(设备、工具、工位器具)、料(原材料)、法(加工、检测方法)、环(环境)、信(信息)等,进行合理有效的计划、组织、协调、控制和检测,使其处于良好的结合状态,达到优质、高效、低耗、均衡、安全、文明生产的目的。生产现场管理是生产第一线的综合管理,是生产管理的重要内容,也是生产系统合理布置的补充和深入。

优秀现场管理的标准和要求:

定员合理、技能匹配；
规章制度、落实严格；
场地规划、标注清晰；
工作流程、有条不紊；
材料工具、放置有序；
现场环境、卫生清洁；
设备完好、运转正常；
安全有序、物流顺畅；
定量保质、调控均衡；
登记清楚、应记无漏。

生产现场管理的三大工具：标准化、目视化、看板管理。

1）标准化。

①企业中有各种各样的规范，如规程、规定、规则、标准、要领等，这些规范形成的文件统称为标准（或称标准书）。制定标准，而后依据标准付诸行动则称为标准化。那些认为编制或改定了标准就完成了标准化的观点是错误的，只有经过指导、训练才算是实施了标准化。

②所谓作业标准化，就是在对作业系统调查分析的基础上，将现行作业方法的每一操作程序和每一动作进行分解，以科学技术、规章制度和实践为依据，以安全、质量、效益为目标，对作业过程进行改善，从而形成一种优化作业程序，逐步达到安全、准确、高效、省力的作业效果。

③作业标准制定的流程如图9-2所示。

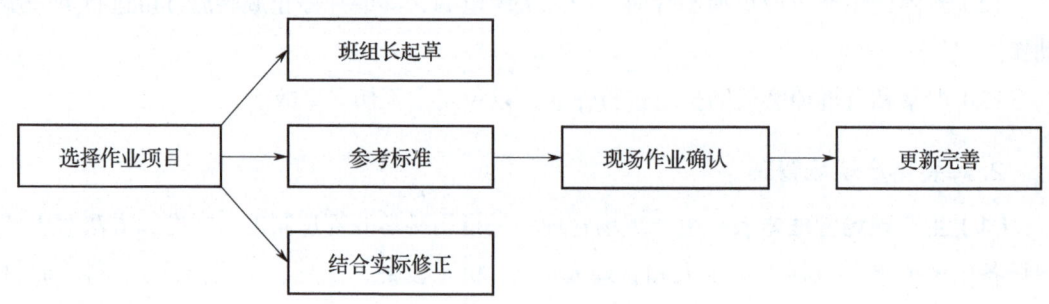

图9-2　作业标准制定流程

④作业标准书是指导现场作业的重要工具，作业标准书每个工位一张，详细介绍作业的方法、安全注意事项、品质要点等信息，力求现场每个作业员都按照作业标准书作业。作业标准书见表9-1。

表 9-1 作业标准书举例

冲焊二厂焊装车间		标准作业指导书		工位号：	SBS01L	版本编号：	2	页码：	2/1
				工位名称：	左侧围外板总成	修订细则：	处数标记	修改者：	设计节拍
				适用车型：	C926				130s
				检验频次：	100%自检+20台/次专检				
板件信息				关键控制点					
				注意焊点位置，因板件下方有隔板，需注意			门框锁扣处焊接6点，每隔20台车对焊接铜垫片进行维护（修磨）		
				搬运中要注意周边环境，电机速度过快，注意自身和他人安全			对外表件的自检尤为重要		
序号	板件名称	板件图号	单台用量	板厚材质					
1	左侧围外板	5400101 U7150	1	DC0.8					
2	左门槛前封板	5400307	1	DC1.0					
3	左后侧车门锁扣加强板总成	5400120	1	SPCC1.2	检验标准				
4	左侧围外板后侧下连接板总成	5400110	1	DC0.8					
5	左侧围外板后上部总成	SBS06L	1						
编制：		校对：		审核：		会签：		批准：	

2）目视化：在日常生活中，我们是通过"五感"（视觉、嗅觉、听觉、触觉、味觉）来感知事物的，其中，最常用的是视觉。据统计，人的行动60%是从视觉感知开始的。因此，在企业管理中，强调各种管理状态、管理方法清楚明了，达到一目了然，从而容易明白、易于遵守，让员工自主地理解、接受、执行各项工作，这将会给管理带来极大的好处。

目视化管理是利用形象直观而又色彩适宜的各种视觉感知信息来组织现场生产活动，达到提高劳动生产率的一种管理手段，也是一种利用视觉来进行管理的科学方法。所以目视化管理是一种以公开化和视觉显示为特征的管理方式。

①目视化管理的作用。问题点显露化，困难、浪费显露化，管理效率化。

②目视化管理的目的。低成本、准时、保质地完成各项工作。

③目视化管理的常用工具。看板、红牌、信号灯、防错牌、操作流程图、警示牌、管理板，如图9-3所示。

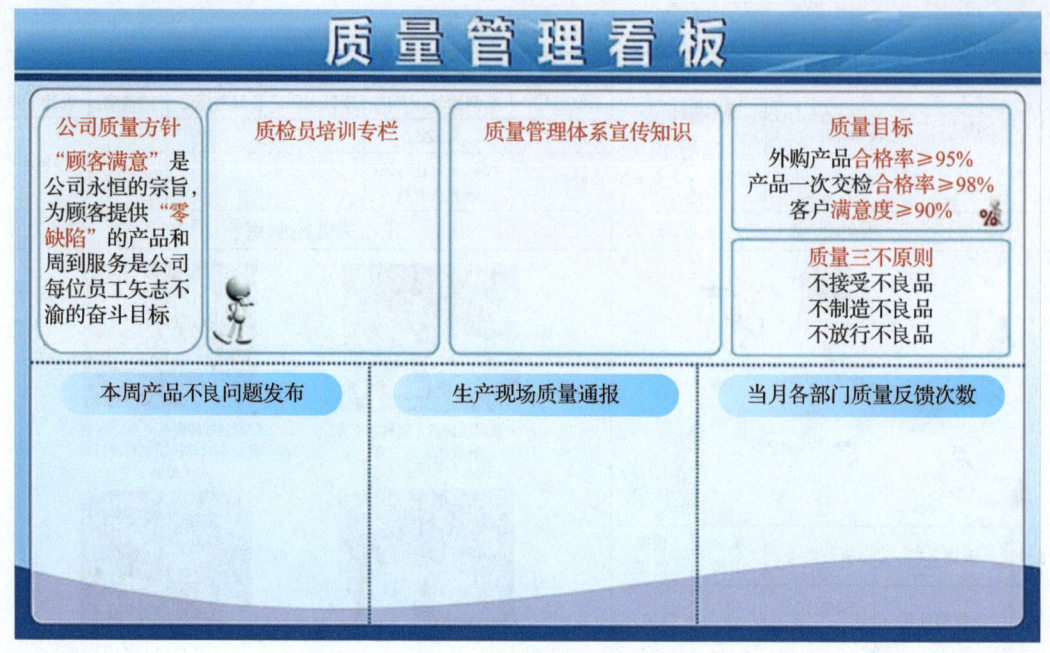

图 9-3　目视化看板

④推行目视化管理的基本要求。

a.统一：目视化管理要实行标准化。

b.简约：各种视觉显示信号应易懂，一目了然。

c.鲜明：各种视觉显示信号要清晰，位置要适宜，现场人员能看得见、看得清。

d.实用：不摆花架子、少花钱、讲实效。

e.严格：现场所有人员都必须严格遵守和执行有关规定，有错必纠，赏罚分明。

3）看板管理：看板是管理可视化的一种表现形式，即对数据、情报等的状况进行一目了然的表现，主要是针对管理项目，特别是情报进行的透明化管理活动。它通过各种形式，如标语、现况板、图表、电子屏等把文件上、脑子里或现场等隐藏的情报揭示出来，以便任何人都可以及时掌握管理现状和必要的情报，从而能够快速制定并实施应对措施。因此，看板管理是发现问题、解决问题非常有效且直观的手段，是优秀的现场管理必不可少的工具之一。

看板管理是一种高效而又轻松的管理方法，有效地应用看板管理对于企业管理者来说是一种管理上的解放。

看板一般有生产看板、管理看板和异常看板等，如图9-4~图9-6所示。

生产看板是一种由LED组合而成的新型电子化看板，它突破传统看板白纸黑字固定不变的方式，采用电子化的方法，集单片机技术、光电子显示技术、现场总线技术于一体，版面灵活多变，内容随时可以更改，适用于各行各业的生产管理。

学习任务九 焊装过程数字化管理

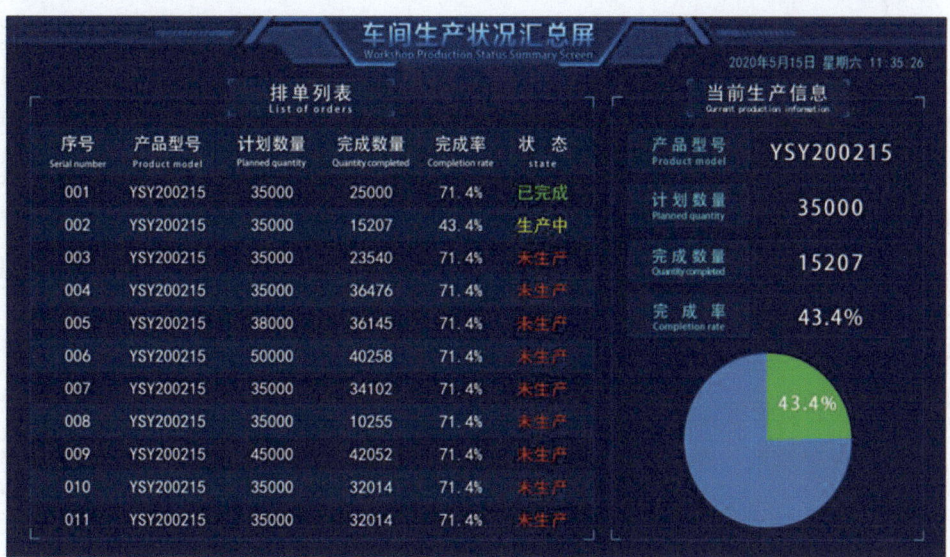

图9-4 生产看板

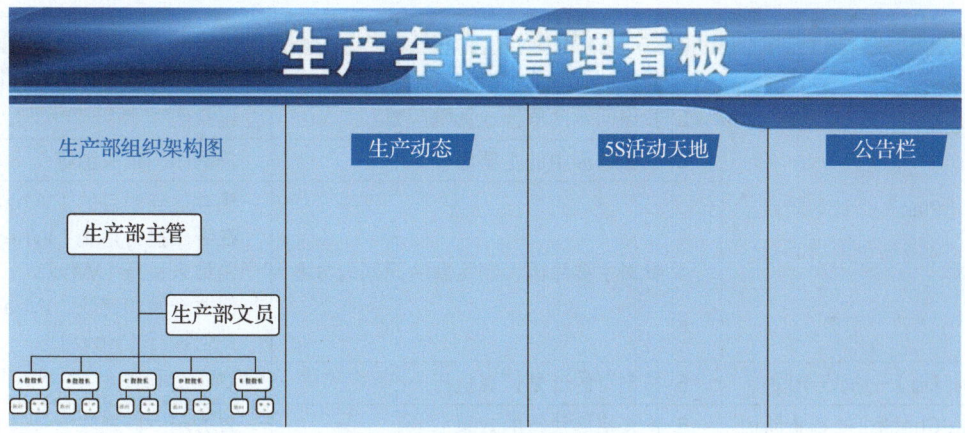

图9-5 管理看板

生产线	P001	P002	P003	P004	P005	P006
生产状况					缺料	缺料
品质状况			67.3%			
设备状况	维修中					
计划停止						
非计划停止						
缺料					25分钟	40分钟

图9-6 异常看板

生产看板主要功能：传递生产和运送指令、调节生产均衡、改善机能。通过生产看板可以发现并暴露出生产中存在的问题，从而可以立即采取相应的对策，作业现场的管理人员对生产的优先顺序能够一目了然，并且通过观察生产看板，就能知道后道工序的作业进展、库存情况等。

异常看板主要作用是统计异常处理时间、异常发生率、异常发生率趋势图表，通过数据支持检验现场管理是否有成效。

关于现场管理，还有另外一个最重要的方面：6S管理，主要包含整理（SEIRI）、整顿（SEITON）、清扫（SEISO）、清洁（SEIKETSU）、素养（SHITSUKE）、安全（SECURITY）。

（2）质量/环境管理体系

1）质量管理体系：现场生产的质量控制遵循"三不原则"，即不接受、不制造、不放出（不合格品），主要开展方法如下。

①在全面生产质量管理中使用PDCA循环法，见表9-2。

表9-2 PDCA循环法

阶段	步骤	主要方法和内容
P（Plan）—计划阶段	1. 分析现状、找出问题	调查表、分层法、排列图
	2. 找出问题的原因或影响因素	因果图
	3. 找出原因中的主要原因	排列图、相关图等
	4. 针对主要原因，制定解决问题的方案	预期达到的目的（What） 在哪里执行措施（Where） 由谁来执行（Who） 何时开始和完成（When） 如何执行（How）
D（Do）—执行阶段	5. 按制订的计划认真执行	
C（Check）—检查阶段	6. 检查措施执行的效果	直方图、控制图
A（Action）—处理阶段	7. 巩固提高，总结成功经验	利用成功经验修改或制定相应未来工作的标准
	8. 把未解决或新出现的问题转入下一个循环	为下一循环提供质量问题

②在全面生产质量管理中使用因果图（图9-7，又名鱼骨图），用来罗列问题的原因，并将众多的问题分类、分层。主要步骤如下：

a. 查找要解决的问题。

b. 把问题写在鱼骨的头上。

c. 召集同事共同讨论问题出现的可能原因，尽可能多地找出问题。

d. 把相同的问题分组，在鱼骨上标出。

e. 根据不同问题征求大家的意见，总结出正确的原因。

f. 拿出任何一个问题,研究为什么会产生这样的问题。

g. 针对问题的答案再问为什么?这样至少深入5个层次(连续问5个问题)。

h. 当深入到第5个层次后,认为无法继续进行时,列出这些问题的原因,而后列出至少20个解决方法。

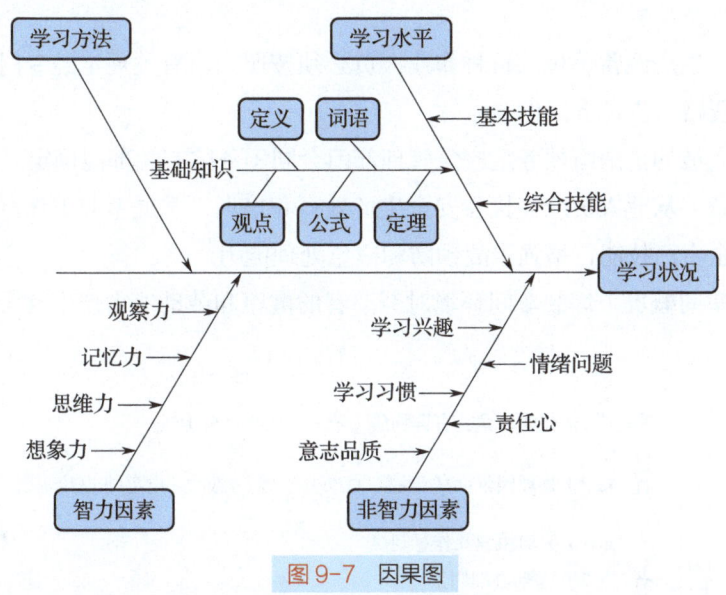

图9-7 因果图

2)环境管理体系:ISO 14001对环境管理体系(Environmental Management System,EMS)的定义如下:

环境管理体系是一个组织内全面管理体系的组成部分,它包括为制定、实施、实现、评审和保持环境方针所需的组织机构、规划活动、机构职责、惯例、程序、过程和资源,还包括组织的环境方针、目标和指标等管理方面的内容。

全面质量管理起初是用于减少和最终消除生产过程中导致不能达到生产规范要求的种种缺陷,以及提高生产效率等,但这一手段已经更多地用于环境问题上。

环境管理的要点:①环境管理服务于社会的环境问题的改善;②领导的作用;③全员参与环境管理工作;④实施过程控制;⑤持续改进。

现场环境管理的一个重要指标是垃圾分类管理(图9-8)。

图9-8 垃圾分类

3. 焊装安全生产

（1）**安全法规**　《中华人民共和国安全生产法》（2021年修订）规定：

第二十九条　生产经营单位采用新工艺、新技术、新材料或者使用新设备，必须了解、掌握其安全技术特性，采取有效的安全防护措施，并对从业人员进行专门的安全生产教育和培训。

第三十条　生产经营单位的特种作业人员必须按照国家有关规定经专门的安全作业培训，取得相应资格，方可上岗作业。

特种作业人员的范围由国务院应急管理部门会同国务院有关部门确定。

第五十八条　从业人员应当接受安全生产教育和培训，掌握本职工作所需的安全生产知识，提高安全生产技能，增强事故预防和应急处理能力。

（2）**焊装车间概况**　焊装车间环境对劳动者的健康和劳动能力产生有害作用的因素如图9-9所示。

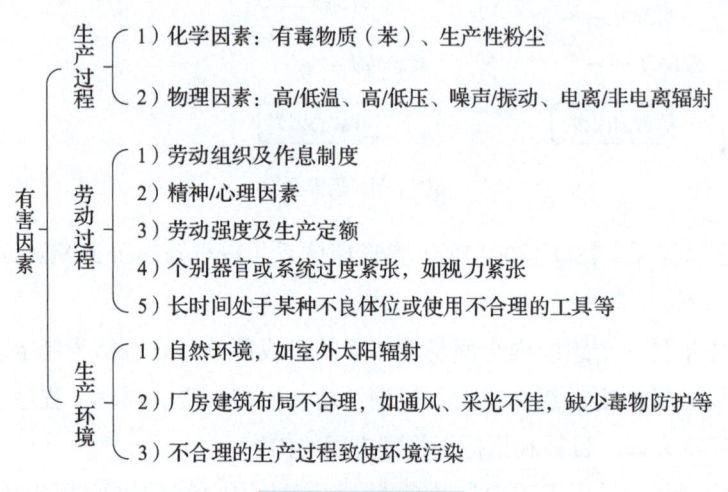

图9-9　有害因素

焊装车间是四大工艺车间之一，主要进行整车焊接和装配，产品为白车身。整个焊装车间有车身线、底板线、装配调整线、门盖线、侧围线、前纵梁线、前底板线、后底板线等，还有空中输送线。焊装车间主要特点是工艺先进，单体设备多，生产线自动化程度高，生产环境复杂。

（3）**焊装车间容易受到的伤害类型及预防**

1）被工件割伤：拿取工件时应采取正确的方法并穿戴劳保用品（例：防割手套等）。

2）车辆伤害（牵引车、叉车等）。

①遵守各项交通规则。

②厂内机动车辆（牵引车、叉车等）等特种作业人员，应经职业培训，持特种作业操

作证上岗操作。

③行人要走指定通道，过交叉路口时要确认安全后方可前行或转弯，并注意通道警示标志。

3）飞溅灼伤。

①采取正确的操作方法。

②穿戴个人劳保用品（例：长袖工作服、手套等）。

4）弧光灼伤。

①使用专门防护面具及防护眼镜。

②穿戴个人劳保用品（例：长袖工作服、手套等）。

5）设备（夹具、焊机）夹伤。

①确认安全装置的有效性或合理增加安全装置。

②按作业要领进行作业。

6）生产性毒物：操作人员必须遵守工作守则，正确佩戴防毒口罩、手套、护目镜等，并且清洗手时尽可能使用消毒液，以免过量有毒物质侵入人体，引发急性或慢性中毒。

7）粉尘：遵守工作守则，正确佩戴防护口罩、护目镜等。

8）高温作业。

①加强通风换气，加速空气对流，降低环境温度，以利于机械设备热量的散发。

②加强个人保健，供给足够的含盐清凉饮料。

9）噪声。

①加强个人听力防护（佩戴耳塞、耳罩等）。

②噪声源控制及整改。

4. 汽车焊装车间设备的节能改造

伴随着我国经济的平稳快速发展，汽车行业连续多年保持高速增长，已成为我国的支柱产业。同时，汽车制造业是消耗大量水、电、气等能源的产业，实现绿色可持续发展是建设现代汽车制造业的需要。

只有坚持在节能环保道路上持续创新和变革，加速推进以节能降耗为重点的设备更新和技术改造，加快淘汰高耗能、高污染的工艺、设备和产品，才能使汽车制造企业实现持续性发展，不断提高经济效益，在激烈的市场竞争中立于不败之地。

（1）技术改造节能措施　针对车身焊装车间，有以下几个方面的节能降耗手段。

1）车间照明系统节能：对于照明系统的选用，应根据视觉要求、作业性质及环境条件，选取合适的照度，采取适当的亮度分布保证照明的均匀性，减少阴影，使视觉空间清晰；正确地选用光源和灯具，限制眩光，提高灯光下作业、活动安全性；要求无频闪，用以减少烦躁和不安；合理选用光源，以减少光热和紫外线照射对人和物体产生的不利影响；处理好光色与显色性指数的选择，使其协调和谐，为工作、生活创造有利的环境，以创造出使人感到轻松、舒适、美丽的工作环境。

焊装车间照明系统应在保证操作者焊接作业面视觉要求，不降低照明质量的前提下，采用节能型光源，力求减少照明系统中光量的损失，从而最大限度地利用光能。

目前焊装车间普遍采用400W金属卤化物灯，由于车间厂房面积大，每个车间照明动辄数百台，双班生产时每天开启时间长达20h。然而白天生产时，如果充分利用自然光，根本不需要采用如此高照度的灯具就可满足操作者视觉的要求。粗略计算，每年光车间照明一项就耗电约40万kW·h，造成能源的较大浪费。该类灯具虽然亮度高，显色性好，但除了功耗过大外，还有启动时间长、寿命较短、维修费用高等缺点。如采用节能型灯具，据可统计数据分析，在同样满足光线照度要求的情况下，耗电量能节约40%以上。高频率节能灯具价格经济，使用寿命可长达8000h。

对于生产操作人员，应严格执行车间照明系统管理制度，做到下班后、上班前时间段、生产间隙时间段关闭照明；走廊及楼梯间照明采用供电、声控、红外等智能化的自动控制系统，以达到节约照明用电和延长照明产品寿命的目的。

车间白班生产期间，尤其是阳光照射充足时，可以充分利用自然光的照度，各个班组生产区域照明灯可分组循环开启或部分开启。可对现有照明线路进行改造，减少单个开关控制照明灯的数量，实施分片、分区域控制，达到充分节能降耗的目的。

2）减小电焊机空载消耗节能：焊装车间拥有电焊机数量达数百台，且电焊机本身容量较大，是焊接车间的主要耗电设备。

电焊机的原理构造及焊接过程造成空载消耗电能的必然存在。由于焊接工种的特点，电焊机经常处于空载状态。空载状态时，电焊机的功率因数非常低（低于0.3，标准值为0.6~0.85之间），大大降低了有功电能的利用率，造成大量的无功损耗。空载时即使再好、再新的电焊机仍然有电流流过（5~15A），这部分电能没有做任何有效功而白白浪费掉（一台电焊机空载平均1h耗电3~5kW·h）。同时，电焊机空载时输出较高的空载电压（60~70V，36V以下为国际公认的安全电压，无触电危险），给操作人员带来极大的安全隐患。

因此，电焊机有必要加装空载自停装置，其作用是在焊接停止时，自动切断电焊机的电源，使电焊机停焊时不再消耗电能。

目前市场上普遍采用的电焊机空载节电器主要由电信号自动检测、微处理控制电路和交流控制电路等组成。自动检测电路会适时地监测电焊机的工作状态，根据电焊机的工作状态，控制器将及时地自动切换电源。当要焊接时，只需按正常焊接操作，焊条和焊件短接一下，微处理器就在20ms内输出接通电源指令，使电焊机进入正常工作状态。当电焊机连续工作时微处理器将输出连续供电指令，使电焊机保持连续工作电压；当停止焊接

时,自动监测电路将把数据送到微处理器并经过运算后输出停止供电指令,控制器将适时断开工作电源,从而实现智能化、人性化节约用电的目的。

电焊机空载节电器能适时控制电焊机的用电状态,在电焊机停止焊接时,空载节电器自动断开电源,使电焊机处于休眠状态,无电能消耗;当需要焊接时,空载节电器将自动激活电焊机,使电焊机处在工作电压下正常使用。电焊机空载节电器不仅能节约有功电能,还能使无功损耗降低为零,提高了电网功率因数,节电效果非常显著。在空载状态下电焊机二次输出电压仅5V,可确保操作人员的安全。

一般情况下,交流电焊机空载有功损耗占其容量的10%~25%,无功损耗占其容量的8%~9%,空载功率因数为0.1~0.3。采用空载停电的自控方式,可大大减少功率损耗,提高功率因数。以17~40kW的交流电焊机为例,它的无功节能为17~25kW,功率因数可提高0.1~0.15,大大提高了电源的利用率。

因此,在焊装车间大力推广应用空载节电器对电焊机空载损耗的降低具有重要意义。

3)循环冷却水泵加装变频器:众所周知,电阻焊因为焊接电流大、温度高,所以必须对焊钳进行冷却。循环冷却系统是确保焊装车间焊接设备正常运行的关键。目前焊装车间循环冷却系统采用的是集中供水闭路循环的方式,专门修建了循环冷却泵房。循环冷却水泵电动机为恒功率运行,采用直接起动方式,易对供电电网以及电动机控制系统造成很大的冲击,造成电动机、接触器等元器件损坏。如果不采用变频器,就无法根据随时变化的冷却水流量需求调整水循环压力,造成水循环压力过大,易对循环冷却设备及管道造成损害,而且造成了能源浪费。

(2)能源管理节能

1)完善能源管理体系,建立工厂、车间、班组三级能源管理网络,建立严格的节能管理制度和有效的激励机制,鼓励员工持续开展节能降耗。

2)加强能源计量管理,完善能源计量网络,特别是三级计量工作,为能耗统计分析提供基础,建立能源消耗实时监控系统。

3)加大现场检查与考核力度,消除能源使用过程中的浪费,车间内杜绝跑、冒、滴、漏等现象。

4)注重节能管理与TPM相结合,提高设备综合利用率。设备及生产管理人员在生产过程中应充分考虑提高设备负荷率,在产量低的情况下,合理组织安排生产,以取得较好的经济效益和节能效果。

5)加强对员工的培训和做好节能降耗宣传工作,提高员工节能意识。

企业的节能是一项系统工程,应从增强员工的节能意识入手,深入宣传教育,从根本上解决对节能重要性认识不足的问题,只有全员的节能意识提高了,通过管理的方法节能才能卓有成效。

能源问题已经上升到国家战略高度，持续的能源价格上涨加剧了汽车制造业成本的压力，能耗水平体现一个企业的产品、工艺先进程度与创新能力，属于企业核心竞争力范畴。

二、焊装设备运营管理和监控

由于汽车生产线流水作业的特点，线上设备故障会导致停产，影响正常的生产过程。设备故障出现的随机性和维修资源的有限性导致要想在上万平方米的车间及时发现并排除故障是很困难的。所以，如何减少故障时间，提高生产运行率已成为很多汽车制造厂期待解决的主要问题之一。

1. 车间智能控制系统

系统硬件结构如图9-10所示。在各个工段的重要设备上安装设备运行状态监测器，监测器将监测结果传送给该工段的PLC终端。PLC主站通过Compobus/D网汇总各PLC终端的信息，处理后在模拟屏上显示出来。不仅如此，PLC主站还将统计各工段的设备异常时间，并通过RS-422协议传送到管理计算机，为生产线改造提供依据。

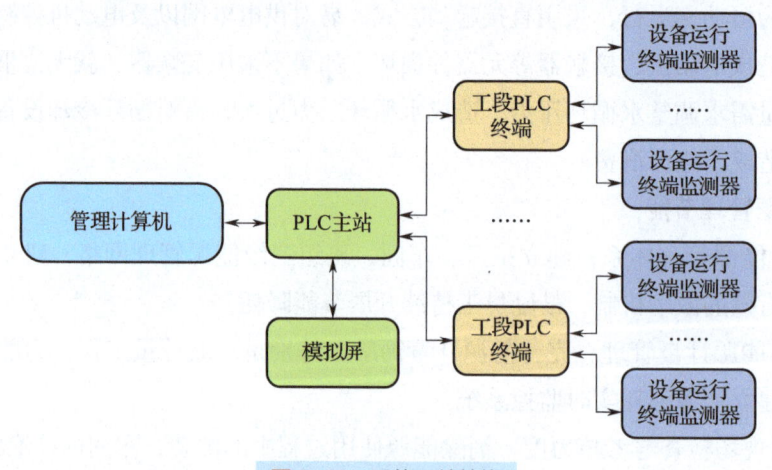

图9-10 系统硬件结构

2. 系统软件设计

（1）现场监控软件设计　系统对现场设备的监控功能由PLC来完成，其程序流程如图9-11所示。设备运行监测器将检测到的设备运行状态传送到各工段的PLC，进入PLC的辅助继电器IR区。这些数据通过PLC主站处理后映射在保持继电器（HR）区。由HR区的数据去控制模拟屏上相应灯的状态，完成对现场设备的监测。

由于PLC具有强大的计时和计数功能，系统对设备故障时间的计算和统计是通过PLC主站完成的。其软件流程示意如图9-12所示。

学习任务九 焊装过程数字化管理

图 9-11 设备监控软件流程　　图 9-12 设备故障时间计算流程

该系统并非在设备出现故障时就计算故障时间，而只在故障影响了生产的时候才开始计算。如此可以真正地反映生产过程的设备故障率。

（2）**管理软件设计**　系统除了在模拟屏上实时显示车间设备的运行状态外，管理计算机上也具有设备运行状态监控功能。主监控界面显示各个工段的设备运行状况，当某个工段内有设备出现故障时，该工段对应的指示灯亮。点击该工段将进入对应工段的监控画面，详细显示每个设备的运行状态，指出出现故障的具体设备，如图 9-13 所示。

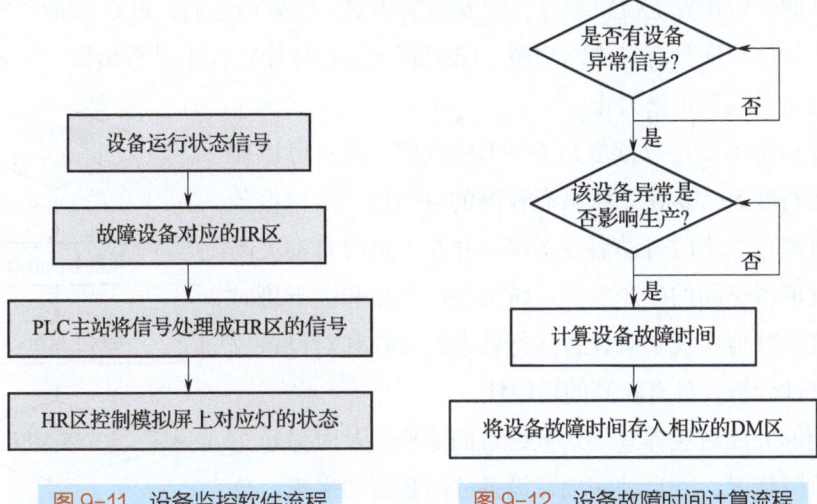

图 9-13 管理软件工段监控界面

管理系统还可以对设备运行状态数据进行运算和统计分析，并生成周、月、年的设备管理分析报表。这些报表将为设备故障的预测和生产线的改造提供重要的依据。

（3）**通信软件**　焊装车间恶劣的环境要求系统具有很强的抗干扰能力，而管理计算机的所有数据都来自现场的PLC，因此，采用RS-422协议来保证通信的高可靠性。

通信软件程序流程如图9-14所示，管理计算机和PLC之间的通信采用Host Link方式。

系统在每秒的开始预置上位机命令,并发送给 PLC,接到命令后,PLC 按命令的要求自动反应。通信软件程序具有自诊断功能,能判断数据在传输过程中是否出错,如果出错系统将重新发送命令直到正确为止。

管理计算机不仅可以读取 PLC 的 DM 数据,而且可以控制 PLC 的运行状态。这使系统具有较高的自动性,能根据预设的生产时间在上班时自动启动系统,并在下班时自动关闭系统。通过模拟车间的生产状况,包括生产节拍和上下班时间等,系统很好地实现了对设备运行状态的监控和对设备故障时间的统计分析,具有较高的稳定性。

系统能够完成对装焊车间众多设备的监控,及时显示车间设备的故障情况,并自动完成对设备故障数据的采集、分析和统计。系统使用简单方便,适用范围广泛,可用于其他类型的生产线,能很好地协助生产线的维护和管理。

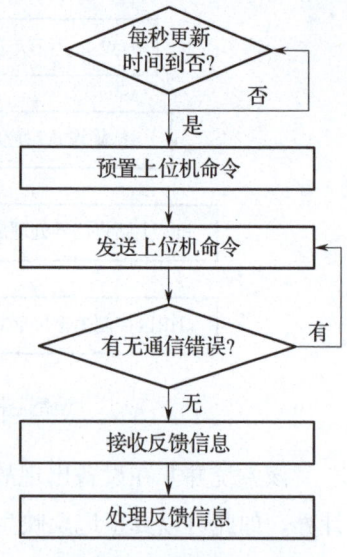

图 9-14　通信软件程序流程

三、焊装过程的 5G 应用

汽车企业正在加快推进智能制造在工厂生产管理过程中的实践和落地。智能制造工厂将全新一代信息通信技术和先进的制造技术深度融合,充分利用 5G 大带宽、低时延等特性技术和工业互联网支持产业链上下游企业海量终端接入,实现节点数据共享,重点突破协同设计、协同制造、产品质量管控、供应链安全等新模式,成功构建了汽车制造业新智造体系。

在 5G 的支持下,汽车制造企业能够建立一种连接终端消费者的无线工业和互联网发展平台,针对消费者自身个性化的定制需求展开收集和分析并对其进行有效的整理,使其能够构成专业的数据库。同时针对企业云平台展开计算以及解析,将大规模定制生产所必需的研发、采购、工艺、生产线、物流销售渠道进行充分拓展,让其能够保持统筹协调、快速响应以及保持精准的有效控制,进一步推进全新汽车商业模式的形成与开发。此外还需要注意的一点就是,基于 5G 的工业无线互联网可将公司内部的人、机、物、料、环进行连接并打通信息孤岛,让工厂的生产过程朝着数字化以及网络化的方向发展,并且能够为智能化无人工厂的达成打下坚实的基础。

1. 技术方案

(1)**整体架构**　采取先进的 5G+MEC 切片专网架构,打通汽车生产工厂内网,实现内网与 5G 公网的隔离,并利用 5G 大带宽、低时延的特性使能厂区监控、数据采集、生产调度等应用场景,保障数据不出园区、企业资源独占;另一方面搭配具有 5G 模组的工业设备,打通"端–管–网–云"间的数据通道,提升工厂生产效率,保障人员操作安全。网络架构如图 9-15 所示。

学习任务九 焊装过程数字化管理

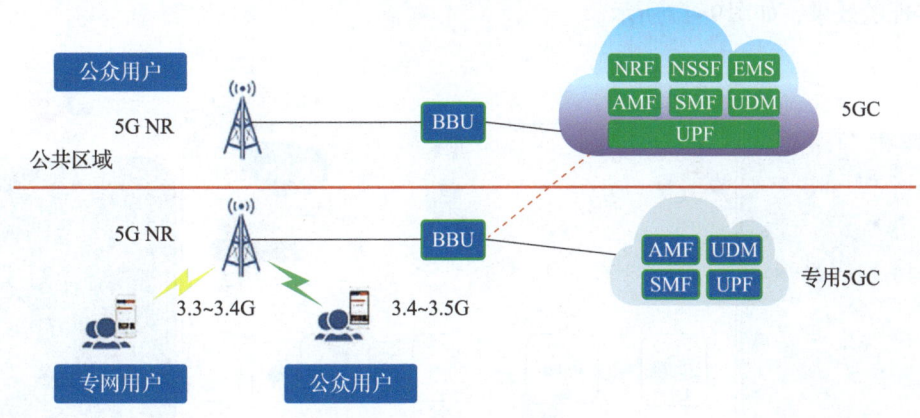

图9-15 网络架构

（2）5G+智能视频云方案　使用5G+智能视频云平台实现厂区5G高清无线监控摄像头的视频接入、存储和智能（含大数据）分析，实现厂区无死角监控，通过智能视频云平台AI算法的分析决策，响应厂区突发情况，及时上报，及时处理。

基于5G云网融合优势，以"水平解耦、共创共享"为理念，采用开放式架构体系，针对视频监控行业"联、存、管、用"四大环节，将视频能力更灵活、更高效、更低成本地赋能厂区智能化监管。

（3）5G+无线数据采集　5G+无线数据采集系统架构，如图9-16所示。

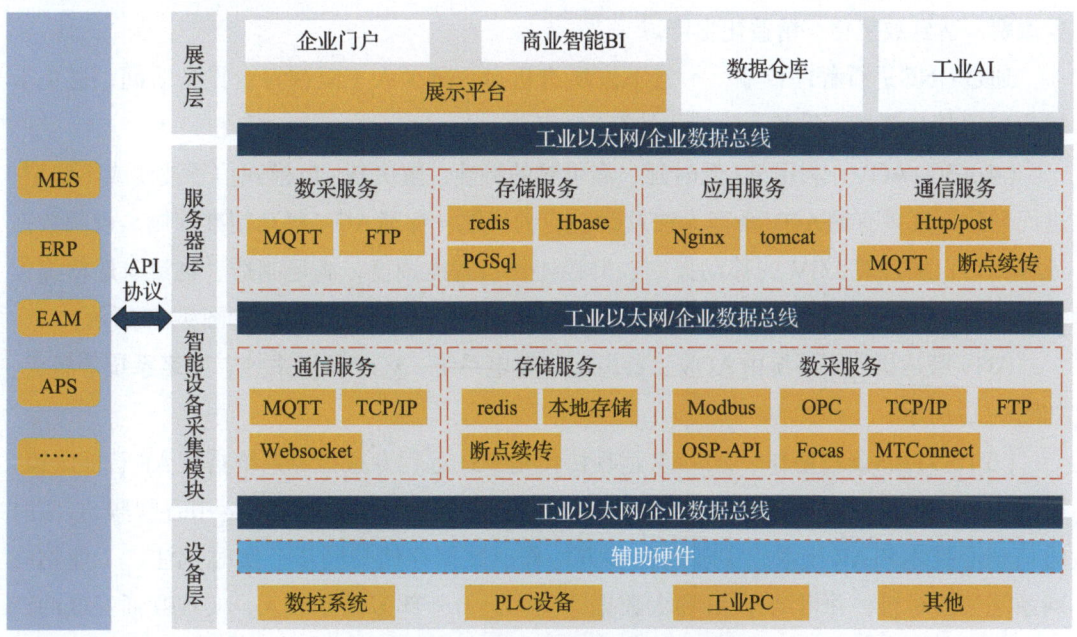

图9-16 5G+无线数据采集系统架构

175

实现的效果,如图9-17所示。

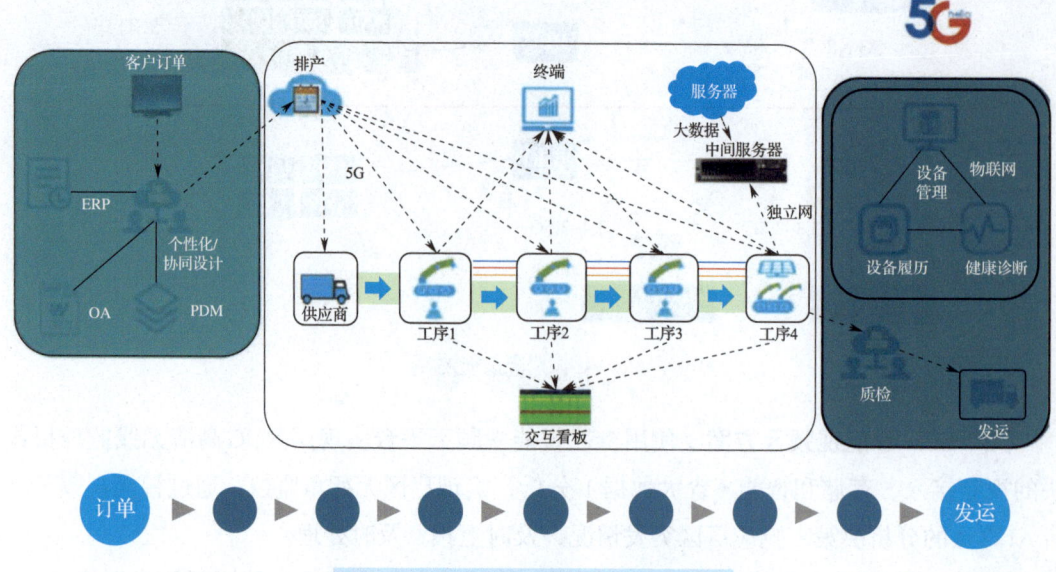

图9-17　5G+无线网络可实现的效果

1)生产车间通过设备联网,实时采集设备数据,实时掌握设备状态、生产相关信息,并把信息传输至终端,显示在大屏看板,使车间实现透明化管理。

2)通过5G网络或者局域网连接,实时准确地反映车间生产情况,及时发现问题,减少浪费,达到数字化、精益化生产。

通过DNC进行程序传输,一键下发所有机台,减少人工复制每台设备时间,避免卡槽或USB接口损坏,设备无法使用的窘境。

(4)5G+AGV　利用5G低时延、高可靠的特性,解决Wi-Fi模式信号波动或不稳定,进而导致厂区现有的AGV小车无法及时响应的问题,保障AGV移动精准控制、视频数据流畅回传,实现对AGV的移动控制、群控协作、智能调度,满足制造、物流、巡检等领域智能搬运、仓储、自动化操作的应用需求。5G+AGV的系统架构,如图9-18所示。

AGV搬运机器人系统由AGV、蓄电池和充电系统、AGV调度系统、网络系统等组成,如图9-19所示。

(5)5G+AR远程协作　5G+AR远程协作是5G+远程专家指导系统搭配AR智能眼镜、智能头盔、手机、计算机等硬件终端,基于5G大带宽低时延特性,运用音视频5G实时通信核心技术和AR技术,实现远程多方协作、数据存储与同步、实时批注、工业物联网系统数据对接,并可结合AI和大数据等技术进行外部多功能嵌入,实现互通互联的产品,可适用于远程装配、远程运维、远程检修、远程诊疗、远程会诊、远程查验等不同场景。

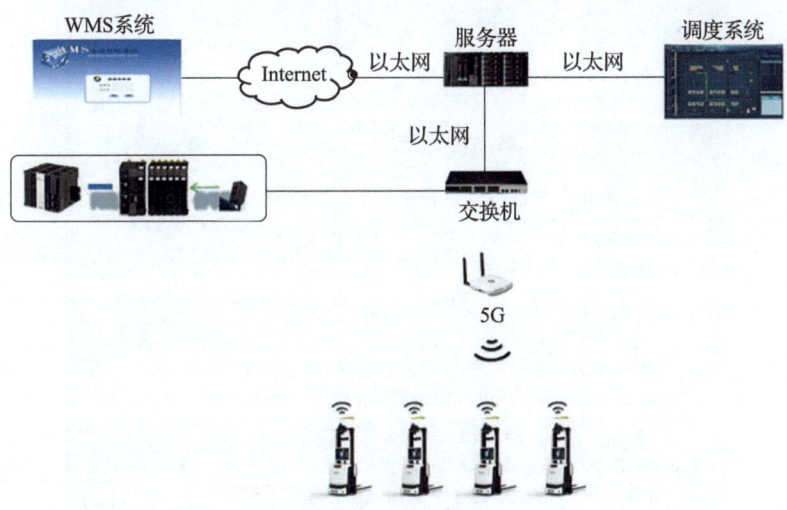

图9-18 5G+AGV系统架构

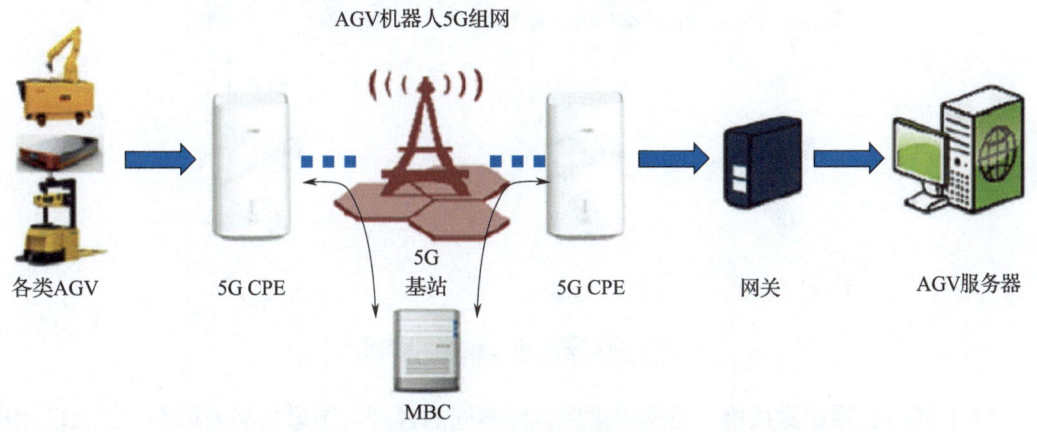

图9-19 AGV搬运机器人系统

分体式AR智能眼镜（AR+AI）工业领域多人协作系统方案架构如图9-20所示：

AR远程协作平台系统架构主要分为四大层级。

1）支撑层：包括计算资源、存储资源、专家知识库和操作手册等。

2）服务层：包括流媒体服务、账号管理、用户管理等服务。

3）应用层：包括多人通话、屏幕共享、视频共享、截屏标注、白板涂鸦、视频录制、OCR数据识别等功能模块。

4）用户层：具备与分体式AR智能眼镜、手机、计算机等终端进行交互的能力。

在网络接入设计方面，AR远程协作系统支持通过Wi-Fi、4G/5G等通信方式接入网络。

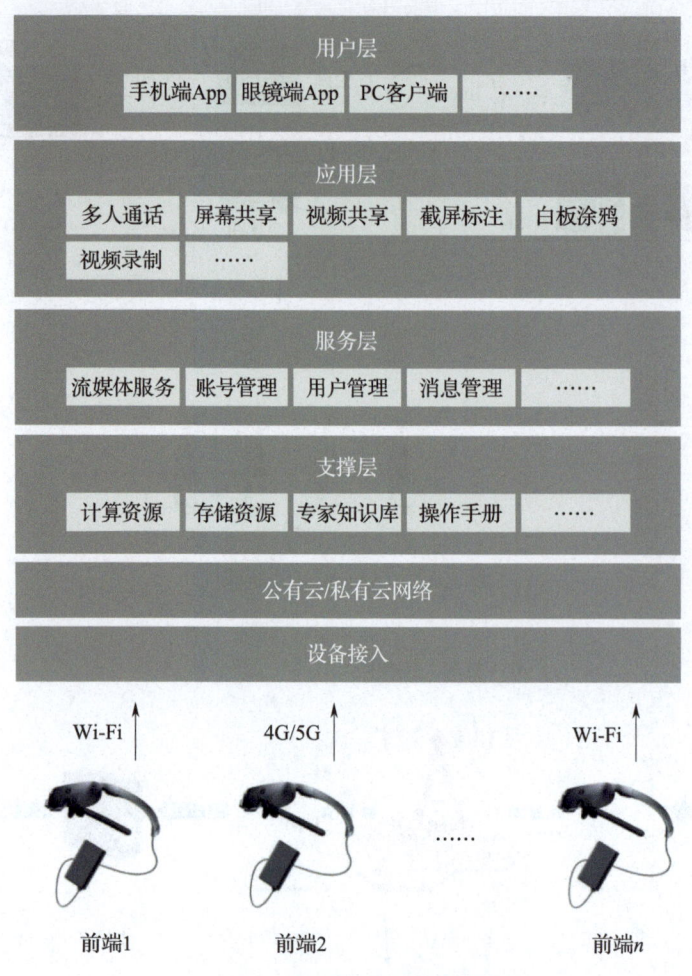

图9-20 多人协作系统方案架构

（6）5G+机器视觉质检 终端层采用多种不同的视频与图像数据采集方式，获取相应的样本和数据。机器视觉平台层目前已有针对工业场景质检等的专用算法库，并提供平台相应的基础能力，如计算、存储、网络、安全等，它为上层或者用户提供其所需的基础资源，并通过虚拟化等技术将资源池化，以实现资源的按需分配和快速部署。最终，在数据和平台的支撑下，快速开发并形成针对工业生产制造场景的机器视觉应用，通过调用平台层的各种服务接口，为用户提供实时监控、图像分析、视频回放、质量缺陷报警提醒等应用功能。机器视觉应用系统结构，如图9-21所示。

2. 焊装过程的典型应用

目前，焊装车间自动化率可以达到95%以上。在焊装过程中，车身零部件摆放位置的细微差别，会造成机械手臂在抓取零部件时有细微错位，影响生产效率和质量。

利用安装在机械手臂上的高速摄像机，通过实时定位、5G高速回传、后台大数据计算,集成对机械手臂位置调整的连接模式,可以提高整个焊接过程的精准度和效率。

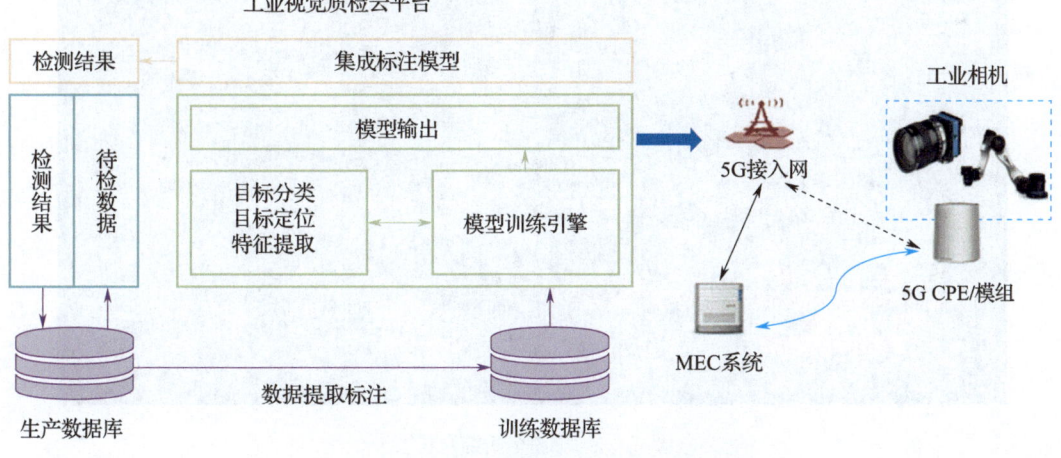

图 9-21 机器视觉应用系统结构示意图

一个焊装过程涉及 18 种技术,包括激光焊接,长度要超过 28m。这种激光焊接会使焊点更加紧密、焊缝更加小、焊件连接更加牢固。要使焊点的质量检测达到要求,就需要利用 3D 高速摄像机通过不同角度对焊点进行拍摄,通过 5G 回传,在后台进行各种实时比对,最后自动化地实现质量检测。也正因为 5G 技术的应用,明显提高了回传效率,降低了工人在质量检测工序的工作强度。

应用场景包括厂区内的 5G+焊装车间线边缘系统、5G+焊装机器人 AGV 小车、5G+创新工作室数字孪生平台等场景,所有数据在专网内运行,确保安全可靠。

在工业 4.0 时代,数字化是基础,网络化是支撑,智能化是目标。随着 5G 技术的推广,制造设备的大范围高速链接成为可能,可以为工业互联网提供强有力的支撑。以下列举 5G 技术在焊装车间线边缘系统应用的几个例子。

(1) **节拍分析模块** 过去,通过视频来逐帧检测设备节拍,耗时又费力。随着 5G 技术的发展,汽车焊装线边缘系统有了节拍分析应用后,可以采集设备动作及反馈信号,结合工位的属性、动作,显示机器手的每个动作时长,自动分析出瓶颈工位,为设备节拍达标提供准确数据支撑。

节拍监控能够把机器手的每一个动作进行分解,精确到了毫秒级,为设备节拍调试、生产改造以及客户生产订单排布提供数据支撑。节拍分析综合看板,如图 9-22 所示。

(2) **故障分析模块** 汽车焊装线边缘系统拥有设备故障分析功能,可以收集、分析、计算故障产生频次、时间、解决时长等数据,对设备进行全面评估。产线故障信息综合看板,如图 9-23 所示。

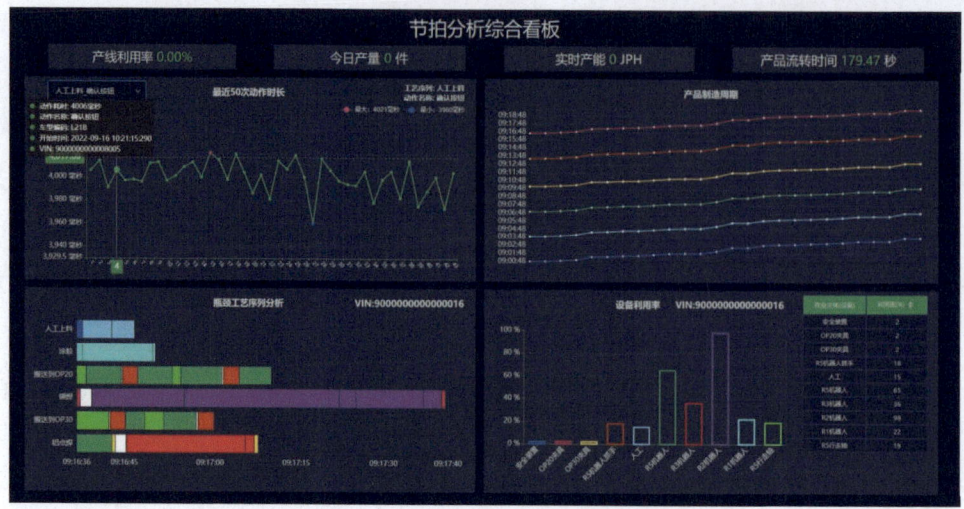

图 9-22 节拍分析综合看板

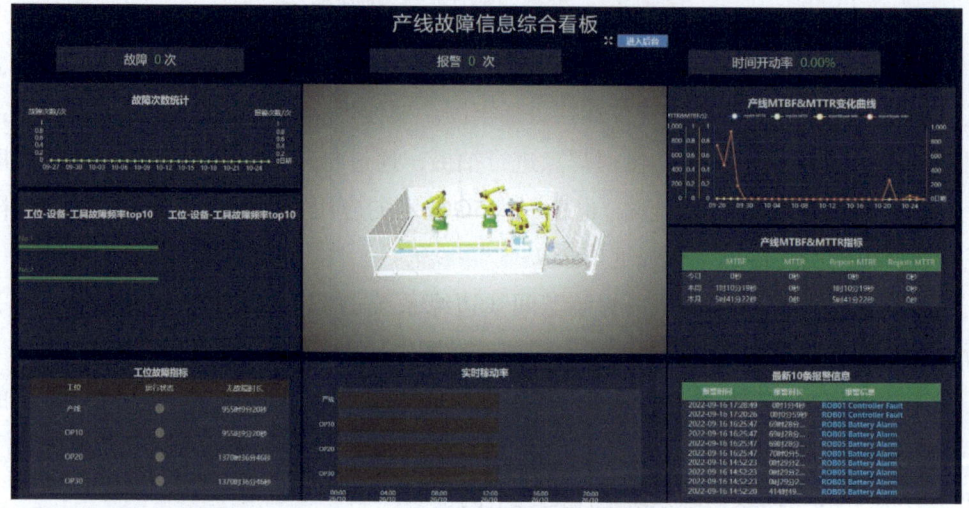

图 9-23 产线故障信息综合看板

除了数据分析外，系统还可以根据实物环境1∶1复刻3D环境，标注具体的设备故障部位，减少故障设备维修时间，为技术人员进行设备检修提供便利。

未来，将进一步检测、提取设备运行状态下的相关数据。根据运行参数，时刻了解设备的状态，为客户现场设备点检及维护保养提供精准预测，降低维保工作量及因设备异常带来的停线风险，提升线体利用率。

（3）焊点分析模块　汽车焊装线边缘系统改变了过去人工检查焊点质量的方式，可以在生产过程中对焊点质量进行检测，并及时处理问题。通过机器学习，能够实现在线质量分析，将预测结果接入品质分析平台，提升产线综合良率分析准确性，提高生产效率。焊机焊点分析系统，如图9-24所示。

学习任务九 焊装过程数字化管理

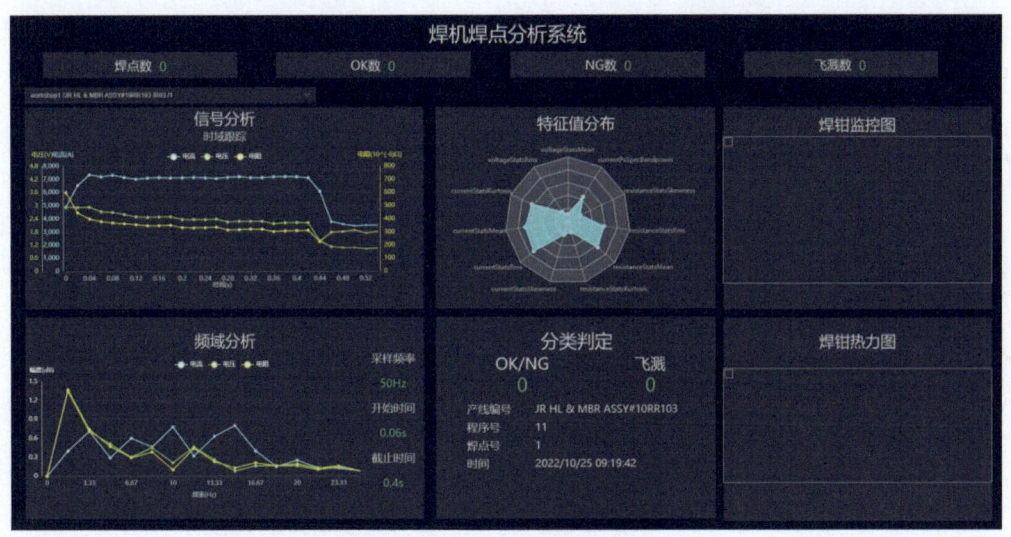

图9-24　焊机焊点分析系统

（4）远程调试和维护模块

1）远程维修/装配：在佩戴AR眼镜后，通过作业指导书标准SOP流程，利用嵌入每个步骤的关键注意点和安全注意事项，指导员工准确地操作，每个关键步骤作业后，强制通过眼镜端对结果拍照，利用5G网络回传至远程协作平台，经过算法对比确认，保证作业准确性。同时可通过实时地与远程专家端的音视频交互，在指导下完成维修/装配的各项流程步骤。系统支持全程录像，形成记录，供后续总结分析。

2）远程专家协作：当现场人员遇到无法用本地化支撑解决的问题时，可利用远程专家协作系统，请总部专家进行业务指导，通过搭载5G模组的AR终端分享第一人称视角，让远程专家无延迟地快速感知现场状况。远程专家根据实时画面分析判断，通过PC端提供解决方案，还可以在实时共享的画面上进行问题标注，通过端到端分享、音视频沟通等，提升解决问题的时效性，如图9-25所示。

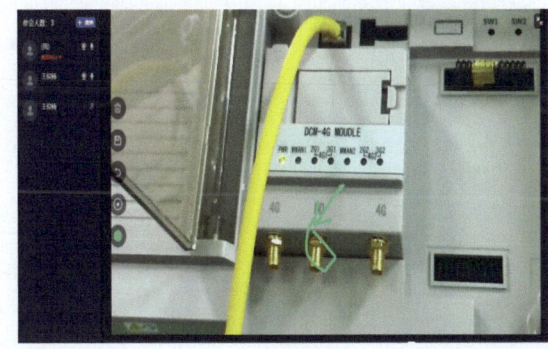

图9-25　远程在线诊断

5G+AR终端硬件可通过扩展内窥镜、红外热成像、数字听诊器、振动探测器、强光手电筒等外部辅助设备,协助远程专家更好地进行故障诊断和高效地提供解决方案。

任务实施

技能视频 安全生产的穿戴要求

1. 戴防护眼镜,穿安全鞋和工作服,做好个人防护。
2. 能够对焊装车间生产设备的管理和监控有一定认识。
3. 能够了解焊装生产现场管理的体系。
4. 能够对车间智能控制系统的组成和原理有一定的认识。
5. 能够对5G在汽车智能制造中应用的技术方案有初步认识并进行描述。
6. 能够举例描述5G在汽车焊装过程中的典型应用。

课后拓展

到图书馆、阅览室查阅汽车焊装数字化管理方面的书籍与杂志,上网查询汽车焊装数字化管理最新动态,观看汽车焊装数字化管理相关视频。

学习任务十　焊装过程 6S 管理

学习目标

1. 思政元素：培养学生"爱技、重技、专技、精技"的工匠精神，树立技能报国的爱国情怀。
2. 了解6S的起源和含义。
3. 掌握6S管理的意义。
4. 了解为什么实施6S管理。
5. 了解实施6S管理的步骤。
6. 掌握改善现场6S的有效方法。

任务导入

在车间内，工具是使用频率很高的物件，请大家观察图10-1所示工具摆放的图片，对比改善前和改善后的区别有哪些？请思考，如果工具摆放如左图，会对工作带来哪些影响？

改善前　　　　　　　　　改善后

图10-1　工具摆放图

知识准备

精益6S管理起源于日本的5S管理，主要包括整理（Seiri）、整顿（Seiton）、清扫（Seiso）、清洁（Seiketsu）、素养（Shitsuke）、安全（Security）六个活动，因日语的罗马拼音均为"S"开头，所以简称为"6S"。6S管理不仅可以帮助企业建立高效的工作环境，

183

而且可以建立可持续的安全文化。

6S通过规范现场、现物，营造一目了然的工作环境，培养员工良好的工作习惯，其最终目的是提升人的品质：革除马虎之心，养成凡事认真、遵守规定、自觉维护工作环境和文明礼貌的习惯。6S管理的内容，见表10-1。

表10-1 6S 管理的内容

日文（罗马拼音）	原义	英文	中文	例子
Seiri	整理	Sorting	常整理	扔掉不需要的东西或回仓
Seiton	整顿	Set in order	常整顿	所有物品有"名"有"家"
Seiso	清扫	Scrub	常清扫	个人清洁责任区的划分及认同，使环境明亮照人
Seiketsu	清洁	Standardization	维持3S成果	将前3个"S"习惯化、规范化，防止出错
Shitsuke	素养	Self-discipline	习惯化	个人履行职责，人人依照规定做事，养成良好习惯
Security	安全	Safety	安全	减少或避免工业伤害，保证人员、设备、产品、文件等的安全

一、整理

1. 整理的含义

整理（Seiri）是将工作场所的所有物品区分为有必要的和没有必要的，除了有必要的留下来，其他的都清理掉。目的：腾出空间，空间活用，防止误用，塑造清爽的工作场所。示例如图10-2所示。

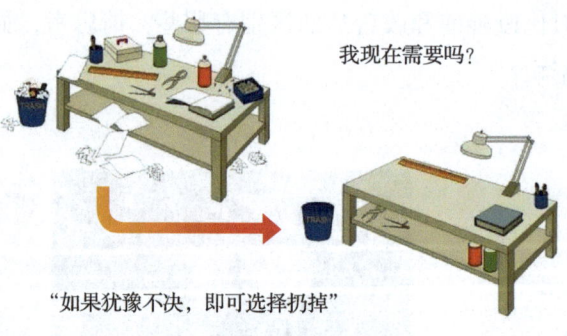

图10-2 整理示意图

2. 整理要求

1）操作人员整理生产线内需要的物品，将生产当天用的工装夹具和零部件装配好。其他不需要的都要从生产线内清理掉。

2）清理首先要明确基准，然后根据基准，清理要和不要的物品。需要的话，只留现在用的东西。

①私人物品不属于生产线内的物品，只能放在个人的箱子内。私人物品不得放入生产现场。

②当天生产以外的量不许带入生产现场。零件必须放在指定的地方和提供指定的需

求量。

③现在不用,没有计划使用的设备和工装夹具是否就那样放置在生产现场?马上要用到,或有计划使用的要有明确的标识(谁、什么时候、怎么样)。一定要明确要和不要,确定期限。

④有问题的工装夹具要及时贴上标签,统一放在规定的场所。要明确区分合格品与不合格品,做好标识,统一放置。

3. 整理的意义

物品经过整理后,可达到以下效果。

1)畅通过道,腾出空间,另作他用。

2)防止误用、误送。

3)减少碰撞,保障安全,提高质量。

4)减少库存,节约资金。

5)塑造清爽的工作场所,使职工心情舒畅,工作热情高涨。

如果物品未经整理,一定程度上会造成空间和时间上的浪费,如图10-3所示。经过整理后的物品,如图10-4所示,有利于提高工作效率。

图10-3 未经整理的物品

图10-4 整理后的工具柜

4. 如何做好整理

（1）整理的推行步骤

1)对你的工作场所(范围)进行全面检查,包括看得到和看不到的地方。

2)制定"要"与"不要"的判别基准。

3)清除不需要的物品。

4)制定废弃物处理方法。

5)调查需要的物品的使用频度,决定日常用量。

6)每日自我检查。

做好整理推行步骤,如图10-5所示。

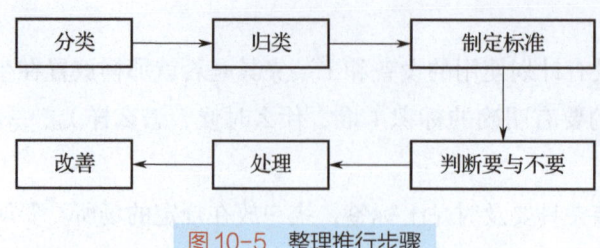

图 10-5　整理推行步骤

（2）制定标准　整理物品时，必需品和非必需品的使用频度和处理方法是有区别的。制定的整理标准，见表 10-2。

表 10-2　整理标准表

类别	使用频度	处理方法	备注
必需品	每小时	放工作台上或随身携带	
	每天	现场存放（工作台附近）	
	每周	现场存放	
非必需品	每月	仓库存储	
	三个月	仓库存储	定期检查
	半年	仓库存储	定期检查
	一年	仓库存储（封存）	定期检查
	两年	仓库存储（封存）	定期检查
未定	有用	仓库存储	定期检查
	不需要用	变卖/废弃	定期检查
	不能用	变卖/废弃	定期检查

（3）实施表格管理　做好整理工作的同时，及时做好整理统计工作。表格形式的整理统计，是比较常用的一种形式，示例见表 10-3。

表 10-3　整理统计表

XXX 厂 XX 车间 XX 班组整理统计表											
序号	XX 车间	XX 班组	XX 物品	XX 物料号	需处理的原因	处理时间点	责任人	监督人	处理人	备注
1										
2										
3										
4										
5										
6										

（4）彻底地做好整理　彻底地做好整理工作，重点从以下两个方面入手。

1）处理确定（明确责任）。

2）定期检查（形成制度）。

5. 整理要点

（1）要与不要的判断基准

1）根据使用频率判断是否重要。

2）根据场所判断是否有用。

3）有用不等于值钱。

（2）明确场所的基准

1）放在手边的东西一定是必要的。

2）必要的东西不是越多越好。

3）将必需品适量降到最低程度。

（3）不用品的处理

1）处理不等于扔掉。

2）物品不同，处理方法也不同。

3）同种物品要有统一的处理标准。

整理的要点，示例如图10-6所示。

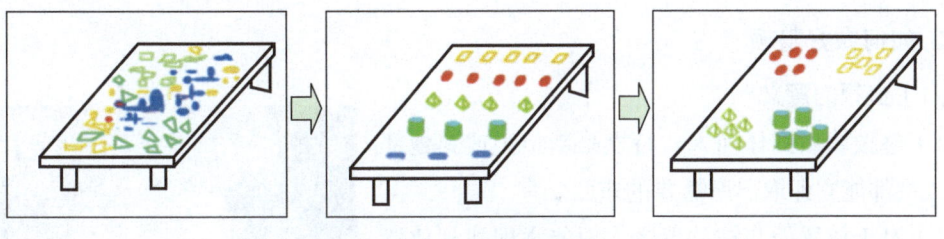

图10-6　整理的要点

二、整顿

1. 整顿的含义

整顿（Seiton）是把留下来的必要的物品按规定位置摆放整齐并加以标识。目的：使工作场所一目了然，缩短寻找物品的时间，营造整整齐齐的工作环境，清除过多的积压物品。示例如图10-7所示。

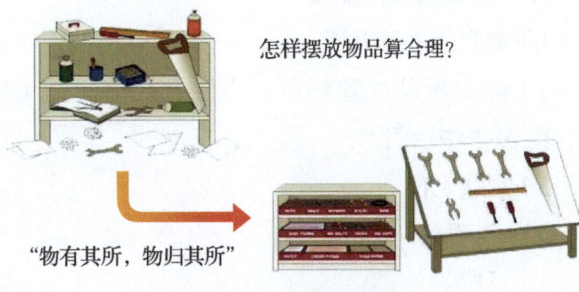

图10-7　整顿示意图

2. 整顿要求

生产线上的零部件、工装夹具以及休息场所，必须一目了然，遵守标识规定（定量、定置、定品）。

1）零部件收藏架前后都要贴上零部件标识。零部件收藏前后必须贴上识别的标牌。

2）禁止将零部件暂时放在某处或地上，禁止直接从盒子里拿部件。

3）空气管不能拖地，防止发生危险，使用后要悬挂，避免拖地。空气管的长度应在车辆宽度的1.5倍以内。空气管要短而整齐，没有拖线现象。

4）休息场所的柜子和架子要易于操作，工具台账要合理，在使用完后要养成归位的习惯。柜子和架子要整理干净，什么东西什么名称，要做好标识。

现场整顿的案例，如图10-8所示。

图10-8 整顿后的案例

3. 如何做好整顿

（1）整顿的意义

1）整顿要做到任何人，特别是新员工或其他部门的人员都能立即取出所需要的东西。

2）对于放置处与被放置物，要能立即找到放置处并将被放置物取出使用。物品使用后要能容易归位，如果没有归位或误放，应能马上知道。

（2）整顿的推行步骤

1）彻底地进行整顿。

2）确定物品放置场所、方法并做好标识（例如，图10-9中示例）。

图10-9 物品摆放在指定位置

3）划线定位。

（3）整顿的"3要素"

1）场所。

①物品的放置场所原则上要100%设定。

②物品的保管要"定点、定容、定量"。

③生产线附近只能放真正需要的物品。

2)方法。

①易取。

②不超出所规定的范围。

③在放置方法上多下工夫。

最佳方法必须符合容易拿取的原则。因此,现场管理人员应用最好的放置方法保证物品的拿取既快又方便。

3)标识。

①放置场所和物品原则上一对一表示。

②现场的表示和放置场所的表示。

③某些表示方法全公司要统一。

④在表示方法上多下工夫(易更换、活用颜色等)。

⑤在标识上,必须有责任人。

(4)整顿的难点

1)如何确定现场是否彻底整顿了?

2)现场的物品如何放置才是合理的?

(5)解决方法

1)工作场所的定置要求。首先要制定标准比例的定置图。生产场地、通道、检查区、物品存放区,都要进行规划和显示(包括工具箱内、电风扇、更衣室)。凡与定置图要求不符的现场物品,一律清理撤除。

2)以工艺要求为基准,用5K改善的方式优化。

①1K:物品的直接取拿;②2K:物品不要搬运;③3K:禁止物品二次搬运;④4K:物品、容器不要放在地上;⑤5K:在一臂范围内放置物品。

4. 整顿要点

将保管方法标准化,使任何人都容易找到并容易使用,一眼可以看清什么东西、在哪里、有多少、处于什么状态,以确立用眼观察(可视)管理。

1)决定保管场所:容易使用的地方。

2)保管场所的调整:在指定的保管场所。

3)标识品种和数量。

4)地址、号码的标识。

5)整顿的习惯化。

三、清扫

1. 清扫的含义

清扫（Seiso）是将工作场所内看得见与看不见的地方清扫干净，保持工作场所干净、亮丽的环境。

目的：稳定品质，减少工业伤害。

2. 清扫要求

1）明确每一个操作者的责任区，每天必须清扫。

2）用自己的双手提高岗位的清洁度。在作业岗位内要清扫干净垃圾，掉在地上的物品要捡起来。

3）地面上如果有灰尘、纸屑、油污，在作业时就可能会产生摔跤的危险，所以要经常清扫地面。地面不能有油污、脏物，要保持地面清洁。

4）定期进行日常清扫，所有员工在进行清洁清扫的同时，还要进行螺钉松动和漏油的初期点检。定期对设备、机械进行清扫和点检。

生产现场的清扫案例，如图10-10所示。

 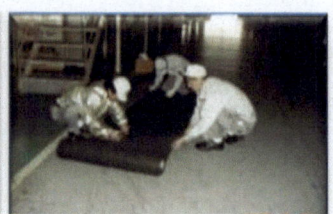 

　　a）定期清扫设备　　　　b）清除地面油污　　　c）工具箱要贴用量标记

图10-10　生产现场的清扫案例

3. 如何做好清扫

清扫的推行步骤：

1）建立清扫责任区。执行例行扫除，清理脏污。

2）调查污染源，予以杜绝。

3）建立清扫基准，作为规范。

四、清洁

1. 清洁的含义

清洁（Seiketsu）是将整理、整顿、清扫进行到底，并且制度化，经常保持环境处在美观的状态。

目的：创造明朗现场，维持上面的3S成果。

2. 清洁要求

1）清洁的意思就是没有脏物，很干净、很卫生。对于人来说，人的行为和做事也要干净利落、避免撒谎和纠纷。

2）自己判断，自己满意为止，才能保持进取心。

3）不仅要保持清洁，还要不断树立新的目标和进行新的改善，提高自己岗位的清洁度。

3. 保持清洁的做法

均衡每个工位的作业量，可以分成四等分或五等分，如图 10-11 所示。

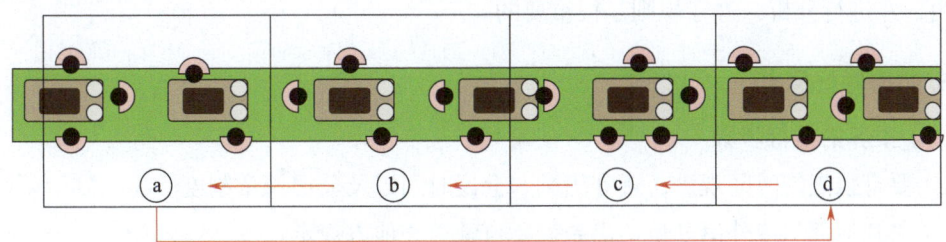

图 10-11　保持清洁的做法

自己进行评价，每个月末班组内自己进行核查确认（自己评价）。

次月的第一周按照以上方法进行其他组的评价，寻求改善方法，推进改善（他人评价）。

4. 如何做好清洁

清洁的推行步骤如下：

1）落实前面的 3S 工作。

2）目视管理与制定 5S 实施办法。

3）制定奖惩制度，加强执行力度。

4）公司及部门领导带头巡察，带动全员重视。

五、素养

1. 素养的含义

素养（Shitsuke）是指每位员工养成良好的习惯，并遵守规则做事，培养积极主动的精神（也称习惯性）。

目的：培养有好习惯、遵守规则的员工，营造团队精神。

2. 素养要求

1）素养的意思是教会员工正确的行为规范和技能方法。不论是在现场还是社会，领导、管理者、监督者要监督新员工和部下待人处事的礼节。

从见面打招呼，分手说再见开始进行指导。虽然很简单，但是也不一定能做好。按照规定的规则每天进行清扫，领导要起带头作用，监督部下进行清扫，率先模范比什么效果都好。

另外，统一每个老师的指导方法，避免1个老师1个指导方法的问题，统一现场的管理标准。

领导或监督者要让新员工向身边的前辈学习，让前辈的行动感化新员工，让新员工认识到行动的重要性，让所有人员都明白遵守规则的重要性。

2）如果员工不能遵守规则，要看看规则是否存在问题。不遵守规则要查明不能遵守的原由，并进行分析，遵守规则是很重要的。

3. 如何做好素养

（1）素养的推行步骤

1）要有强烈的时间观念，遵守出勤、会议时间以及公司规章制度。

2）去其他部门或外出办事、出差等要自觉遵守他方规定。

3）工作时应保持良好的状态（如不可以随意谈天说笑、离开工作岗位、看小说、打瞌睡、吃零食等）。

4）正确穿戴劳保用品，并着装整齐，正确佩戴厂牌或工作证。

5）待人接物诚恳有礼貌。

6）积极认真、敬业乐业。

7）尊重他人，为他人着想，为他人服务。

8）不得随地吐痰，乱扔纸屑。

9）打电话时要有礼貌，使用文明用语。

10）进入车间，手不得插入口袋，并走安全通道。

11）中午吃饭时应自觉排队。

（2）培养过程 素养的培养过程，是一个循序渐进的过程，如图10-12所示。

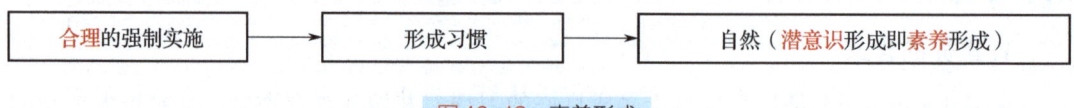

图10-12 素养形成

六、安全

1. 安全的含义

安全（Security）是指重视员工安全教育，每时每刻都要有安全第一这个观念，防患

于未然。

目的：保障员工的人身安全和生产的正常进行，减少经济损失。

2. 焊装安全要求

（1）"三不伤害"原则

1）不伤害自己。

2）不伤害别人。

3）不被别人伤害。

（2）"三不违章"原则

1）不违章操作。

2）不违章指挥。

3）不违反劳动纪律。

（3）安全事故"四不放过"原则

1）事故原因分析不清不放过。

2）没有防范措施不放过。

3）事故责任者和员工没有受到教育不放过。

4）事故责任人没有受到处理不放过。

（4）工程项目"三同时"原则　对于新建、改建、扩建、技术改造和引进的工程项目，其劳动安全卫生设施必须与主体工程同时设计、同时施工、同时验收及投产使用。

（5）安全工作"五同时"原则　公司领导或管理者在计划、布置、检查、总结、评比生产的同时，还要计划、布置、检查、总结、评比安全。

3. 如何做好安全

（1）做好安全监督　组长和班长作为基层组织的管理者，直接领导工人，并在现场直接管理材料、设备、机械和工具的使用情况。同时作为监督者，他们的主要职责见表10-4。

表10-4　监督者的安全监督职责

序号	职责	具体说明
1	规定作业程序	在安全的条件下，为了生产更多、更便宜的好产品，需要把作业方法标准化。为此，需要得到全体职工的理解和协助，对作业程序和关键点加以规定（作业标准），并努力实行
2	改进作业方法	监督者应注意作业方法有无危险和是否有害。对现行的作业方法不应满足，而是要坚持怀疑的态度，以寻找更好的作业方法为目标努力改进
3	适当安排作业者的工作	监督者为了完成工作任务和防止事故的发生，应经常考虑作业者的适应性和工作能力，适当调配人员和分配任务，使工作能在安全的条件下完成

(续)

序号	职责	具体说明
4	指导和教育	监督者为使自己分担的工作顺利进行,应该运用自己的知识和经验,指导和教育下级掌握必要的知识和技能,使下级能够在安全条件下提高自主完成作业的能力
5	"作业过程"的监督和指导	监督者对作业中的下级进行监督,指导他们遵守作业标准和其他事项,正确地进行作业
6	设备安全化以及改善环境	监督者对于现场的设备、机械、装置、工器具、安全装置、有害物质控制装置、保护用具等除保证其完好之外,对不安全的地方要加以改进
7	保持环境条件	努力保持作业场所的整理、整顿、清洁以及其他的环境条件
8	安全检查	对于自己负责的作业场所的设备、机械、作业环境,监督者要进行定期检查,努力发现异常情况,并且加以改进
9	发生异常时的措施	监督者平时要制定发生异常时的应对措施,并对下级进行培训,使下级在面对异常问题时能够立即采取措施
10	发生灾害时的措施	发生灾害时,监督者在采取紧急措施的同时,要分析灾害的原因并采取对策,此外,要吸取过去发生灾害的教训,防止灾害再次发生
11	提高安全意识,防止劳动伤害事故	除利用标语、宣传画之外,还要利用早会、TBM(安全作业讨论会)和其他会议等,提高下级的安全意识

监督者在安全管理方面要及时按照管理层面的方针政策来核对安全工作。现场监督者对安全负有极为重要的监督责任,日常必须实行的重点检查有以下几项。

1)每天固定时间进行30min巡回安全检查,对于检查中发现的问题要及时指导(劝告)和处理。

2)每天开始工作前,召开会议,了解员工身体、生产、生活有无异常情况,交代当天作业任务及安全注意事项。

3)每月至少开一次现场安全会,对于工作场所出现的问题要作为教训加以吸取。

4)定期开展安全教育培训,重点抓作业是否标准、劳动保护用具的穿戴是否标准。

(2)开展安全教育 工作场所的安全教育目标需要从人、物、作业上进行分析,明确什么是影响目标完成的因素,消除这些影响因素就是现场安全教育的目标。

安全教育的内容见表10-5。

表10-5 安全教育的内容

序号	类别	目的
1	知识教育	(1)对所使用的机械设备的结构、功能、性能要有所了解 (2)使员工理解灾害发生的原因 (3)使员工了解与安全有关的法规、标准 (4)不仅让员工理解安全知识,还要教会员工活用的方法

学习任务十　焊装过程 6S 管理

（续）

序号	类别	目的
2	解决问题的教育	（1）找出解决问题的方法，以过去或现场存在的问题为例，使员工了解从发现问题、查明原因、确认事实直到采取对策整个过程中涉及的手段和方法 （2）指出目标，使员工理解处理问题的手段和方法，培养其观察问题的能力，即培养其直观能力、分析能力和综合能力
3	技术教育	（1）掌握作业方法和机械设备操作方法，掌握程序与重点 （2）培养适应能力，以实际操作为主
4	态度教育	（1）对安全作业从思想上重视并加以实行 （2）遵守工作场所的纪律和安全纪律 （3）提高工作积极性

安全教育的方法，主要从以下几方面着手。

1）反复进行。反复地讲给下属听并做给他们看。知识教育要从各种角度去教；技能教育要达到直观、领会和掌握关键；态度教育可以通过举例子使每个人在思想上能够接受，以改变过去的认识和态度。

2）强化印象。这不是一种抽象的、观念性的教法，而是借助事实和实物具体地教，以刺激人的记忆，使其记在心里。

3）利用"五官"。根据教育内容，很好地利用眼、耳、口、鼻、皮肤等每一项感官进行教授。

4）理解功能。通俗易懂地讲解，为加深下属的理解，要特别下工夫。

5）利用专栏、板报进行安全教育。将安全教育的内容以看板的形式展示出来。

（3）服装、劳保用品　劳保用品的最大作用就是保护员工在工作过程中免受伤害，或者防止形成职业病。但在实际工作中，很多员工却对此理解不够，认为劳保用品碍手碍脚，是妨碍工作的累赘。这就要求管理者持续不断地加强教育、严格要求，使员工形成习惯。

劳保用品的种类，主要包括服装、防护用具两大类。

1）服装。

①作业帽。作业中即便没有飞来的东西或落下来的危险物品，为了遵守作业场所的纪律，员工也必须戴好作业帽。

②作业服。作业服要合身、轻快、清洁。作业服不仅要适合寒暑的温度变化，还必须符合安全的要求。

③鞋。鞋要轻快，便于行动，不能容易绊倒或打滑。根据作业内容或作业场所的不同，有的岗位还需要穿安全鞋或绝缘鞋。

④手套。为了防止手脏和保护手指而需要戴手套，但在进行有被机器卷进的危险作业

时，不允许作业人员戴手套。

2）防护用具。

①防护用具的种类。防护用具包括安全帽、防护眼镜、防噪声耳塞、安全鞋、安全带、防尘和防毒面具、绝缘防护用具等。

安全帽在佩戴时不可前后反戴，要系紧绳带。如果佩戴不正确，安全帽容易滑落造成头部伤害，起不到应有的保护作用。佩戴安全帽正确和错误的示例，如图10-13所示。

耳塞在佩戴时，不要用力过猛过急或插得太深，以自我感觉适度为宜。耳塞佩戴示例如图10-14所示。

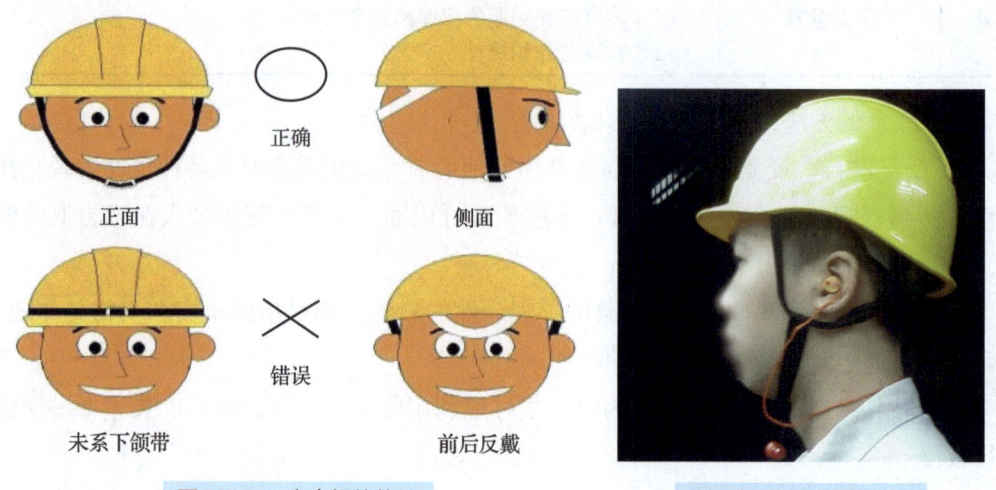

图10-13　安全帽的使用　　　　　　　图10-14　耳塞的使用

②防护用具的使用要求。企业在选用与管理防护用具时，一般应该注意以下事项。

a.站在作业者的立场，选用适合作业者的防护用具。

b.定额标准要够用。

c.指定防护用具的管理者。

d.规定管理（修理、检查）的方法。

e.教会作业者使用方法。

f.强调必须使用必要的防护用具。

企业在选择个人防护用品时，不仅要注意防护效果，还应考虑是否符合生理要求、便于使用。在使用时，还需加强管理和检查维护，才能达到应有的防护效果。劳保用品发放和使用，也应该严格按照公司的管理规定。

结合焊装生产车间的实际，员工进入焊装生产车间，需要佩戴防护眼镜、穿防砸防刺穿钢头鞋。

员工进入非作业区域的穿戴标准，见表10-6；进入作业区域的穿戴标准，见表10-7、图10-15所示。

表 10-6 进入非作业区域的穿戴标准

工种	头部	躯干		脚部	图示
		上身	下身		
职员	安全帽 防护眼镜	夏季：长袖衬衫 冬季：涤棉工作服	严禁穿七分裤、短裤	防砸防刺穿钢头鞋	

表 10-7 进入作业区域的穿戴标准

工种	头部					躯干				手部		脚部
	头	耳	眼	口	其他	上身	下身	腰	臂	手	腕	
点焊工	安全帽	耳塞	防护眼镜	—	—	焊装长袖工作服	焊装长袖工作裤	焊装围裙	焊装护袖	耐油帆布手套	护腕	防砸防刺穿钢头鞋
★CO_2电焊工	安全帽	耳塞	—	防尘口罩	电焊面罩	阻燃长袖工作服	焊装长袖工作裤	焊装围裙	焊装护袖	电焊手套	护腕	防砸防刺穿钢头鞋
★修磨工	安全帽	耳塞	防护眼镜	防尘口罩	—	焊装长袖工作服	焊装长袖工作裤	涤棉围裙	护袖	纱手套	护腕	防砸防刺穿钢头鞋

 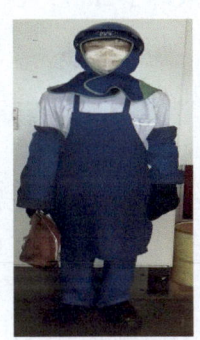 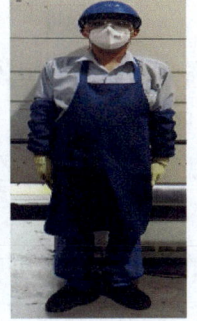

a）点焊工　　b）CO_2 电焊工　　c）修磨工

图 10-15 进入作业区域的穿戴标准

（4）安全的推行步骤

1）员工进入现场，必须按规定穿戴好劳动保护用品（工作服、劳保鞋、安全帽、防护眼镜等）。

2）车间内禁止穿露趾鞋、拖鞋和高跟鞋。禁止在车间内追逐、喧哗、打闹或做与本人工作无关的事情。

3）凡运转的机械设备，不准跨越及触及运转部位。

4）严禁在没有挂安全锁的情况下进入机器人的作业范围，当设备异常时，按照停止、呼叫、等待的步骤行动。

5）行人要走指定通道，过交叉路口时要确保安全后方可前行或转弯，注意通道警示标志，严禁贪图方便跨越危险区，严禁攀登吊运中的物件，以及在吊物、吊臂下通过和停留。严禁爬上行驶中的机动车辆或从车上跳下、抛卸物品。

6）搞好现场4S，保证生产作业区、车间、库房安全通道畅通。现场物料堆放整齐、稳妥、不超高，及时清除工作场地散落的尘土、废料和工业垃圾。

7）对易燃易爆、有毒有害和具有腐蚀性的物品，必须分类妥善存放，并设专人管理，易燃易爆等危险场所，严禁烟火和明火作业。

8）严禁在没有许可证的情况下操作机器、驾驶车辆等。

9）严格交接班制度，重大隐患必须记入值班记录，下班前必须断开电源、气源、熄灭火种，检查清理场地。

10）发生工伤事故或设备事故，应及时制止事故扩大，并进行抢救或抢修，同时立即报告领导和安全部门。

11）在非常规作业、示教作业时，必须有监视人员，严禁单人独做。

12）焊枪的电极修磨和更换作业，严禁在控制电源未关闭的情况下进行，进行电极对合的加压确认时，不得将手伸入动作部位。

13）高空作业情况下（高度大于或等于2m），必须确保有安全带，使用稳固、防滑的阶梯。

14）严禁在设备自动或调试运转中将手伸入设备的运动范围，设备可能由于过载而发生事故。

15）使用氧乙炔焊时，不得在乙炔未装回火防止器和氧气瓶、乙炔瓶未分放隔离的情况下施焊。

（5）容易受到的伤害类型及预防

1）被工件割伤：拿取工件时应采用正确的方法并穿戴劳保用品（例：防割手套等）。

2）车辆伤害（牵引车、叉车等）。

①遵守各项交通规则。

②厂内机动车辆（牵引车、叉车等）等特种作业人员，应经职业培训，持特种作业操作证上岗操作。

③行人要走指定通道，过交叉路口时要确认安全后方可前行或转弯，并注意通道警示

标志。

3）飞溅灼伤。

①采取正确的操作方法。

②穿戴个人劳保用品（例：长袖工作服、手套等）。

4）弧光灼伤。

①使用专用防护面具及防护眼镜。

②穿戴个人劳保用品（例：长袖工作服、手套等）。

5）设备（夹具、焊机）夹伤。

①确认安全装置的有效性或合理增加安全装置。

②按作业要领进行作业。

6）生产性毒物：操作人员必须遵守工作守则，正确佩戴防毒口罩、手套、护目镜等，并且清洗手时尽可能使用消毒液，以免过量有毒物质侵入人体，引发急性或慢性中毒。

7）粉尘：遵守工作守则，正确佩戴防护口罩、护目镜等。

8）高温作业。

①加强通风换气，加速空气对流，降低环境温度，以利于机械设备热量的散发。

②加强个人保健，供给足够的含盐清凉饮料。

9）噪声：加强个人听力防护（戴耳塞、耳罩等）；加强噪声源控制及整改。

任务实施

1. 能够掌握6S管理的含义。
2. 能够掌握6S管理的要点。
3. 理解如何开展6S。
4. 掌握焊装安全生产的要求。
5. 能够正确佩戴防护眼镜，穿安全鞋和工作服，做好个人防护。
6. 能够了解焊装作业容易受到的伤害类型及预防措施。

课后拓展

到图书馆、阅览室查阅精益生产6S管理方面的书籍与杂志，上网查询焊装车间6S管理的典型举措，并思考6S的重要性。谈一谈"提升自我，从小事做起"在职业素养中的重要性。

学习任务十一 焊装 SE 技术

学习目标

1. 思政元素：培养学生"爱技、重技、专技、精技"的工匠精神，树立技能报国的爱国情怀。
2. 了解 SE 的定义。
3. 掌握 SE 的分类与目的。
4. 了解焊装 SE 的作用与功能。
5. 了解焊装 SE 分析的内容。
6. 掌握焊装 SE 的分析流程。

任务导入

任务：如图 11-1 所示，某车型顶篷与其支撑横梁之间的理论间隙应该为 2.5mm，实际间隙最大达到 5mm，问题出在哪里？

案例分析：经过核实，产品设计正确，顶篷零件质量无问题，支撑横梁无问题，焊接夹具无问题，操作过程无问题，问题出在公差分配不合理，导致支撑横梁、顶篷等公差累积引起的间隙过大，因此需要整改，整改的费用约为 2 万元，整改的周期约为 2 周。

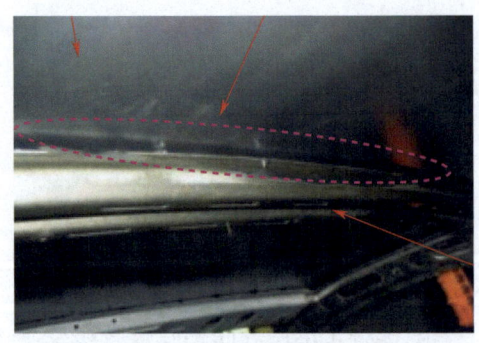

图 11-1 某车型顶篷与其支撑横梁之间的间隙

知识准备

一、焊装 SE 概述

随着汽车工业的高速发展，汽车市场竞争日益加剧，新品的推出速度已经成为各个汽车企业立于不败的法宝。由于汽车的结构复杂、性能要求高、投入成本高、开发周期长等，如何在缩短汽车开发周期的同时，最大限度地降低开发风险和设计、制造成本是关键，SE分析应运而生。

1. SE的定义

SE（Simultaneous Engineering，同步工程）也称为并行工程，是对产品开发及其制造过程进行同步工艺分析的系统化工作模式。这种模式是从新产品开发的最初阶段开始，就尽可能地把设计与制造联系起来，即以后生产过程中的各个部门从新产品设计就开始同步参与到多部门协同并行的制造活动中。在产品设计研发过程中，工艺分析提前介入，提前输入工艺制造对产品的要求，在设计时充分考虑工艺性及共线可行性，同时使产品在成本最优的条件下更容易制造实现。因为工艺的提前介入，原本留到工艺实施阶段时才会暴露的问题得以提前暴露并解决，缩短了车型的研发周期，降低了研发的成本投入，同时避免了量产后出现的大量产品设计变更和开发周期延期。

目前，SE分析主要利用三维软件构造的虚拟现实，对新车型数模进行专业技术分析，对产品数模、制造工艺进行改进。通过SE分析，在产品设计阶段对工艺开发人员提出的工艺问题进行解决，从而提高产品品质、降低开发成本、缩短开发周期，在新品的设计开发中，冲压、焊装、涂装、总装各个工艺环节，都会参与到产品开发的同步工程中来，如图11-2所示。

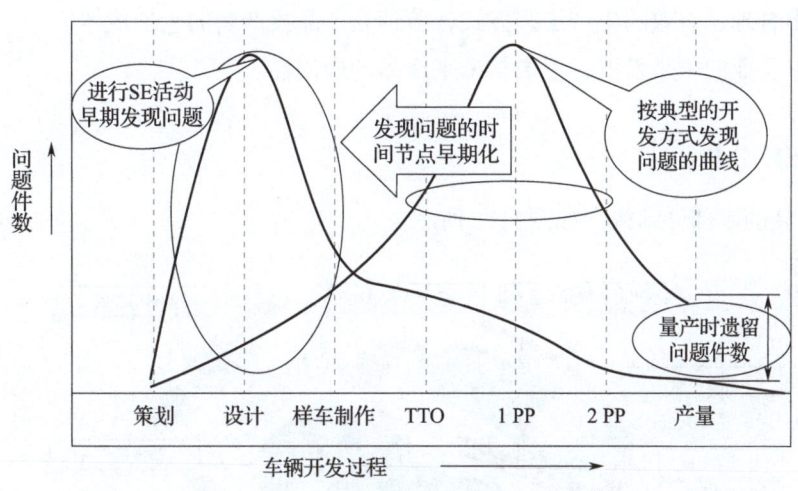

图11-2　车型开发过程中问题曲线图

2. SE的分类与目的

SE分析是一种在产品开发过程中进行工艺支持的工作模式，分为冲压SE、焊装SE、涂装SE、总装SE和尺寸工程SE。

其中，焊装SE是整合产品设计、工艺设计、质量保证、生产制造过程的系统方法，焊装SE现已在大部分汽车生产厂应用，以加快推出市场上需要的新产品，增强企业的核心竞争力。

3. 焊装 SE 的作用与功能

焊装 SE 活动是将生产准备阶段的工作提前到设计阶段同步进行，通过对零部件焊接工艺性的分析和改进，使设计出的数据更适合制造。宏观上来讲，同步工程的目标是提高质量、降低成本、缩短产品开发周期。焊装 SE 活动在实现上述要求的过程中，主要优势体现在以下几个方面。

1）产品开发有效性改进，使得在设计开发阶段的每一个零件、每个总成都符合焊接原理和实际生产需求，减少开发全过程方案更改次数，最终使全过程方案更改次数减少。

2）开发过程同步，将原来在量产准备时开展的部分工作提前到设计阶段进行，设计数据通过仿真得到充分的验证，减少了由于数据的频繁修改产生的大量重复工作，将在制造时才会碰到的问题提前解决，使产品整个开发周期缩短。

3）设计和制造过程一体化，在设计时充分考虑夹具、焊接设备的合理性，例如使产品设计结构合理，尽量减少难以焊接的位置等，使制造成本降低。

采用焊装 SE 分析可以达到以下目的。

1）从制造工艺的角度优化产品设计，完善产品制造工艺。

2）减少新产品设计返工，降低投产前修改费用，缩短新产品的整个开发周期。

3）提出可靠性高的生产方式，提高并稳定车身质量。

4）提出合理、有效的生产工艺方式，节约新产品投产后的生产成本。

5）注重企业的未来发展，考虑与未来产品的通用性。

二、焊装 SE 分析

车身焊装的零部件结构，如图 11-3 所示。

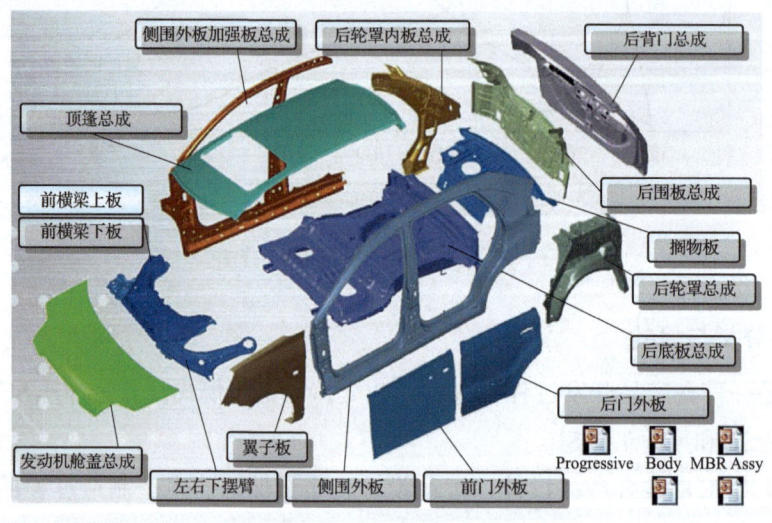

图 11-3　车身焊装的零部件结构

1. 焊装SE分析流程

焊装SE工作一般由产品规划部门人员、车身设计人员、焊接工艺人员、生产技术人员、夹具供应商、外部技术支持（如工厂设计人员、焊钳供应商）等参加。由于焊接件质量的好坏往往与冲压件质量密切相关，必要时还要有冲压工艺人员和模具供应商参加。

一般来说，任何工作流程都是在特定的环境中形成的，焊装SE分析工作也不例外。目前国产品牌汽车在新品开发方面有了长足的进步，通过与国外有一定产品同步开发、工艺分析经验的公司合作，学习和借鉴对方的同步开发经验，建立了自己的开发流程及规范。虽然具体流程有所差别，但是总体来说，焊装SE分析流程一般遵循以下的思路（图11-4）。

SE分析工作流程基本根据产品设计阶段而定，一般分为以下几个阶段：①策划阶段；②参考车分析阶段；③草图及模型阶段；④工程化设计阶段；⑤SE阶段总结；⑥设计样车阶段。

从以上分析可以看出，SE工作是一项非常复杂的工作，它涵盖的领域包括产品结构设计、工艺设计、生产线建设、工装设计、焊接技术及设备、尺寸知识、检测技术等各领域，每一个领域都有非常广泛的内容。因此从事SE分析一般需要具备以上多方面的知识，同时要对以上领域的知识灵活应用才能达到目的。

从数模设计开始，焊装同步工程就开始了。先要进行外观分析，才能完成造型设计；通过断面分析，完成主断面设计；在详细的数模设计阶段，要经过详细的数模分析，完成相关工艺文件，才能把数模冻结；在焊装夹具、工装、焊钳等设备设计、制造阶段，仍需要继续进行工艺分析论证，直至产品投产。

在这些阶段中，参与其中的技术人员，通过对数模进行分析，形成工程变更申请单（Engineering Change Request，ECR），提出修改意见。然后各级和各相关部门对ECR进行确认。当修改意见确定后，再由产品设计人员对数模进行修改，或工程设计人员修改生产工艺。完成一个工作循环后，再以新的数据为基础，开始下一个新的同步工程工作。

2. 策划阶段

本阶段主要与产品策划部门一起对目标车型进行初步分析，并在工艺技术方面与竞争对手产品进行对比，确定是否采用焊接新技术、新工艺，根据企业现状确定该产品可能生产场地，并进行生产线建设投资预算。最后将分析报告提交企业高层决策。

（1）输入内容

1）目标车型的主要技术参数。

2）公司近远期的产品规划。

（2）主要工作内容

1）目标车型的初步分析。

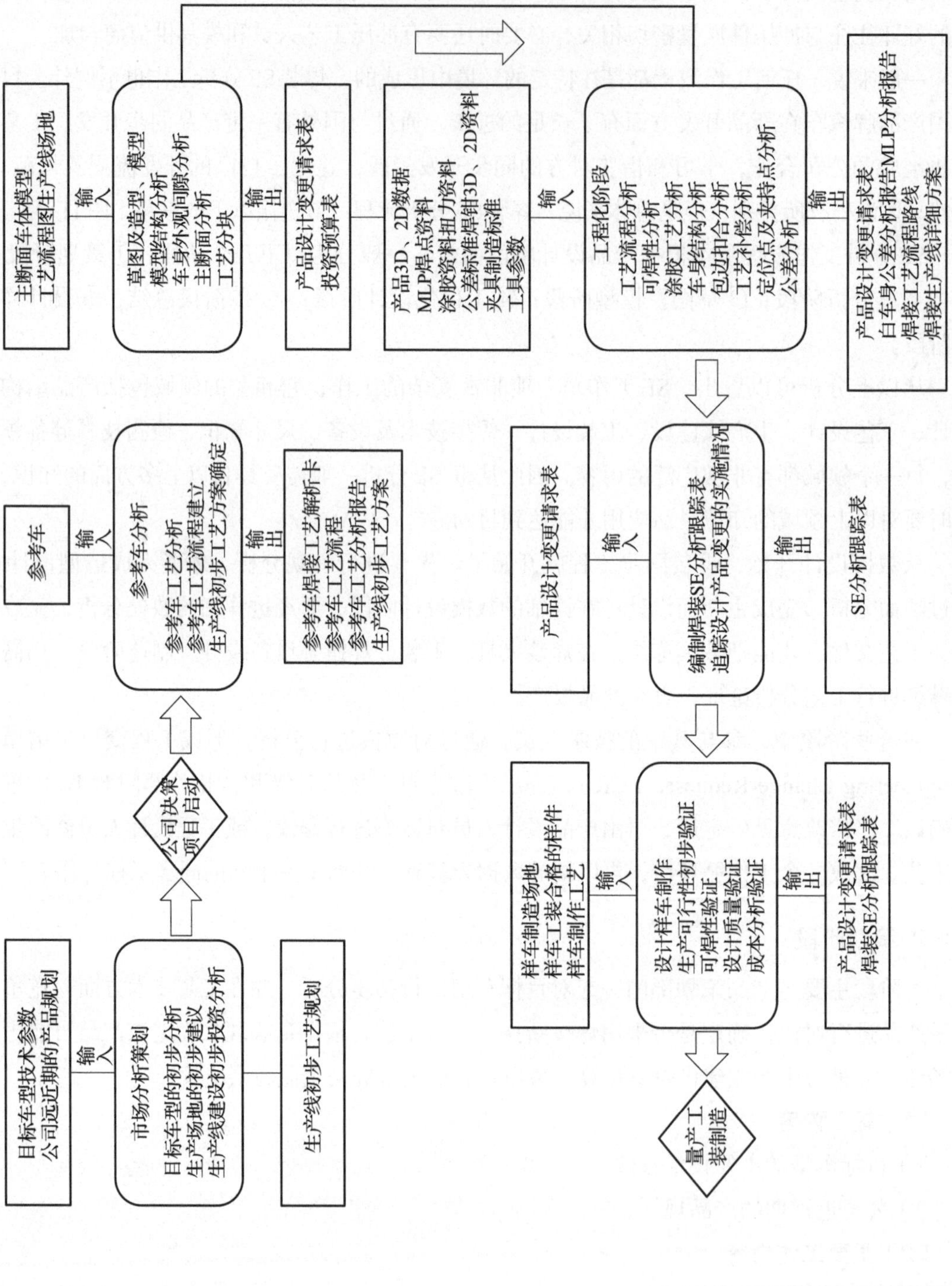

图 11-4 焊装 SE 分析流程

①新开发车型能否在现有的生产线上生产。

②新开发车型与竞争对手车型在焊接工艺技术方面的差异,从成本质量方向选择是否采用焊接新技术、新工艺,如激光焊接、镀锌钢板、高强度钢板、不等厚钢板、机器人焊接的应用。

2)生产场地的初步建议。

①根据规划要求以及公司现状提出新车型的生产场地建议。

②对建议生产场地进行近期及远期生产可行性分析。

③确定生产线初步建设方案。

3)生产线建设初步投资分析。

①初步确定制造分工方案及预计投资金额。

②初步确定焊接工艺设备数量及预计投资金额。

③初步确定厂房建设及配套设施的投入情况。

(3)输出内容 焊接生产线工艺规划(初步)(含生产线的初步投资概算)。

3. 参考车分析阶段

本阶段主要对参考车进行解析分析,根据分析内容制定参考车身初步明细及工艺流程,并确定生产线建设投资概算。

(1)输入内容 参考车一辆。

(2)主要工作内容

1)参考车工艺分析:参考车车身解体分析,并进行工艺分块。

①焊接工艺分析。分析参考车是否采用新技术、新工艺和特殊焊接工艺及焊接工艺可行性分析。

②材料分析。分析参考车是否采用新材料,以及新材料的焊接工艺可行性分析。

③参考车车身结构分析。分析参考车结构形式及焊接工艺难点和重点。如车门采用分体式门还是整体门,与车身是采用焊接方式还是螺栓连接方式,包边是采用全包还是部分包边,车门外蒙皮的补强方式是否采用补强胶片;前翼子板采用装配方式还是焊接方式;确定不等厚钢板部位;顶篷与侧围的搭接处采用点焊还是激光焊接,顶篷装饰条的连接方式。

④涂胶工艺分析。分析焊接用胶的种类、涂胶部位及可行性分析。

2)参考车工艺流程的建立。根据参考车解析分析结果,依据以往工作经验初步确定参考车工艺流程。

3)生产线初步工艺方案确定。根据生产场地的实际情况,考虑准备用于新车型的生产场地的大小、新车型车门尺寸的大小、参考车工艺流程因素,初步确定生产线的建设方式和提出制造分工初步建议,编制生产线的初步工艺方案。

①提出四门两盖制造分工建议（配套或自制）。

②初步确定车门线的建线方式和工艺手段，例如是利用现有车门生产线进行新车门的生产，还是新建车门生产线；包边方式采用扣合压力机或包边机还是机器人；车门间的传输方式是人工还是自动。

③初步确定零部件供货状态。

④初步确定夹、模、检具的制作方式。

（3）输出内容

1）参考车焊接工艺解析卡片。

2）参考车焊接工艺流程（图11-5所示为某车型工艺流程图示例）。

3）参考车工艺分析报告及产品开发工艺特殊要求建议书。

4）生产线工艺方案（初步）（含生产线的初步投资概算）。

4. 草图及模型阶段

本阶段主要是在工程化设计前，为降低风险，依据公司现有的工艺技术水平，对造型模型进行工艺可操作性分析。

（1）输入内容

1）主断面。

2）车体模型。

3）工艺流程图。

4）生产线场地及相关物流初步资料。

（2）主要工作内容

1）模型结构分析。

①尽可能优化结构，采用比较成熟的焊接工艺。

②尽可能避免较特殊且成本较高的焊接工艺。

③从各个角度降低焊接工装及生产线建设成本。

④工艺难点分析。

图11-6所示为某车型翼子板模型结构，翼子板与前照灯周边尖角均没有圆角，这从制造工艺上来讲是不可能的，因此在此处翼子板应设计为带圆角结构；另一方面此处圆角不能太大，否则会造成此处装配后孔洞过大，所以翼子板上的圆角一般建议为$R2$。

2）车身外观间隙分析。

3）主断面分析。

①零部件装配位置关系。

②车身结构实现形式。

③车身结构合理性。

a) 某车型前罩罩板工序流程

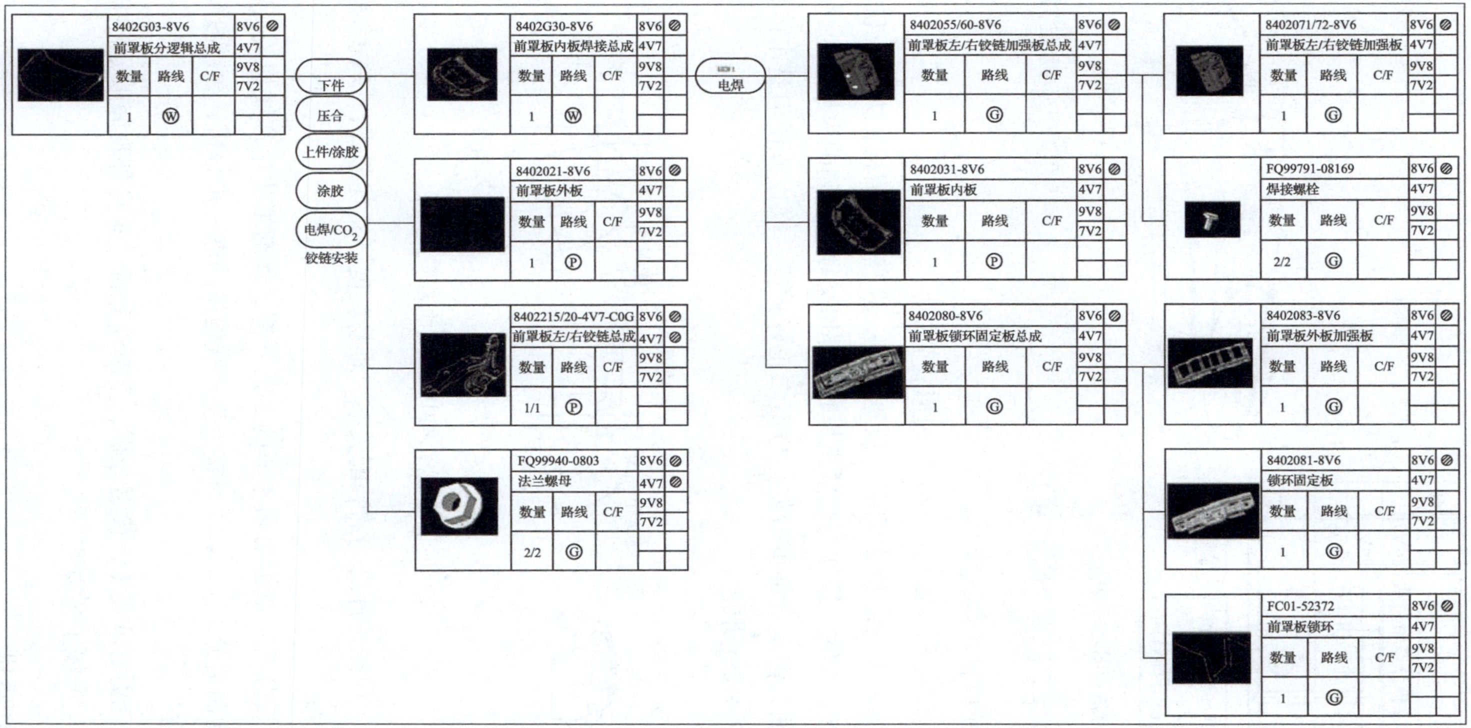

图11-5 某车型前罩罩板工序流程及说明

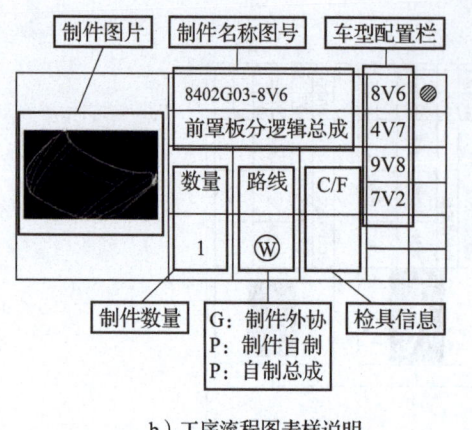

b）工序流程图表样说明

图 11-5　某车型前罩板工序流程及说明（续）

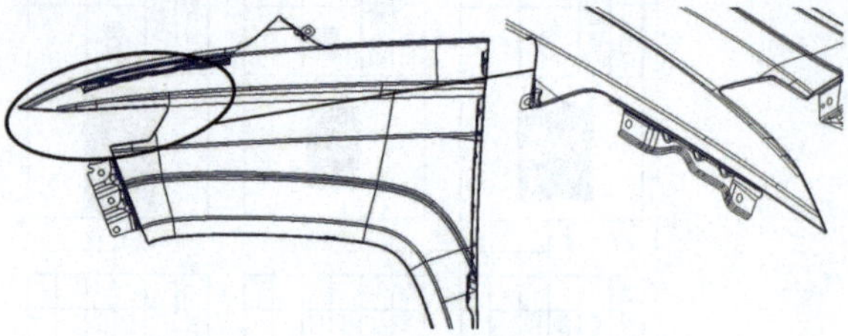

图 11-6　某车型翼子板模型结构

④焊接密封胶位置及截面大小。

⑤焊点位置，定位孔位置及焊接的实现形式分析。

如图 11-7 所示，车身结构中侧围和顶篷搭接一般有两种结构：方案一和方案二。两种方案各有优缺点：方案一顶篷与侧围组焊时，焊钳必须通过侧围内蒙皮的过孔焊接，操作性不是非常方便，但车身强度较好；方案二正好相反，操作方便但是车体强度相对较弱。这在设计过程中要有取舍。

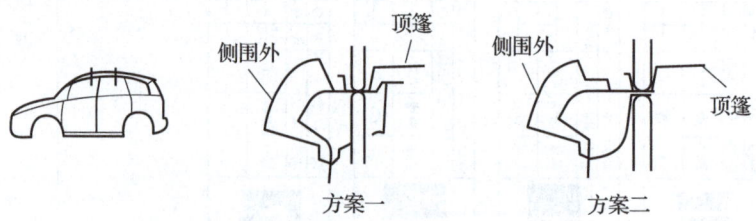

图 11-7　车身结构中侧围和顶篷搭接方案

4）工艺分块：根据零件之间的装配关系、难易程度、实现形式，以成本控制为原则，定义出最优分块方案。

5）生产线建设分析：依据对参考车的工艺分析，逐渐细化生产线相关资料，确定生产线平面布置（含制造分工），以及对整个生产线建设的进一步分析，更新投资概算。

（3）输出内容

1）产品设计变更请求表（含模型分析、主断面分析、车身外观间隙分析报告）。

2）完善焊接生产线工艺方案。

5. 工程化设计阶段

本阶段主要通过产品设计部门提供的产品 3D（2D）数据、主断面资料对产品进行生产线可行性、可焊性、质量、成本等方面的分析，初步确定该工位的焊接设备的种类、规格和数量；进行该工位的物流分析；进行该工位焊接工艺性分析，确定采用何种焊接方式、材料厚度和搭接边等是否满足焊接要求、焊后的工件变形分析等；完成单工位布局图。然后，在此基础上确定焊接工序编排，确定焊接工位数；做出焊接夹具清单；进行零部件输送、工位间分总成输送和储存的方案分析；对关键工序的自动化进行确认：是否采用机器人，机器人的数量是多少等，最后完成生产线工位布局图。

（1）输入内容

1）产品 3D（2D）数据。

2）整车焊点资料。

3）整车涂胶资料。

4）整车扭力资料。

5）备选焊钳的 3D（2D）资料。

6）相关工具（如焊钳、挤胶枪等）的参数资料。

7）公差的基本标准。

8）夹具制造标准。

（2）主要工作内容

1）工艺流程分析：装配工艺检查；装配零件干涉检查；工艺流程、工艺路线编制并提出制造分工建议；生产线初步布置及物流分析；零件搬运性、重量、尺寸检查。

以上主要包括上车体、前后底板、发动机舱、组拼、四门两盖装配可行性，确定白车身结构工艺分块及工艺流程。同时根据零件之间的装配关系、难易程度、实现形式，综合各种因素为原则，定义出最优分块方案。根据车身结构分析焊接层次，要求包含分解到片件状态。工艺流程、工艺路线设计完成后需要提出制造分工建议。

制造分工：自制或供货。

分工原则：关注分总成质量保证、场地、生产节拍、费用预算等。

图 11-8 为某车型搬运合理性检查的一个案例。产品前期为考虑碰撞性能，前边构件

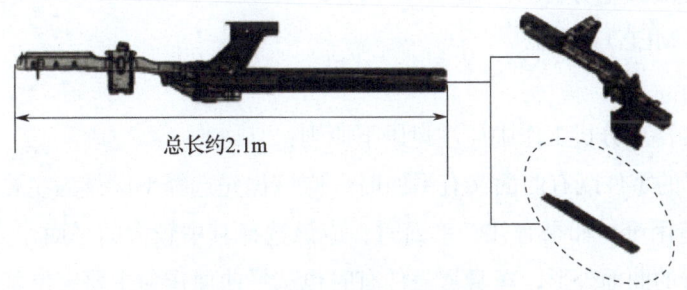

图 11-8　某车型工艺布局典型案例

中段加长件设计在发动机舱边梁上装配，造成工艺性差、质量控制困难及成本的增加。因此在分析过程中就将后段零件调整至前底板焊接总成中焊接，达到成本、工艺性、质量等方面的最合理化。

2）可焊性分析。

①焊点优化分析。

②焊接边长度及宽度优化分析。

③特殊焊接方式分析。

④焊接通道分析。

3）涂胶工艺分析。

①涂胶位置及断面形状的确定。

②涂胶所需的间隙尺寸分析。

③涂胶枪嘴选型分析。

4）车身结构分析。

①零件装配干涉检查。

②零件装配结构合理性检查。

③零件形状合理性检查。

5）包边扣合分析。

①包边翻边的长度分析。

②包边尖角条件分析。

③包边翻边角度分析。

④包边压力分析。

6）工艺补偿分析。

①冲压回弹分析。

②焊接变形分析。

7）定位点及夹持点分析。

①夹持点（MCP）分析。

②定位点（MLP）分析。

③母孔分析。

在定位及夹持点分析工作中应注意以下原则：

a．当被装焊的零件既有曲面又有平面时，应该优先选择平面作为主要定位基准面，否则夹具设计制造困难。如果有几个平面时，应该选择其中较大的平面作为主要定位基准。但为了保证车身的曲面外形，车身覆盖件有时也选择曲面作为主要定位基准。

b．对于较复杂的车身冲压件，可以选择下列部位作为主要定位基准：曲面外形；曲面上经过整形的平台；工件经过拉升和压弯形成的台阶；经过修边的窗口和外部边缘；装配孔和工艺用孔。

c. 应当尽量选择零件或部件的设计基准作为定位基准。消除基准不统一产生的误差，提高定位精度。

d. 尽量利用零件上经过机械加工的表面或孔，或者以上次工序的定位基准作为本工序的定位基准。

e. 上述原则要综合考虑，灵活运用，在装焊方便、简化夹具的同时，注意一定要保证车身的尺寸精度、位置精度和技术要求。

8）公差分析。

①公差标准分析。

②匹配公差分析。

③位移公差分析。

图 11-9 为某零件系统公差案例。

9）其他分析。

①质量分析。

②成本分析。

③设备分析。

④生产线分析。

⑤工人数量分析。

⑥零件结构分析（尽量减少装配零件的数量）。

⑦装配工艺的简单化分析。

⑧焊钳分析（通过通用化分析尽量减少焊钳种类及数量）。

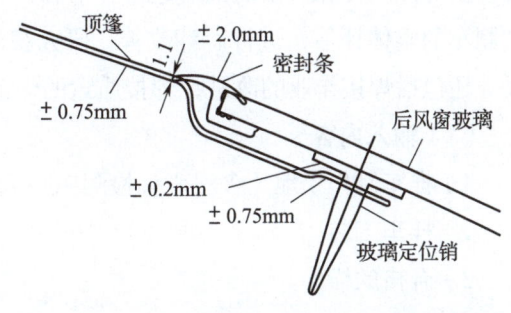

图 11-9　后风窗玻璃密封条与顶篷配合间隙公差案例

（3）输出内容

1）产品设计变更请求表（含可焊性、成本、质量分析报告）。

2）白车身公差分析表（含单件及总成）。

3）MLP 点。

4）焊接工艺流程、焊接工艺路线。

5）焊接生产线工艺方案（持续完善工位数量、节拍时间等内容）。

6. SE 阶段总结

该阶段主要是分析、整理前期提出的产品设计变更请求表，并编制焊装 SE 分析跟踪表，追踪、统计"产品设计变更"的实施情况。

（1）输入内容　前期提出的产品设计变更请求表。

（2）主要工作内容

1）编制焊装 SE 分析跟踪表。

2）追踪、统计"产品设计变更"的实施情况。

（3）输出内容　焊装 SE 分析跟踪表。

7. 设计样车阶段

设计样车制作是验证产品工艺可行性的一种重要手段，本阶段要重点检查前期焊装 SE 分析未能落实的问题，并对一些新出现的问题进行工艺分析和解决，同时进行焊接作业性确认、焊接件装配结构关系确认、定位基准的可行性与可靠性确认、工艺流程的验证等，要对冲压件和数模的偏差进行评估和判断，提出修改意见。通过对试焊过程的分析和试制车的整体评估，进行设计改善，研究获得更好的焊接质量（品质培育）。这一阶段的任务还包括焊接作业的改进；焊接质量的保证；尺寸公差的实现；制造成本改善等。

（1）输入内容

1）样车制作场地（含三坐标检测中心）。

2）样车工装。

3）合格的样件。

4）样车制作工艺。

（2）主要工作内容

1）生产可行性初步验证。

2）可焊性验证。

3）设计质量验证。

4）成本分析验证。

（3）输出内容

1）产品设计变更请求表（样车制作过程中发现的产品设计问题）。

2）焊装 SE 分析跟踪表。

随后 SE 分析将进入试生产及量产的验证阶段。本阶段将进行焊接作业的持续改进；制造成本的持续改善；作业环境的持续改善；保证和提升量产能力；焊接质量的保持和不断提升。

以上各个阶段的划分，只是一个粗略的框架。实际的工作中，各阶段都是相互交叉、重叠的，例如工艺设计阶段，就是数模设计最重要的完善阶段。样车阶段和试生产阶段有的企业并不划分同步工程，但该阶段的工作方式是和同步工程一样的。对于同步工程，各个企业根据自己企业的特点，有着不同的标准、流程和格式文件，但其主导思想、目的和做法都大同小异。

同步工程目前还需要借助个人或小组的经验积累来完成，因此个人或小组技术水平的高低，决定了同步工程效果的大小。随着计算机软硬件技术的发展，数字化的虚拟制造

可以对生产过程中的人员操作、空间环境、设备运行、物流输送等加工过程进行全面的仿真，可以更直观、更准确、量化地发现未来生产过程中可能存在的问题，从而采取最有效的整改措施。同时这些措施也可以及时得到虚拟制造的检验，确保产品投产能够一次成功。虚拟制造技术已成为先进制造业未来的发展方向。

任务实施

1. 绘制汽车焊装SE的分析流程。
2. 指出参与汽车焊装SE的各部门。
3. 解释汽车焊装SE的重要意义。
4. 解说汽车焊装SE各阶段的输入及输出内容。
5. 指出焊装SE技术的新工艺、新方向。
6. 在任务实施中培养严谨规范的职业素养和精益求精的工匠精神。

课后拓展

阅读以下材料，加深对焊接生产过程中应用软件的认识，鼓励大家自己拓宽视野，检索SE分析相关的实际应用案例。

焊接生产线数字化平台——DELMIA

DELMIA 是 Dassault Systemes 公司为"数字化工厂"概念推出的一套较完善的软件解决方案。DELMIA 软件系统包括两个相互关联的独立软件，DPE（Digital Process Engineer）与 DPM（Digital Process Manufacturing）。前者为数字化工艺规划平台，它建立产品数据、资源数据和工艺结构，并将三者有效地关联在一起，实现产品分析、工艺方案评估、各种数据统计计算以及装配工艺结果的输出等；后者提供工艺细节规划和验证应用的环境，以产品、工装的三维模型并结合 DPE 已设计好的工艺流程进行数字化装配过程的仿真验证，二者通过唯一的 PPR Hub 数据库共享数据。

DELMIA 可与主要的 CAD、PDM 和 ERP 系统集成，结合各种生产工艺信息，实现生产线三维仿真研究。运用 DELMIA 的具体功能，可以模拟生产过程中某一工位工艺动作，按一定规则操作进行各机构的运动过程模拟和性能分析，检查构件之间的动态干涉性，然后进行必要的分析与修改，完善虚拟生产线。

在汽车制造的四大工艺里，焊装是装配流水线上一道不可或缺的工序，而白车身总成合焊装线是车身焊装车间的主线，底板拼焊工区是其第一道工序。因此，我们选择焊装的第一步，即底板拼焊为切入点，结合DELMIA平台，对生产线的仿真要求进行研究。生产线的研究就是利用DELMIA的PPR模块，对车身生产线进行精心编排，通过仿真试验，虚拟地描述生产线的布局、设施的布置、装配过程、人机工程等。应用软件规划焊接车间，采用计算机辅助设计，使以往设计中不易发现的问题经过计算机仿真，能够较早地被发现和解决，并寻找最优设计方案，提高设计方案、图纸的准确性和节拍平衡。

如图11-10所示，红色方框外为CATIA模块，完成的主要是产品的零部件基础建模工作，包括产品的工程信息及相关部件在产品总体中的相对位置信息，为生产线的规划提供基础资源。红色方框内为DELMIA模块，将CATIA中建立的数模数据输入到DELMIA中，形成了初步的生产物料清单，以及对于生产线配置的约束。PBOM信息是否齐全与准确，决定了生产线的合理性与准确性。通过对现有资源的分析与分配，制定出详细的生产工艺流程，运用DELMIA的功能模块，实现生产过程的仿真，并发现生产过程中的错误与缺点，得出仿真结果。这样，通过CATIA与DELMIA的相互结合，实现产品生产过程的可视化及数据化。利用以上的结果衡量生产工艺流程的优劣，记录相关信息，便于后期修改与优化。

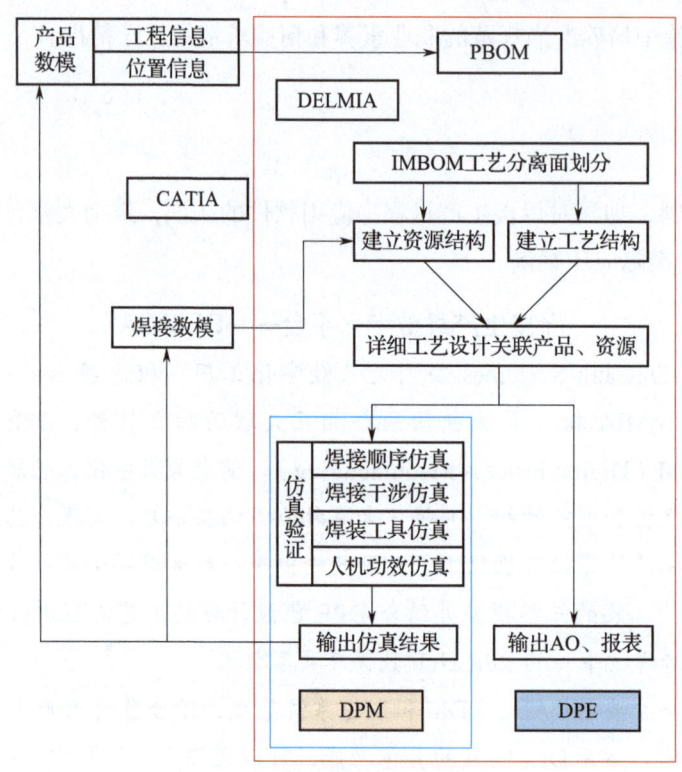

图11-10 数字化生产模拟流程图

在DELMIA平台上，焊接生产线实现了数字化及可视化仿真，对比传统的生产线建设，极大地降低了生产在时间、人力、物力等方面的投入，效果也得到了合理的保证。先进计算机技术的运用，带来了生产模式及生产线规划的变革，在提高规划效率、加快设计进程方面起到了积极的作用。

学习任务十二 焊接新技术

学习目标

1. 思政元素:培养学生"探索钻研、专业自信"的职业素养,树立诚实守信、艰苦创新的职业精神。
2. 掌握汽车车身焊接新技术的特点。
3. 了解汽车车身焊接工艺发展趋势。
4. 了解焊接材料的应用及发展趋势。
5. 了解焊装生产线未来发展趋势。
6. 掌握典型新兴焊接技术的工作原理。

任务导入

任务:如图12-1所示,识别该焊接设备,了解其名称、用途,以及使用该设备可进行哪种焊接。

知识准备

一、汽车车身焊接的新技术

1. 激光拼焊板技术

拼焊板是将几块不同材质、不同厚度、不同涂层的钢材焊接成一块整体板,再使用冲压设备经过落料、拉延、冲孔、整形而形成冲压件,从而达到不同

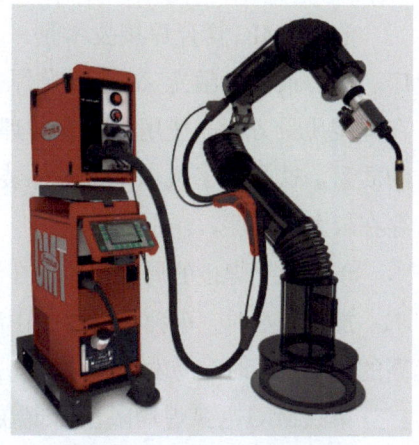

图12-1 某焊接设备

承载、不同板厚的设计要求。拼焊板工艺主要是为汽车行业进行配套服务,尤其在车身零部件生产、制造和设计方面,采用激光拼焊板可以给汽车制造业带来巨大的经济效益。如车身装配中使用的大量点焊,焊钳在工件边缘上进行焊接,搭接宽度需要16mm,而激光拼焊板无需搭接,点焊改为激光拼焊技术可以节省钢材。图12-2所示为汽车前纵梁形成的最终结构。激光拼焊板可以提高形成材料的强度,并且具有抗疲劳、吸能、防腐的特点。图12-3所示为汽车边梁通过激光拼焊形成的最终效果。

215

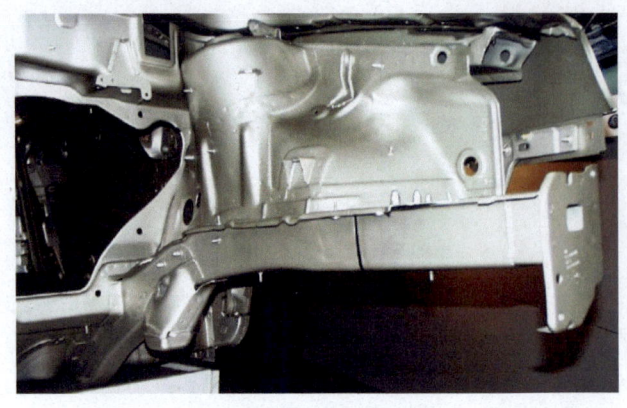

图12-2 汽车前纵梁

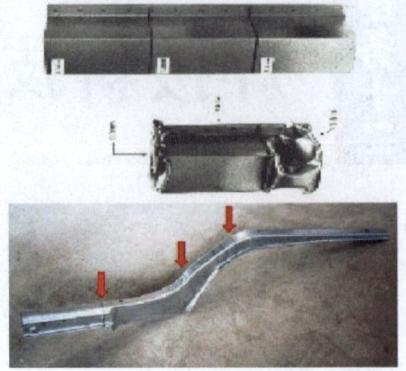

图12-3 汽车边梁

2. 激光-MIG复合焊技术

（1）与单独激光焊、电弧焊的区别　近年来激光技术发展迅速，大幅降低了激光器成本，使得激光、电弧复合焊技术逐渐应用于航空航天、装备制造以及汽车制造等领域。激光电弧复合焊有很多种类，包括CO_2激光焊与非熔化极气体保护焊（Tungsten Inert Gas，TIG）的复合技术、YAG激光焊与MIG电弧焊的复合技术、YAG激光焊与等离子电弧焊的复合技术等。

激光-MIG复合焊接技术是一种复杂的激光电弧复合焊，在汽车加工中应用范围最广、潜力最大。激光-MIG复合焊接的实际应用证明，该技术应用范围广且焊接质量高。在焊接质量方面，使用该技术的焊接质量高于单独使用激光焊接或单独使用MIG电弧焊的质量。这是由于汽车车身工件装配对焊接间隙要求高，单独的激光焊或MIG电弧焊均存在较大局限性。

单独激光焊接的局限性体现在激光束直径小，热作用区域窄，难以满足焊接间隙的要求。加工车身时，单独激光焊接中激光光束难以满足要求，导致加工反射率或导热系数较高的车身材料时容易发生裂纹、气孔以及焊缝成形差等问题。

单独MIG电弧焊局限性体现在其单道焊缝熔池较浅，加工厚板多层车身钢材时难以深入底部，容易造成侧壁引弧、坡口宽度等问题。另外，应用该技术焊接车身材料时，虽然热输入大，但是难以控制热影响区，易形成裂纹。

在激光-MIG复合焊接技术工艺中，激光和电弧相互作用、取长补短。其工艺原理如图12-4所示。

（2）激光-MIG复合焊接技术的加工特点　激光-MIG复合焊接技术涉及焊接熔滴过渡的问题，耦合过程复杂，耦合不好会使熔滴受力大小与方向发生变化，导致激光与电弧的间距太大或电弧轴线和焊丝轴线间的夹角过大，沿焊丝方向的作用力促使熔滴过渡更快，大幅降低发生的合力，出现不稳定熔滴。因此，需要考虑耦合对熔滴受力和过渡形式的作用。

另外，焊丝末端熔化产生的液体金属会在重力、电磁力、张力以及等离子流力等力的作用下脱离焊丝，进入熔池，导致熔滴过渡。为使熔滴沿焊丝轴脱落，需保证与焊丝方向平行的使熔滴过渡的力大于阻碍该过程发生的合力。

（3）激光-MIG复合焊接的技术优势　相比单一激光焊接或单一电弧焊接技术，激光-MIG复合焊接的优势主要体现在其良好的搭桥能力和高导热系数，能适应车身焊接中较大焊接间隙与小电流稳定焊接的需求。该技术焊接速度较快，热输入小，易于控制焊接热影响区。基于熔池凝固速度慢的特性，它能有效清除加工位置的气孔、裂纹等缺陷。

激光复合焊比激光焊更加经济。激光-MIG复合焊采用激光束和电弧共同工作，焊接速度高、焊接过程稳定，同时热效率高，并允许更大的焊接装配间隙。激光-MIG复合焊的熔池比MIG焊的要小，热输入低、热影响区小且工件变形小，大大减少了焊后纠正焊件变形的工作。激光-MIG复合焊效果图如图12-5所示。

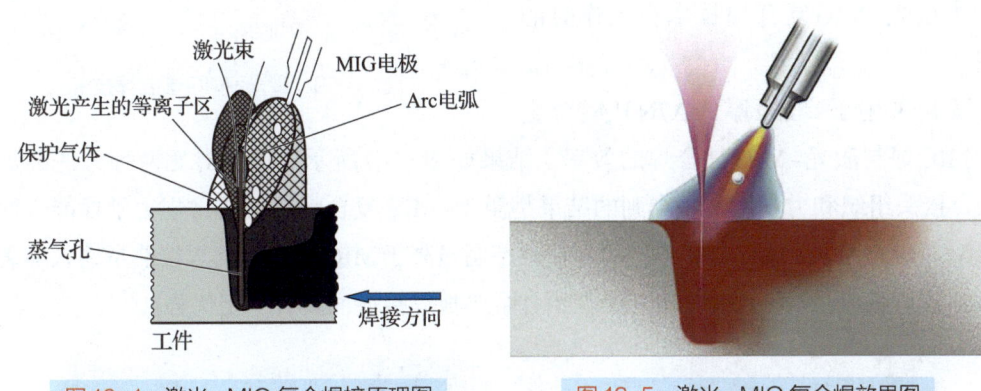

图12-4　激光-MIG复合焊接原理图　　图12-5　激光-MIG复合焊效果图

（4）激光-MIG复合焊接的关键参数

1）保护气体：常用的保护气体有He、Ar及二者的混合气体。保护气体不同，电离能也不同，所得等离子体大小也不同。使用He气会形成体积小的等离子体，有利于母材吸收激光能量。但是，其熔滴过渡较复杂，易出现严重焊接飞溅的情况。使用Ar气会形成大体积等离子体，不适用于窄间隙坡口的焊接。使用He与Ar混合气体，焊接车身时过程更可控、更稳定，且具备较高的能量利用率。

2）激光功率：激光功率对熔深、焊接效率等具有重要影响。在进行车身单道熔透焊接时，为提高效率，会选择大功率激光以充分发挥激光的密度优势。在进行非熔透焊接时，需合理控制激光功率。这是由于加工时激光引导电弧进入坡口底部进行窄间隙焊接，激光功率过大会使激光匙孔不稳定，在匙孔闭合后会有一些气泡无法逸出形成气孔，而功率过小则无法保证焊接深度。

3）激光与电弧的间距：激光与电弧的间距即等离子体与电弧间的耦合参数，会对焊接的稳定性产生影响。二者间距过小时，激光匙孔喷出的蒸气形成的反作用力会阻碍熔滴过渡出现较大飞溅。二者间距过大，会因二者间过强的相互作用导致电弧沿焊丝方向发生弯曲，减小电磁力、等离子流力沿焊丝方向的作用力，不断增大熔滴，最终使二者分离。可见，激光-MIG复合焊作为新型焊接技术虽然具备许多优点，但要想真正实现高效率、高质量的焊接，还需要根据具体的加工环境合理调整焊接参数。

激光复合焊技术将两种焊接技术有机结合起来，激光束和电弧同时作用于焊接区，互相影响和支持，从而获得优良的综合性能，在改善焊接质量和生产工艺性的同时，也提高了效率成本比，为铝车身的焊接提供了一种全新的焊接工艺。图12-6所示为激光-MIG复合焊技术在工作时的状态。

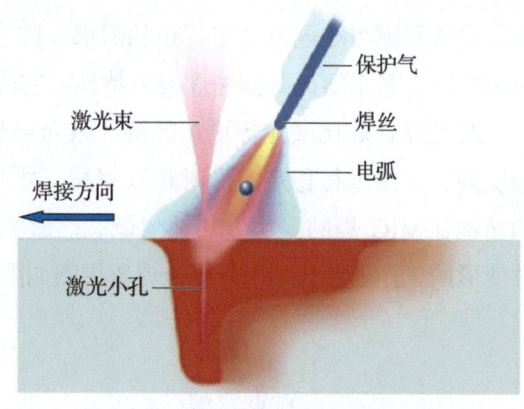

图12-6 激光-MIG复合焊技术

试验采用了15mm厚的A7N01铝合金测试MIG焊与激光-MIG复合焊的效率，结果如图12-7所示。通过对比两种方法的焊接参数、接头组织和力学性能，得到的结果是激光-MIG复合焊接接头常规力学性能方面略好于MIG焊；激光-MIG复合焊接的焊接效率明显高于MIG焊，且其焊接热量输入显著低于MIG焊。激光-MIG复合焊接方法在铝合金厚板焊接方面具有一定优势。

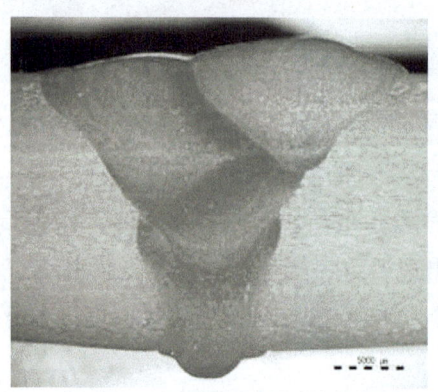 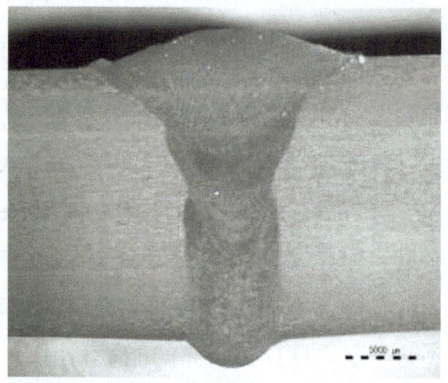

图12-7 MIG焊与激光-MIG复合焊

3. 高效弧焊技术

脉冲GMAW（P-GMAW）、双丝MIG/MAG焊（Twin-Wire、Tandem-Wire）等代表了当前在汽车制造中应用的高效、高速焊接新工艺。这两种焊接方法与机器人相配合，能充分体现高效化焊接的特点,实现了机器人系统在空间可达性和焊接速度之间的协同和完美组合。

脉冲GMAW是国外近几年发展起来的一种新型高效、高速焊接新工艺,容易与机器人配合,能充分体现高效化焊接的特点,实现机器人系统在空间可达性和焊接速度之间的协同和完美组合。P-GMAW电弧过程具有较好的稳定性,能有效保证焊缝质量的一致性,改善了短路过渡焊接过程较低的热输入造成的熔深不足。P-GMAW的射流过渡方式适用于薄板材料的高速焊接、钢或铝合金的车身框架的全位置焊接。在奥迪A8全铝合金车身框架结构的管状型材和接合点的焊接中,均大量地采用了P-GMAW的工艺。

双丝MIG/MAG焊有两种基本形式:一种是双丝焊接工艺(Twin-Wire),两个焊丝都是采用同样的焊接参数;另一种是Tandem-Wire,采用两个独立的导电嘴和两个独立的电源,每个电弧有自己独立的焊接参数。机器人的铝合金脉冲MIG焊接及Tandem焊接,前者的焊接速度为60~80cm/min,后者的焊接速度为180~210cm/min,用于宝马5系列及奔驰(S级和E级)车型的铝合金后轴焊接。

4. 搅拌摩擦焊接技术

在汽车制造领域,随着新能源汽车的发展,轻质新材料的应用,尤其是铝合金材料的大范围应用,传统连接工艺存在的质量不稳定、适用性差、电极寿命短,易出现气孔、裂纹,以及焊接变形大等问题越发明显,难以适应新的发展需求。因此,开发新型连接工艺成为新能源汽车车身连接领域的一项重要课题。由于在轻质材料及异种材料连接上的天然优势以及良好的综合成本,搅拌摩擦焊(FSW)在汽车制造过程中正发挥着越来越重要的作用。

FSW是由英国剑桥焊接研究所(The Welding Institute,TWI)于1991年发明的一种固相连接方法,由于FSW在汽车及航空工业中占据较为重要的地位,现已经成为一项很重要的焊接技术。

FSW焊接接头无裂纹、夹渣、气孔等缺陷,具有焊接变形小、焊接强度高、焊缝密封性好等特点。搅拌摩擦焊接技术工作原理如图12-8所示,是将具有特殊性质的搅拌头压入工件表面,使高速旋转的搅拌头与工件之间发生摩擦,并利用所产生的热量使金属进行热塑性变形,另外,在进行搅拌的过程中,前端受到压力的作用从而向后端发生塑性流动,进而完成整个压焊过程。

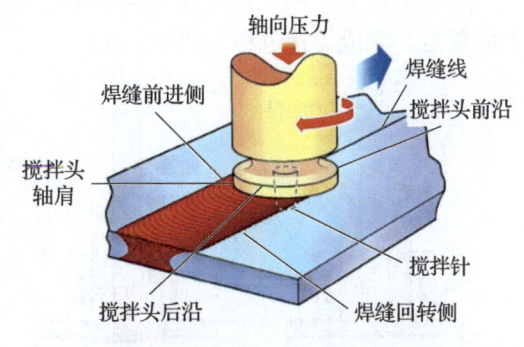

图12-8 搅拌摩擦焊接技术工作原理

受限于车身结构的复杂性,难以在焊接部位实现刚性支撑,因而搅拌摩擦焊在车身连接上的应用主要表现为搅拌摩擦点焊技术的应用。目前搅拌摩擦点焊分为两种路线。

第一种点焊路线为日本马自达公司发明的"带有匙孔搅拌摩擦点焊技术",该技术采用的设备与普通搅拌摩擦焊设备相似,焊接过程分为3个阶段:压入过程、连接过程、回撤过程。该技术过程简单,连接效率高,但匙孔的存在会造成接头承载面积下降,影响接头外观和力学性能。该技术已在马自达RX-8车型上进行了应用,连接铝合金发动机舱盖和后门(图12-9)。

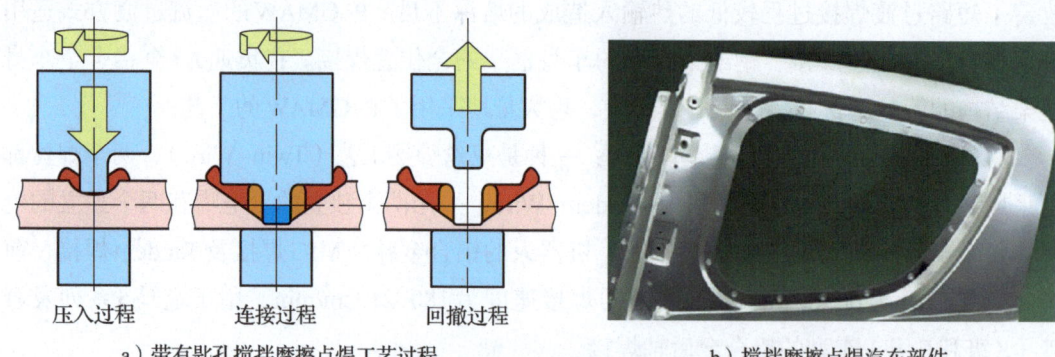

a)带有匙孔搅拌摩擦点焊工艺过程　　　　　b)搅拌摩擦点焊汽车部件

图12-9 带有匙孔搅拌摩擦点焊过程及应用

第二种为德国GKSS中心发明的"回填式搅拌摩擦点焊技术",该技术通过搅拌针与轴套的配合运动可以有效解决匙孔残留问题,消除焊接匙孔。其主要工艺过程如下:

①摩擦预热阶段。搅拌工具压紧于工件表面并通过轴套与搅拌针的旋转摩擦,对待焊部位进行预热。

②轴套下压及搅拌针回抽。轴套旋转下压实现焊接,搅拌针回抽容纳挤出的焊接材料。

③轴套回抽及搅拌针下压。焊接材料进一步搅拌熔合,并填充焊接匙孔。

④磨平形成焊点。搅拌针和轴套重回压紧套平面,将焊点磨平,搅拌工具整体从工件表面移走,完成焊接过程(图12-10)。

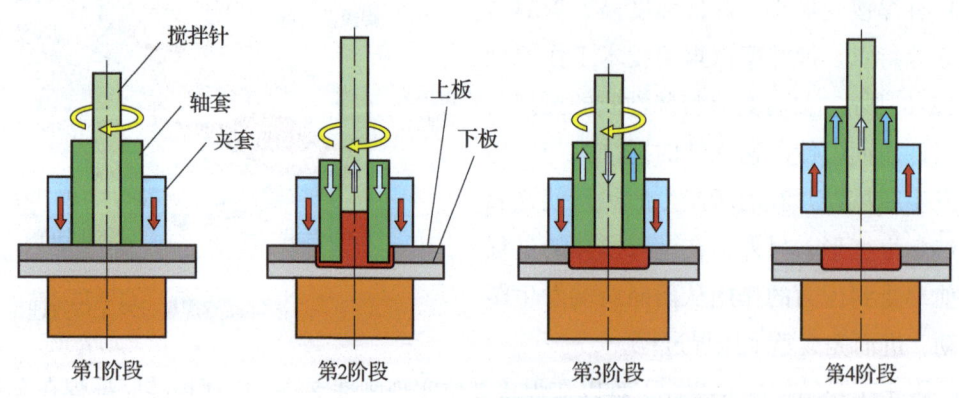

图12-10 回填式搅拌摩擦点焊工艺过程

回填式搅拌摩擦点焊技术的特点是，焊后焊点表面平整无匙孔，解决了非回填式搅拌摩擦点焊焊后存在匙孔的缺陷，提高了接头承载能力，是一种高质量、低成本的铝合金焊接方法，连接强度相比其他铝合金连接工艺有明显提升，可以焊接全系列铝合金，焊接过程稳定，节约能源，可实现零飞溅、无污染焊接；但是生产效率较其他铝合金连接工艺低，且由于焊接过程中需要清洗搅拌工具，使自动化生产难以实现。目前宝马、奥迪、福特等汽车企业正致力于研究回填式搅拌摩擦点焊技术在汽车生产中的应用技术，以使其用于汽车生产中。目前已有企业研发出机器人搅拌摩擦点焊设备，采用C型焊钳结构，可实现铝合金车身薄板搭接焊（图12-11）。

图12-11 搅拌摩擦点焊机器人

搅拌摩擦焊接技术具有以下几个优点。

①在进行焊接的过程中不会产生烟尘以及飞溅，并且整个操作过程中均不会出现有害光线，例如红外线、紫外线。

②焊接后不会发生变形。由于搅拌摩擦焊接的温度较低，焊接以后的剩余应力远小于熔化焊，加上在热塑性的过程中也不会出现形变的过程，所以在焊接完成以后不会出现变形的情况。

③应用的范围相对较广，可以进行所有铝合金材料的焊接，并且不受任何轴类部件的限制，可以进行多种形式的接头焊接，例如搭接、对接等。

④焊接成本低。在进行搅拌摩擦焊接时，无需消耗焊丝、保护气体、焊剂以及焊条等材料，另外，传统的焊接方式需要将铝合金表面的氧化膜去掉，但是搅拌摩擦焊接只需要将被焊物体表面的油污去掉即可，不仅可以有效降低能源的消耗，其污染性也相对较小，可以为汽车实现轻量化提供重要保障。

5. 冷金属过渡焊接技术

近年来，随着汽车轻量化的快速发展，铝合金逐渐成为汽车零部件生产制造所必需的材料之一。MIG焊是铝合金焊接比较常用的方法，但由于铝合金导热快、膨胀系数大，对于薄壁铝合金结构，焊接容易产生残余应力和变形，降低产品尺寸精度和稳定性。在生产中焊接铝合金薄板时易出现烧穿、焊洇等缺陷，导致产品增加返修、打磨等工序，费时费力。

上述问题归根结底均由焊接时热输入大、金属过渡不稳定所致。下面介绍一种新的气体保护焊接方法——CMT焊接技术。

（1）CMT 焊接技术的原理 冷金属过渡技术（即 CMT 焊接技术）是在短路过渡基础上开发的，普通的短路过渡过程如下：焊丝端部熔化形成熔滴，熔滴与熔池接触形成短路，焊丝爆断，短路时伴有大的电流和飞溅。而 CMT 技术在熔滴短路时，焊机得到短路信号后会切断电流，同时焊丝的回抽运动帮助熔滴脱落，实现熔滴的冷过渡，消除了飞溅现象。CMT 短路过渡示意如图 12-12 所示。

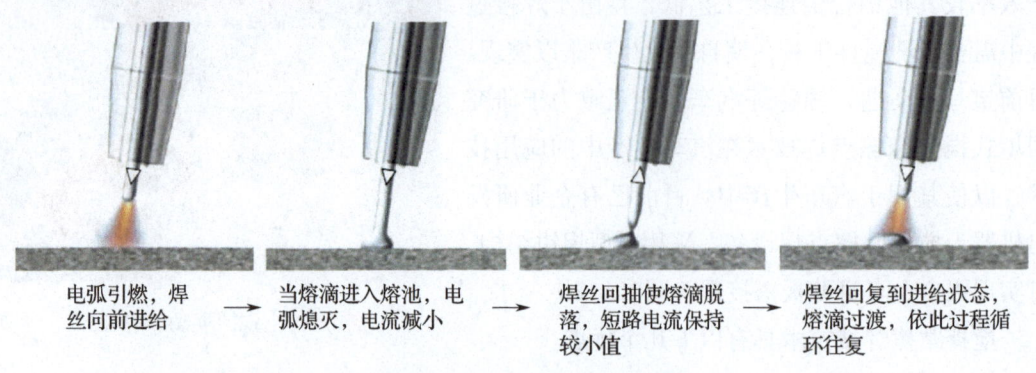

电弧引燃，焊丝向前进给 → 当熔滴进入熔池，电弧熄灭，电流减小 → 焊丝回抽使熔滴脱落，短路电流保持较小值 → 焊丝回复到进给状态，熔滴过渡，依此过程循环往复

图 12-12 CMT 短路过渡过程

（2）CMT 焊接技术的特点 与普通 MIG/MAG 焊接相比，CMT 焊接具有 3 个明显的不同之处。

1）送丝运动与熔滴过渡过程进行数字化协调：CMT 技术首次将焊接的送丝运动同熔滴过渡过程相结合。整个焊接系统由数字化系统和总线进行控制，焊丝的运动与焊接过程形成闭环，焊丝的送丝/回抽动作影响焊接过程，也就是说熔滴的过渡过程是由送丝运动变化来控制的。整个焊接系统的运行（包括焊丝的运动）均为闭环控制，如图 12-13 所示。而普通的 MIG/MAG 焊，送丝系统是独立的，并没有实现闭环控制。

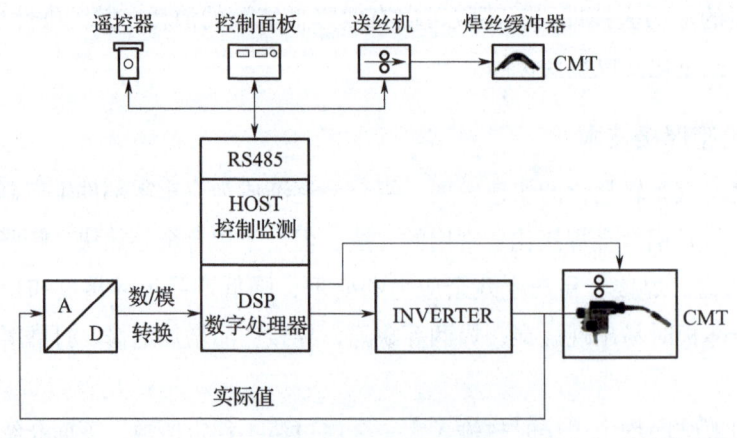

图 12-13 CMT 控制电路

2）低热输入量：CMT 技术实现了无电流状态下的熔滴过渡。CMT 焊接系统采用数

字化控制，对熔滴过渡进程进行监控。在熔滴形成、长大时，电源输入必要的电流；而在熔滴脱落，过渡至熔池的过程中，电流输入减小，几乎为零，大幅度地降低了热输入量；之后焊丝短路，输入电流，熔滴再度形成。如此反复，形成连续焊接过程。由此可见，整个熔滴过渡过程是一个"热-冷-热"的交替过程。相对于传统的短路过渡，焊接热输入可减少50%以上，同时不存在短路桥的爆炸，焊接飞溅也不会产生。图12-14是CMT焊接短路过渡过程中电流和电压的变化。

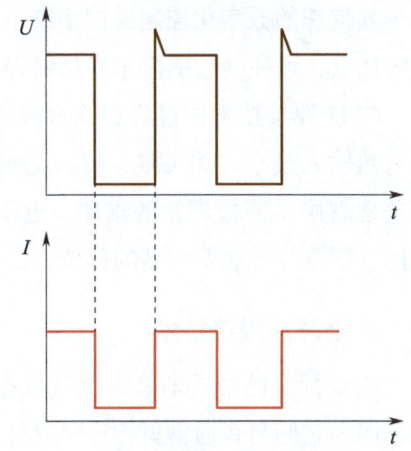

图12-14 CMT短路过渡电压和电流变化图

3）无飞溅过渡：在短路状态下焊丝的回抽运动帮助焊丝与熔滴分离。传统的短路过渡是通过持续输入的电流造成短路桥爆炸，使焊丝端头的熔滴脱落，进入熔池。CMT短路过渡后期几乎没有焊接电流，也就没有热输入，熔滴温度会迅速降低，想要促使熔滴脱落，就需要借助焊丝的动作来实现。CMT是通过焊丝的机械式回抽"甩掉"熔滴。CMT的送丝系统不仅具有送丝的作用，还具备将焊丝回抽的功能。通过数字化控制系统监控焊丝回抽的时间点、回抽速度、幅度等，既能保证顺利地帮助熔滴脱落，又能为下一个电弧的形成做好准备。焊丝脱落的过程比较平和，避免了飞溅的产生。

（3）CMT在汽车行业的应用　　近年来，国内汽车行业快速发展，汽车行业对白车身焊接质量的要求也不断提高，外观质量成为白车身质量的一个重要评判准则。MIG/MAG焊是目前较常规的熔化焊接工艺技术，但由于其热输入量较大、飞溅大、变形量难以控制，故在薄板焊接领域也难以得到推广，特别是1mm以下的超薄板是MIG/MAG焊工艺使用"禁区"。而白车身外覆盖件（车门、侧围、顶篷）板厚均在1mm左右。由于白车身焊接的特殊性，对焊接方法也提出了更高的要求。

薄铝板由于质量轻、强度高，在汽车等行业得到广泛应用，解决薄铝板的焊接问题是加速其应用的重要因素。普通MIG焊接由于容易造成烧穿，难以用于薄铝板的焊接。热输入小的短路焊接虽可以用于薄铝板焊接但存在飞溅问题。CMT技术热输入小，可以控制熔深，同时可以实现无飞溅的熔滴过渡，适用于薄铝板焊接。利用CMT技术焊接1mm厚薄铝板时，间隙容忍度高，通过控制电流、电压波形以及送丝机构的送丝运动，熔滴过渡十分稳定，焊缝成形美观，无飞溅。CMT技术通过与脉冲MIG焊接混合使用，可以增加铝板的焊接厚度。

由于白车身具有工件板材较薄、装配间隙不稳定、生产效率要求高、油污清理难、外观要求高等特点，传统的熔化极MIG/MAG焊接质量难以达到美观要求。CMT焊接技术由于其特殊的数字化控制反馈系统,焊接过程具有热输入量低、变形小、飞溅小、电弧稳定等优点,可完美地适应车身材料焊接要求。

CMT 焊接技术通过将熔滴过渡和焊丝运动协同控制,实现"冷-热"交替焊接过程,具有热输入量小、无飞溅、焊缝美观、装配间隙容忍度高、污染小、焊接速度快等优点,完美地解决了薄板焊接的难题。近年来,CMT 已被国内众多汽车主机厂采用,尤其是在车门、顶篷等外观要求高的部位,CMT 焊接技术已成为一种不可替代的焊接技术。

6. 磁脉冲焊接技术

汽车行业已经逐渐将新能源汽车上的普通钢材改为高强度钢、铝合金材料和复合材料,因为它们与普通钢材相比更具优势。就拿铝合金材料来说,如果在新能源汽车上使用铝合金材料来代替普通钢,不仅可以减轻整车重量,还可以提高有效载荷、降低燃油消耗、提高制动性能、提高轮胎寿命等。

如果用复合材料来代替普通钢材作为汽车材料,也有许多优点,例如密度小、易设计成整体结构、耐腐蚀、隔热隔电、耐冲击、抗振等。如果说轻量化是未来汽车核心竞争力,那么异种材料的连接就是轻量化的核心。

图 12-15 为某车型轻量化设计后各部位所采用的代替材质,通过使用不同强度级别的钢、铝、镁,不同类别的复合材料(碳纤维、玻璃纤维、玄武岩纤维、生态纤维、塑料),能够获得非常可观的减重效果。

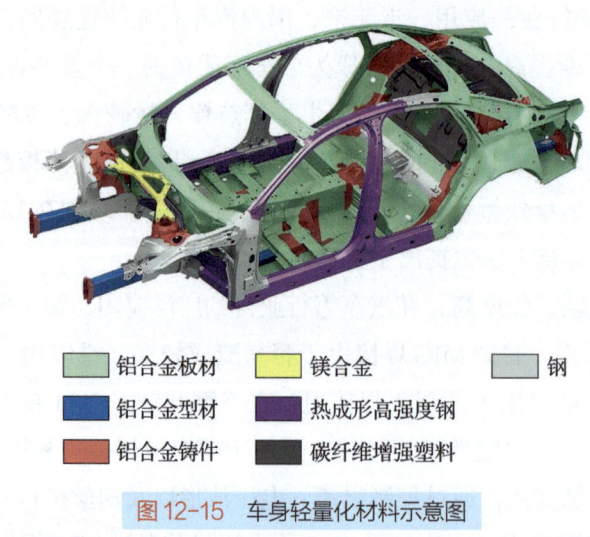

图 12-15 车身轻量化材料示意图

白车身多材料复合连接除了上面提到的方法之外,还有新开发的磁脉冲焊接连接。

(1)板件磁脉冲焊接技术原理 磁脉冲焊接(Magnetic Pulse Welding)是一种新型的固态焊接工艺,其原理是利用电磁力驱动焊接结构中动件与静件高速碰撞而实现冶金焊接效果,板件焊接如图 12-16 所示。

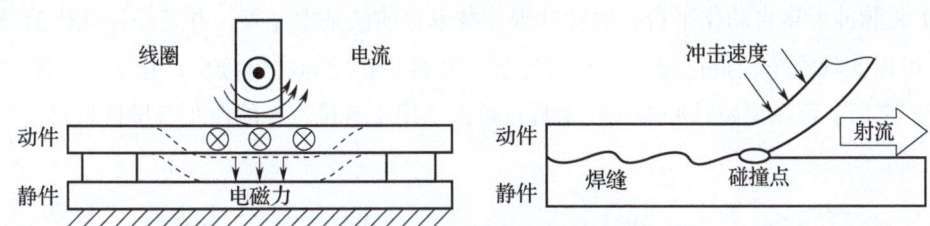

图 12-16　板件磁脉冲焊接过程示意图

（2）磁脉冲焊接技术的特点　与传统的焊接工艺相比，磁脉冲焊接技术具有以下优势。

1）不需要辅料，无排放，绿色环保。

2）能获得优异的焊接效果，焊接效率高。

3）焊接由计算机控制，易于实现自动化生产。

4）焊接后无需进行后续热处理，节省工序。

5）磁脉冲焊接接头气密性好，耐蚀性好。

如图 12-17 所示为使用磁脉冲焊接连接的板材焊后效果图，相比铆接与螺接的冷连接效果更为出众。

图 12-17　使用磁脉冲焊接连接的异种材料焊后图

（3）磁脉冲焊接的应用

1）磁脉冲焊接应用案例：磁脉冲异种材料焊接技术在汽车混合材料（例如钢-铝混合、碳纤维等）的连接上起到了重要的作用，因为有些部位轻量化材料无法达到强度要求，需要使用钢材质来满足车身强度要求，这样就必须使用到连接，异种材料的连接是无法采用焊接的，而冷连接技术又受到结构的限制。磁脉冲焊接技术的诞生完美地解决了上述问题。磁脉冲焊接技术在汽车各零部件及材料上的应用案例，如图 12-18 所示。

a）钢-铝混合座椅

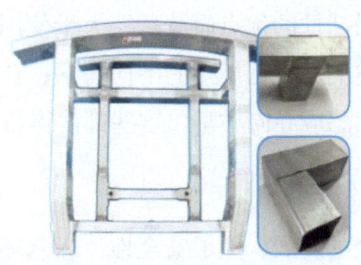
b）铝合金前车架

图 12-18　磁脉冲焊接应用案例

2）磁脉冲焊接自动化平台：磁脉冲焊接技术目前已基本完善，并且经过几代的换代开发已经可以实现汽车轻量化异种材料的连接，尤其是在磁脉冲焊接自动化平台（图12-19）成功开发之后，可以说磁脉冲焊接技术真正可以适用于各种汽车的白车身异种材料连接。

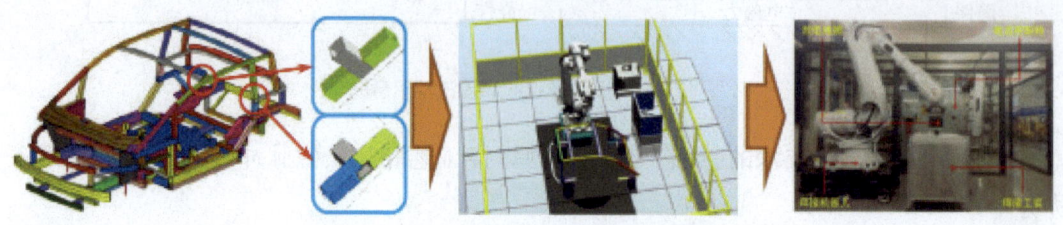

图12-19　磁脉冲焊接自动化平台示意图

针对不同的车型，磁脉冲焊接自动化平台不仅可以从储备了各种车型的储备库中选择车型来进行匹配，还可以针对未储备的新型汽车进行适当的更改，以满足生产的需求。

二、汽车车身焊接工艺发展趋势

1. 焊接机器人技术的自动化数字化

对于生产制造行业而言，自动化数字化是一个大的发展趋势。自动化和数字化可以处理很多复杂多样的信息，让机械设备等按照人的要求，在没有人或者很少人参与的情况下完成工作。在自动化数字化模式下，整个生产制造行业都将采取数字化和机器人自动化来运作，对人员的需求大大减少，不仅节约了人力资源成本，还能够更加系统高效地完成生产任务，使整个生产过程更加批量化、系统化，在更短的时间内创造更多的产品和价值，长此以往必然会大大地节约成本，提高行业产能。

2. 焊接柔性化

由于汽车行业市场越来越趋向个性化，汽车车型越来越多，产品日新月异，这就要求汽车在焊接线上具有足够的柔性，以提高汽车生产企业对市场的灵活应变能力。焊接机器人因其具有灵活性的优点而被行业大量使用，最具代表性的是六自由度点焊机器人以及弧焊机器人，它们可根据焊接的不同需求，自动换取相应的焊钳。传输装置方面，将使用大量无人驾驶的感应导向小车，这些都使得整个汽车车身焊接线更具柔性化。

3. 绿色环保化

随着社会的发展，除了安全性，绿色环保也将成为汽车行业发展的主流。未来的汽车车身焊接线会更加轻量化，以最大限度减少车身负荷，并且在生产过程中尽量减少对环境的污染。汽车生产企业要肩负起这样的社会责任感和使命感，自觉成为节能环保大环境中的一员，不然势必会被行业所淘汰。所以汽车车身焊接技术应该在保证安全的大前提下，尽可能多地使用新型环保技术，坚定绿色发展方针，为国家和社会在自己的领域内做出应有的表率和贡献。

4. 制造虚拟化

未来，在汽车焊接技术领域乃至整个制造行业都会将虚拟化设计应用到生产制造中，这一技术会省去许多实际操作环节，但是却可以达到及时发现实际生产中的问题并有效校正的效果。从虚拟设计开始，不仅可以看得到实际效果，还可以在后续的跟随生产中提出解决问题的方案，再到装配环节、加工环节的应用，可以大大缩短研发一项新产品新技术的时间周期，可以使研发更具效率，创造更多的产品和价值，同时也大大降低了成本。

三、焊接材料的应用及发展趋势

随着车身向着轻量化方向发展，车身材料的轻量化及车身金属材料的非金属化是必然趋势。未来车身材料仍以钢板为主，但是一些复合材料也将得到广泛应用。

1. 镀锌钢板

随着汽车工业的发展，为了提高车体使用寿命和增强车体材料的抗腐性能，镀锌钢板得到广泛使用。在目前的汽车车身制造中，主要采用电阻点焊方法，与无镀层钢板相比，镀锌钢板的点焊过程还存在一些问题：先于钢板熔化的锌层形成锌环而分流，致使焊接电流密度减小；锌层表面烧损、污染电极而使电极寿命降低；锌层电阻率低，接触电阻小；容易产生焊接飞溅、裂纹及气孔等缺陷。

表面涂有锌层的薄钢板，抗腐蚀性能好，能够防止钢板表面受到腐蚀，延长使用寿命。镀锌是一种经济而有效的防腐方法，锌阴极保护区域可达1~2mm，可保护无镀层的区域，如切口、微裂纹和相邻的焊接接缝的区域。锌层的厚度为1~20μm。用镀锌量来表示镀锌钢板锌层厚度，单位是g/m^2。镀锌在汽车底盘中应用最为广泛，如图12-20所示，汽车的前桥以及汽车防撞梁所使用的材料就采用了镀锌工艺。

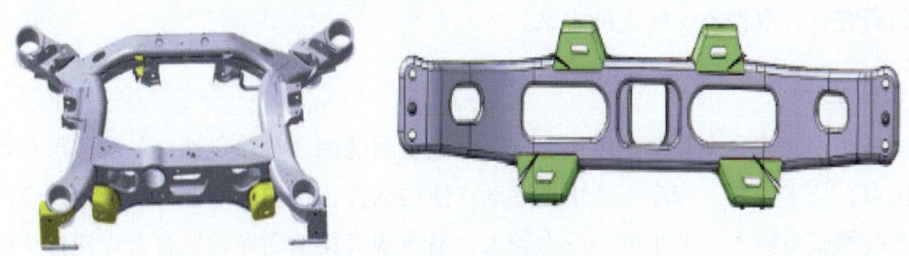

图12-20　汽车前桥和防撞梁

2. 高强度钢板

为了实现汽车轻量化,提高汽车安全性能,高强度钢板的应用正逐年增加。目前高强度钢板的品种主要有含磷冷轧钢板、烘烤硬化冷轧钢板及冷轧双相钢板等。

1)含磷冷轧钢板:具有较高强度,良好的塑性平衡,良好的耐蚀性及点焊性能,主要用于侧围、车门、顶篷和行李舱盖。

2)烘烤硬化冷轧钢板:这种简称为BH钢板的烘烤硬化钢板既薄又有足够的强度,是车身外板轻量化设计首选材料之一。

3)冷轧双相钢板:主要用于要求拉伸性能好的承力零部件,如车门加强板、保险杠等。

现今出现了新一代的高强度钢板材料——超细晶粒钢。该钢种在经济指标进一步提高的基础上,钢铁材料的强度、韧性比现有的钢材提高一倍。新一代超细晶粒钢在组织结构上具有超细晶粒、高洁净度、高均匀度的特性。当前用于研究的新一代超细晶粒钢主要有400MPa级和800MPa级两种。图12-21所示为钢材从冲压到焊接形成的结构。

所有高强度钢都是通过控制奥氏体或奥氏体+铁素体,在热轧机的出料辊道上(对热轧钢板)或连续退火炉的冷却区(对连续退火或热镀层钢板)以冷却方式生产出来的。

 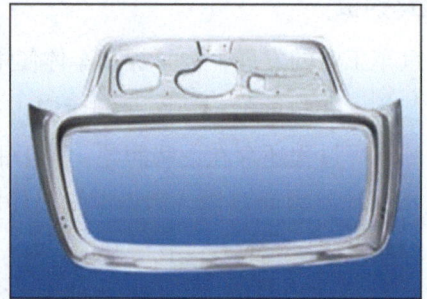

图12-21 钢材从冲压到焊接形成的结构

在对新一代钢铁的研究上,我国与国际水平并没有什么差距,几乎是同时起步,同日、韩两国共处世界的领先地位。但是由于这一钢种出现的时间较短,所以参与研究的机构并不多,主要是以钢铁研究总院和清华大学机械系为主。在对超细晶粒钢的焊接技术进行一定的研究后,取得了一些先进成果。

3. 铝合金

与钢板相比,铝合金具有密度小、比强度高、耐锈蚀、热稳定性好、易成形和可回收再生等优点,技术成熟。汽车工业中也逐渐在使用铝合金材料的零部件。但铝合金焊接目前还存在线膨胀系数大、产生的热应力较大,易出现气孔从而导致铝合金焊接接头的强度降低等缺点。

铝合金焊接有五个主要的特点。

1）铝合金表面有一层致密的氧化薄膜（熔点约2050℃），焊接时如未能将其清除，将会影响基本金属的熔化质量，形成夹杂等质量问题。

2）热导率大（约为钢的4倍），导电性好，焊接时若要达到与钢相同的焊速，则焊接热输入要比焊钢时大2~4倍。

3）线膨胀系数大，焊件有产生较大的热应力、变形及裂纹的倾向。

4）易出现气孔。

5）铝合金焊接接头的强度降低。

铝合金的应用案例，如图12-22所示。

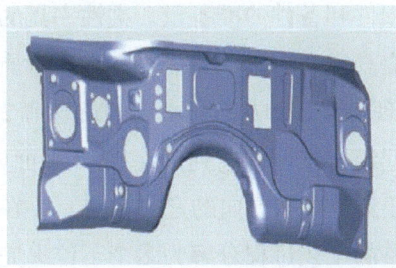 

图12-22 前隔板和发动机舱盖结构

铝合金焊接的这些特点，正是我们在研制焊接设备和焊接工艺时应认真对待的问题，只有这样才能开发出适合铝合金焊接的设备、材料和焊接工艺。

4. 镁合金

镁的密度仅为钢的密度的35%。它的比强度、比刚度高，阻尼性、导热性好，尺寸稳定性好，因此在汽车工业中得到了广泛的应用。目前，镁合金在汽车工业中主要用于车门铸造，随着压铸技术的进步，已可以制造出形状复杂的薄壁镁合金车身零件，如前/后挡板、仪表板和方向盘等。

5. 高强度纤维复合材料

20世纪80年代后期，复合材料车身外覆件得到大量的应用和推广，如发动机舱盖、翼子板、车门和顶篷等，甚至出现了全复合材料的轿车车身。用复合材料作为汽车车身外覆件，无论从设计到生产制造，还是应用都已相当成熟，应用范围也从外覆件向内饰件和结构件方向发展。

新材料与新工艺是相辅相成的，汽车工业正在开发新的制造方法并对传统的工艺进行更新。据有关方面预测，在今后10年中，轿车自身质量还将减轻20%，除了大量采用复合材料和轻质合金外，车身设计方法也将发生重大变化。

四、展望焊装生产线未来发展

1. 柔性化制造

汽车行业正逐步实现自动化、现代化,多车型共线对生产效率的影响颇大,过程车型切换时间增加,因此柔性化生产在汽车行业里的运用越来越重要,尤其是在焊装车间多线切换的应用越来越广。柔性化生产是目前国内外先进汽车制造企业广泛采用的一种灵活、高效的生产模式,它既满足了汽车先进的生产理念,又保证了产品多元化的需求。这种先进的生产理念,以其时效优势和成本优势,极大增强了企业竞争力。

(1)柔性生产的原理

1)柔性的夹具是开发柔性化焊接的前提条件和基础。标准化的概念对于夹具设计异常重要,可以大大减轻设计工作量、主机厂易损件和备件的准备量。柔性夹具的标准化设计可以有效地提升汽车制造的效率,同时也能提高生产质量,对提升汽车车身质量有着直接的影响。柔性机器人抓手及其系统,可以实现最高2个方向自由度的旋转和2个方向自由度的平移,其中旋转运动与X方向的移动一起组合作用,达到最终在XY平面内的移动,而不是绕Z轴旋转;通过组合作用,基本实现任意位置和方向的定位和夹紧。在汽车白车身生产线中,根据工艺的不同,需要将一个完整的工艺过程分解为多个工位去完成,在工位之间需要机器人去搬运工件,同时为了节省时间,机器人搬运过程中会增加空中飞行焊接。

2)定位与夹紧对焊接的重要性。机器人搬运工件和飞行焊接过程中,都需要对工件进行定位和夹紧。考虑到生产周期和成本节约,结合生产线多车型混线生产,其产线的适应能力必须更强,需将多种车型融入一个机器人抓手上,实现多车型定位机构和夹紧机构的共用。焊接机械手与抓手夹具还可以自由地在8s内完成转换,不但为整个线体节约了很大空间,而且提升了生产线的利用率。

(2)柔性生产的应用 奇瑞河南分公司的M1线是焊装车间比较成功、比较智能、最具有代表性的一条生产线,它实现了高度的柔性化,自动化率主线100%,全线74%,是一条小时工作量可达30JPH的生产能力最强的产线。这条柔性化焊装生产线有焊接设备、输送系统、定位工装三个主要组成部分,而三个部分都满足柔性化设计的需要。

机械手可以全天24h连续生产,依靠高速、高效焊接技术的应用,使用机械手焊接,效率的提高就更加明显。机械手的生产节拍是固定的,降低了人为因素的不稳定性,因此安排生产计划可以非常明确固定,减少生产浪费,提高产品一致性。焊接机械手包揽了全焊接线90%以上的点焊及熔化焊,不仅节约焊丝、提高焊接产品质量、降低对熟练焊工的依赖,也稳定了产能输出,提升了生产效率。

柔性焊接生产线的输送系统是保证高JPH柔性生产、提高生产效率、优化车间调度的关键基础设备。输送系统的柔性设备是其适应柔性焊接生产线多样化加工输送要求的基

础。在批量型生产制造行业中，悬挂链输送机和滑橇输送机目前是最常见、应用得最广泛的输送设备。车身总成线工序间输送、调整线输送以及焊装车间空中储运线车身储存输送都离不开它。滑橇输送机的自动化程度高，适用于所有批量的生产线输送；可以在一条生产线上实现间歇、连续输送，轻松实现生产线联线输送；可以将焊接分装线、车身总成焊装线、调整线和车身储运线联接成一个整体，易实现一个车间多车型生产线联线；可以将各种车型的下车身总成线、车身主线独立布置，共同建立补焊线、调整线，实现生产线的分期投入；可以高定位精度地快速输送。而悬挂链输送机是具有空间封闭线路的连续运输设备，可用于车间内部或各个车间之间，不但节约地面上的空间，还可以与地面的作业相互配合进行，因此悬挂链输送机在各个大型生产与现代化工厂中，被企业广泛采用。

柔性生产线的定位工装系统，可以匹配多种主打车型，在生产中可以在8s内完成任意车型切换，它将夹具、焊接机器人、转台、滑台构建成一个工作站，实现多种车型两套夹具自动切换，具有节拍高、布局紧凑、投资少的特点。最具代表性的就是机器人抓手，它可以同时抓取多个板件并完成压紧、定位、检测等精确操作。通过机器人将工件放到焊接夹具上进行焊接，大大地提高了上件的速度和准确性，实现效率最大化。

（3）**柔性化生产的意义** 在竞争激烈的汽车行业，车型更新换代的节奏逐渐加快，因此必须合理选择汽车行业的生产方式，柔性化生产也变得越来越重要。机器人在柔性化生产线中的应用模式多种多样，只有不断地摸索、创新，研究新技术的投入方式以及机器人的应用模式，才能适应时代潮流，稳步可持续地发展。

2. 智能化焊装工厂建设

（1）**实施背景** 纵观汽车制造中的焊接的发展历史，可知汽车工业焊接的发展趋势为：发展轻便灵巧的智能设备及自动化柔性生产系统。而工业机器人及物联网技术，因具有灵活性和自动化的生产特点，在汽车生产中已大规模地被使用。

从机器人技术发展趋势来看，焊接机器人不断向智能化方向发展，完全实现生产系统中机器人的群体协调和集成控制，从而达到更高的可靠性和安全性。

从物联网技术发展趋势来看，经过过去几年的技术和市场的培育，物联网即将进入高速发展期，它是继计算机、互联网与移动通信网之后的又一次信息产业浪潮，是一个全新的技术领域，同时也给 IT 和通信带来了广阔的新市场。目前物联网技术在汽车焊装产业也获得了广泛的应用。

自20世纪90年代起 RFID 技术已被应用于工业自动化、商业自动化、交通运输控制管理等众多领域。如美国通用汽车公司在汽车生产厂的焊装、喷漆和装配等生产线上，就采用了 RFID 技术；而在国内也有汽车主机厂利用 RFID 技术管理焊装车间的生产，并且应用了 AVI 系统，在生产流水线上已经能够实现自动控制、监视，不仅提高了生产率，改进生产方式，还节约了成本。越来越多的公司把 AVI 系统运用到焊装车间的生产管理中，

ERP、MES、PDM 系统也逐渐在公司内部普及应用。

（2）**主要做法**　基于物联网的汽车白车身柔性焊接智能工厂项目实施后，可实现生产计划自动下达车型指令，协调焊装设备满足车型生产要求，协调机器人设备按照生产任务需求适时调用相对应的车型程序，实时提示车型信息拉动生产，从而实现同线多车型智能生产制造。项目完成后，将保证企业能够按主机厂的生产计划进行排产，使库存降低 15%~40%，延期交货减少 80%，提高生产能力 30%，人工营运成本降低 20%。公司智能制造体系规划，如图 12-23 所示。

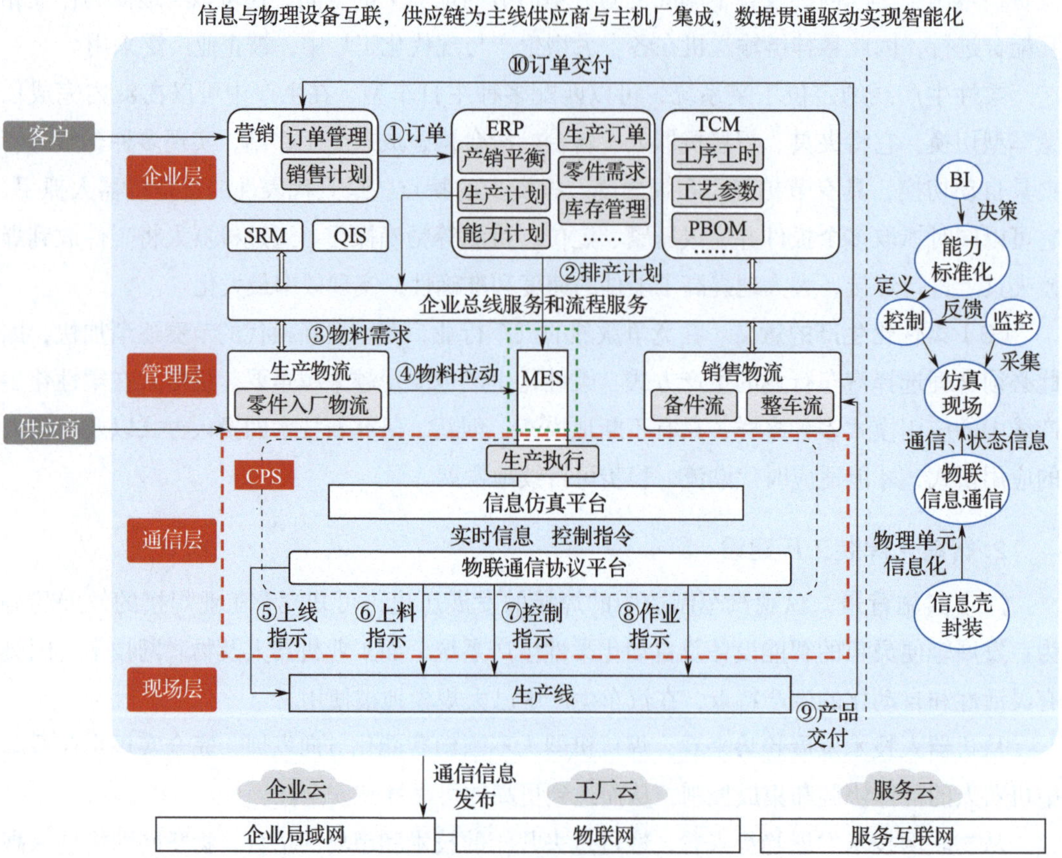

图 12-23　公司智能制造体系的规划

打造智能制造体系的做法，有以下几种。

1）信息集成技术的提升。现在主要有以下 3 种方式实现信息集成：内部函数调用、直接访问数据库和中间文件交换。以采用中间文件交换方式为例，这种方式是将 PDM 系统与 ERP 系统需要交换的信息，按照统一的文件格式和接口要求进行存储，PDM 系统与 ERP 系统通过各自编制的数据导入导出接口来实现两系统的信息交换，具有开发周期短、集成成本低、易实施、见效快的特点。系统展示如图 12-24 所示。

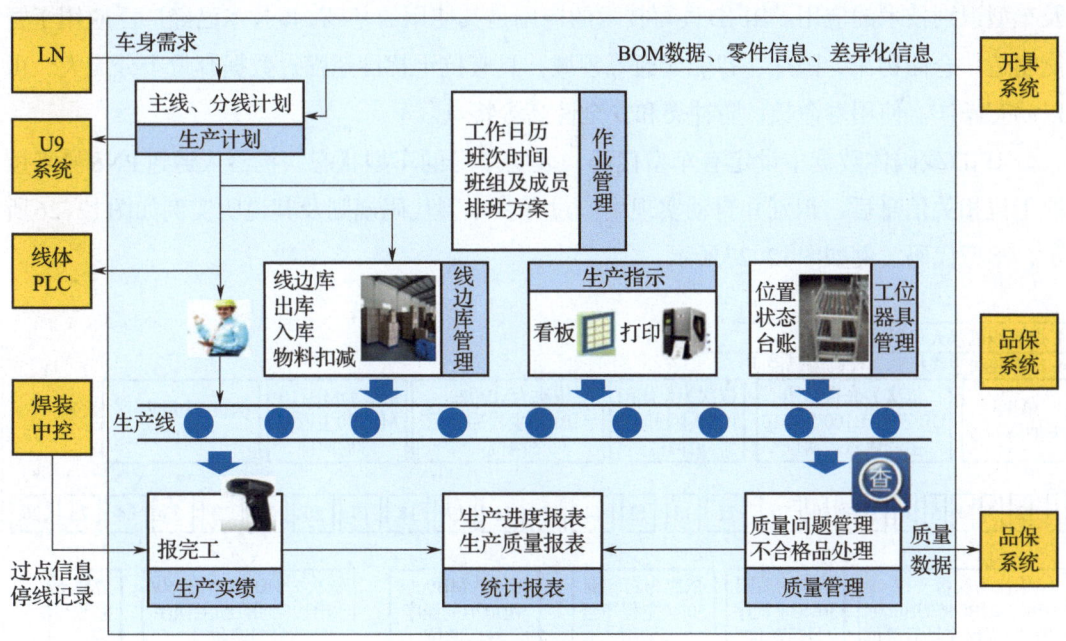

图12-24 系统展示图

2）生产计划数据自动生成。生产计划需要手动导入，不仅效率低，而且容易出错，可以通过以下措施解决这一问题：

首先，将计划制订规则逻辑化，确定计划排产各项参数，实现系统对生产计划的自动编排；然后，增加离线回线车管理功能，在车辆离线回线处扫描录入离线回线车辆信息；最后，定义好OEE统计管理的流程及逻辑算法，在系统中实现OEE的管理功能。生产计划流程图，如图12-25所示。

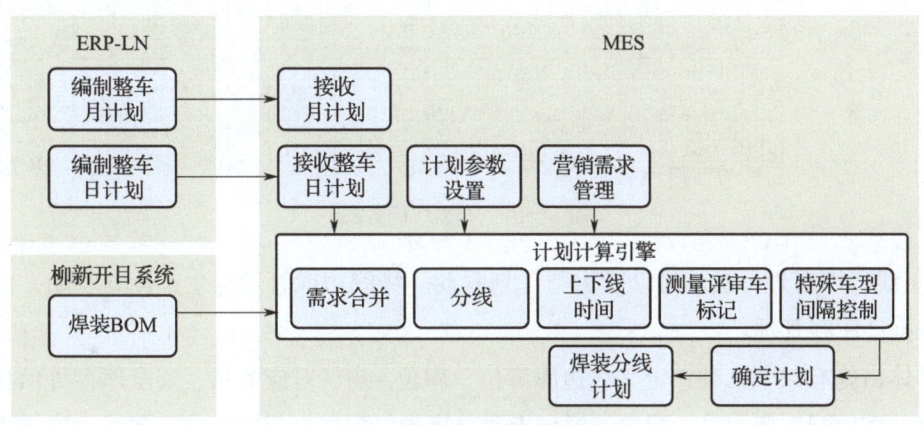

图12-25 生产计划流程图

3）车型识别系统智能化。白车身焊装线为了实现柔性生产，主要依靠车型代码规划及车型识别技术的应用。RFID读写技术的应用是其使用的基础，该技术已经广泛应用于智能制造、仓储物流、医疗、智能交通等领域，具有抗干扰性超强、数据容量十分庞大、可以动态操作、使用寿命长、防冲突和安全性高等特点。

RFID载码体数据中设定有车型代码，表明车身的车型状态，机器人通过PNS号来读取工位相关信息后，识别并自动实现生产过程。车型代码规则及其说明实例如图12-26所示，车型代码实例如图12-27所示。

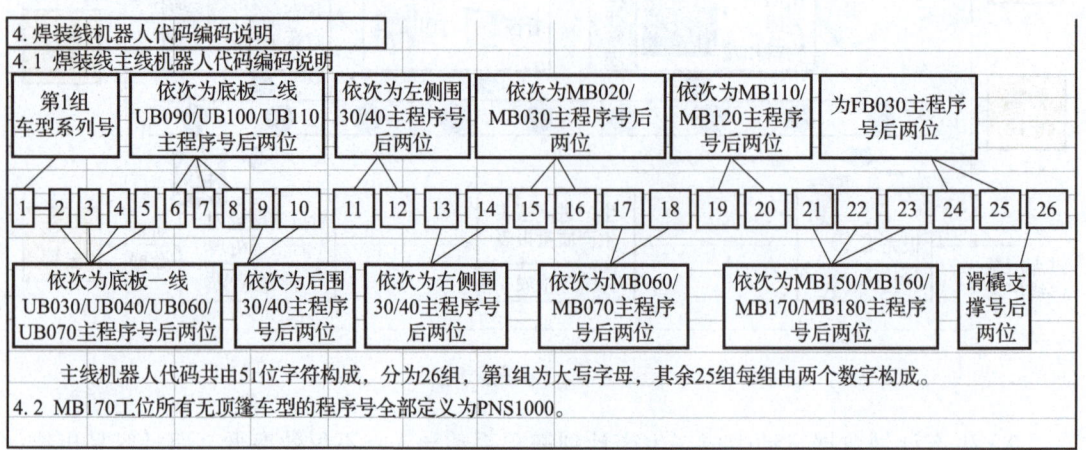

图12-26 车型代码规则

序号	车型代号	焊装线机器人代码	工程序	UB030	UB040	UB060	UB070	UB090	UB100	UB110
1		P-10101010101010101010101010101010101010101010101010	PNS1010	PNS1010	PNS1010	PNS1010	PNS1010	PNS1010	PNS1010	PNS1010
2		P-10101010101010606010101010101010101060101010101010	PNS1060	PNS1010	PNS1010	PNS1010	PNS1010	PNS1010	PNS1010	PNS1010
3		P-10101018101010101010101010101010101010101010101010	PNS1018	PNS1010	PNS1010	PNS1010	PNS1018	PNS1010	PNS1010	PNS1010
4		P-10101010101010171710101010101010101017101010101010	PNS1017	PNS1010	PNS1010	PNS1010	PNS1010	PNS1010	PNS1010	PNS1010
5		P-10101010101010616110101010101010101061101010101010	PNS1061	PNS1010	PNS1010	PNS1010	PNS1010	PNS1010	PNS1010	PNS1010
6		Q-11111111101110101010101010101011101010101010101110	PNS1011	PNS1011	PNS1011	PNS1011	PNS1011	PNS1010	PNS1011	PNS1010
7		Q-11111111101110606010101010101011101010601010101110	PNS1062	PNS1011	PNS1011	PNS1011	PNS1011	PNS1010	PNS1011	PNS1010
8		R-10101012101012101010101010101212101010101010101010	PNS1012	PNS1010	PNS1010	PNS1010	PNS1012	PNS1010	PNS1010	PNS1012
9		R-10101012101012606010101010101212101010601010101010	PNS1063	PNS1010	PNS1010	PNS1010	PNS1012	PNS1010	PNS1010	PNS1012
10		P-10101013101013101010101010101313101010101010101010	PNS1013	PNS1010	PNS1010	PNS1010	PNS1013	PNS1010	PNS1010	PNS1013
11		P-10101013101013606010101010101313101010601010101010	PNS1064	PNS1010	PNS1010	PNS1010	PNS1013	PNS1010	PNS1010	PNS1013
12		N-11111114211121101010101010102114101010101010101110	PNS1014	PNS1011	PNS1011	PNS1011	PNS1014	PNS1021	PNS1011	PNS1021
13		N-11111114211121606010101010102114101010601010101110	PNS1065	PNS1011	PNS1011	PNS1011	PNS1014	PNS1021	PNS1011	PNS1021
14		J-11111114211121202015151515152114101510151510152011 10	PNS1015	PNS1011	PNS1011	PNS1011	PNS1014	PNS1021	PNS1011	PNS1021
15		O-10101016101021101010101010102116101010101010101010	PNS1016	PNS1010	PNS1010	PNS1010	PNS1016	PNS1010	PNS1010	PNS1021
16		O-10101016101021606010101010102116101010601010101010	PNS1066	PNS1010	PNS1010	[illegible]	[illegible]	[illegible]	PNS1010	PNS1021
17		L-20202020202020202020303030301020202020202020202010	PNS1020	PNS1020	PNS1020	PNS1020	[illegible]	[illegible]	PNS1020	PNS1020

图12-27 车型代码实例

4）线边库管理：被动拉动变为与计划联动。将线边库管理与生产计划联动，由生产计划来推动库存管理。

具体措施有以下几种：定义线边库库位、库位–物料对应关系、安全库存等信息；由系统自动生成配送指示单，配送员根据指示单将物料配送至指定库位；将线边库纳入系统管理，同时将物料配送由现场巡检拉动改为生产计划推动，另外实现了物料按计划配送以及库存警告灯功能。

具体流程如图12-28所示。

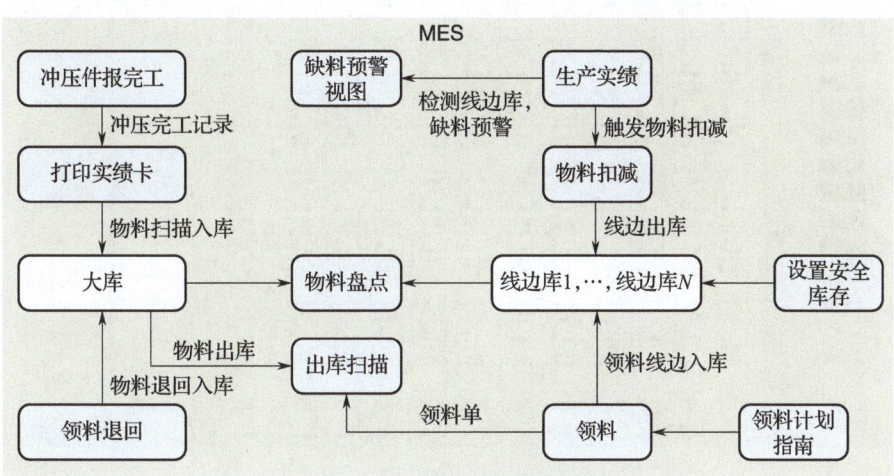

图12-28　线边库管理流程

5）现场生产信息整体展示和重点监控。将整个车间的生产画面形成一个整版展示画面，能让生产管理人员一目了然地掌握现场生产的整体信息。在画面上的每个工位设置生产节拍、超时提醒、故障显示等功能，能让生产管理人员及时发现故障或者生产瓶颈工位。在质量、设备、物流人员区域增加故障、生产、求援等信息。库区排序监控示例，如图12-29所示。

图12-29　WBS库区排序监控

6）白车身出入库智能化。由于焊装生产计划与涂装生产计划不一致，为了保证输送给涂装车间的白车身遵守顺序，MES需要根据当前生产节拍及涂装生产顺序计算入库规则，并把入库规则传输至线体PLC系统，由PLC系统控制运输设备，按照规则入库，从而实现自动化、智能化管理出入库，如图12-30所示。

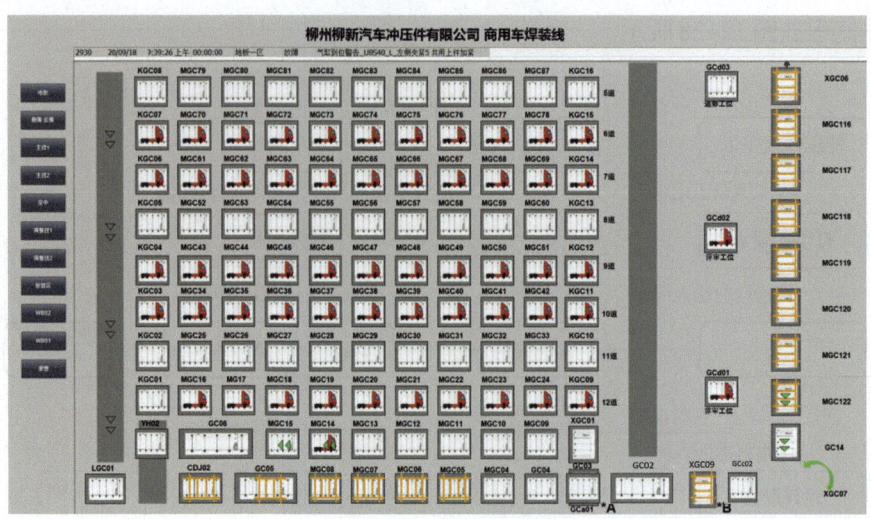

图12-30　出入库排序监控

7）MES目标设定、达成与规划。过往项目MES目标设定不明确，系统规划不全面，后期维护缺乏专业团队支持。为了提高一次性线下合格率、时间遵守率，提高JPMH，可采取以下措施。

①重构系统架构，实现系统层与现场执行控制层的分离，确保系统的稳定性。

②完善系统的生产计划、生产指示、生产实绩、质量管理等功能。开发系统客户端，提高系统的易用性及信息传递的及时性。提高生产计划的准确性和效率，避免因生产计划不准确造成的停线，提高顺序遵守率和时间遵守率。

③利用看板、目视卡，以及MES与线体PLC的集成，提高生产效率，减少因错误装配造成的停线及质量隐患。

④组建焊装工程管理系统运维团队，确保运维时间及应需开发的时效性。

汽车产业正在迎接新的技术革命和产业变革，柔性化、智能化和高度集成化是打造汽车企业未来核心竞争力的关键，我们需要在有限的时间内在汽车制造核心技术上有所作为、有所突破，在整个产业链上实现协同创新和合作。同时，我们也要看到我们的汽车产业体量很大，但国际市场的表现并不尽如人意，所占的市场份额很小，未来我国汽车品牌想要走出国门必须苦练内功，通过提质增效打造中国制造品牌，而通过智能制造技术对产业进行升级就是实现"两提高、一降低"的途径。

汽车工业正朝着环保低碳、节省能源、安全性、舒适性和车身轻量化方向发展。汽车车身采用高强度钢板的比例越来越高；铝合金等新材料已应用于高端车身。焊接技术是汽车制造业中的重要环节，随着许多焊接技术可靠性、经济性和耐久性的提高，带有智能化、数字化、逆变技术的焊机将更广泛地应用到生产中。激光拼焊板技术、激光复合焊技术、高效弧焊技术、搅拌摩擦焊技术、冷金属过渡焊技术、磁脉冲焊技术将在汽车车身制

造中得到更广泛的应用。为提高车身焊装精度而建立的尺寸控制工程，成为车身制造的重要环节。为实现车身焊装多车型柔性化和自动化生产，开发了车身总成成形、地面空中传输相结合的多种解决方案；工业机器人广泛应用于车身焊装生产的多个工艺过程；能够适应多种车型、经济性好的混流柔性焊装线技术将越来越受到青睐。

任务实施

1. 戴防护眼镜，穿安全鞋和工作服，做好个人防护。
2. 能够认知白车身焊接工艺的发展趋势。
3. 能够描述几种典型焊接新技术的优缺点及适用场景。
4. 能够掌握磁脉冲焊接技术的原理。
5. 能够描述汽车车身焊接材料的发展趋势。
6. 能够描述焊装生产线未来发展趋势。

课后拓展

到图书馆、电子阅览室查阅汽车车身焊接新技术方面的材料，拓展视野，找出几种典型的焊接新技术（除教材提及以外），收集整理其典型应用案例，并与大家交流分享。

参考文献

［1］罗文智.汽车焊装［M］.北京：机械工业出版社，2014.

［2］姚博瀚.汽车焊装技术［M］.北京：北京理工大学出版社，2016.

［3］叶文海.汽车焊接技术［M］.北京：电子工业出版社，2017.

［4］吴礼军.现代汽车制造技术［M］.北京：国防工业出版社，2017.

［5］李慧.汽车车身制造技术［M］.北京：机械工业出版社，2020.

高职高专汽车类专业创新一体化教材

汽车焊装技术实训工单

李敏 姚永来 ◎ 主编

班级：_____

姓名：_____

机械工业出版社
CHINA MACHINE PRESS

高职高专汽车类专业创新一体化教材

汽车焊装技术
实训工单及习题

主编 李 敏 姚永来

班　级：_____
姓　名：_____

机械工业出版社

目录 Contents

实训工单一	汽车焊装技术认知	...001
实训工单二	白车身焊装生产工艺流程认知	...004
实训工单三	工件焊接操作	...007
实训工单四	焊装涂胶	...010
实训工单五	夹具认知	...013
实训工单六	汽车焊装机器人认知	...016
实训工单七	焊接质量检查操作	...020
实训工单八	焊装物流路线设计	...023
实训工单九	焊装数字化管理方式认知	...026
实训工单十	焊装护具穿戴	...029
实训工单十一	汽车焊装 SE 分析流程认知	...032
实训工单十二	焊接新技术展望	...035
学习任务一习题	汽车焊装技术	...038
学习任务二习题	白车身焊装生产工艺流程	...040
学习任务三习题	焊装连接工艺	...042
学习任务四习题	焊装胶接工艺	...044
学习任务五习题	焊装夹具	...046
学习任务六习题	焊装设备	...048
学习任务七习题	焊装过程质量检验	...050
学习任务八习题	焊装物流管理	...052
学习任务九习题	焊装过程数字化管理	...053
学习任务十习题	焊装过程 6S 管理	...054
学习任务十一习题	焊装 SE 技术	...056
学习任务十二习题	焊接新技术	...058

实训工单一 汽车焊装技术认知

一、实训目标

1. 戴防护眼镜,穿安全鞋和工作服,做好个人防护。
2. 能够认知白车身当前所使用的主流材料。
3. 具备对汽车白车身结构认知的能力。
4. 掌握汽车焊装的作用。
5. 能够认知汽车焊接工艺的发展历程。
6. 能够认知焊装智能制造的前景。

二、任务描述

1. 安全防护:穿安全鞋、工作服,戴安全帽,参观焊装车间的白车身实际生产过程。
2. 正确描述白车身当前所使用的主流材料。
3. 认知汽车白车身结构。
4. 正确描述汽车焊装的作用。
5. 了解汽车焊接工艺的发展历程。
6. 认知焊装智能制造的前景。

三、实训考核工单

任务名称	汽车焊装技术认知	学时	30min	班级	
学生姓名		组别		任务成绩	
实训设备	多媒体一体机、白车身、图片、白板、白板笔等	实训场地		日期	
客户任务					
任务目的	能正确描述汽车白车身结构,了解汽车焊装技术				
(一)考核内容、评分标准					

（续）

任务名称	考核项目	考核内容	分值	评分标准	考核评分
汽车焊装技术认知	安全操作	按要求穿戴个人防护用品	15	未穿戴工作服、工作帽、安全鞋等，如不符合车间安全规定，一次扣2分，扣分不超过10分	
	认知白车身当前所使用的主流材料	正确描述白车身当前所使用的主流材料	15	未正确描述，每项扣2分，扣分不超过10分	
	认知汽车白车身结构	正确描述汽车白车身结构	10	未正确描述，一次扣2分，扣分不超过10分	
	认知汽车焊装的作用	正确描述汽车焊装的作用	20	未正确描述，每项扣2分，扣分不超过10分	
	认知汽车焊接工艺的发展历程	正确描述汽车焊接工艺的发展历程	15	未正确描述，每项扣2分，扣分不超过10分	
	认知焊装智能制造的前景	描述焊装智能制造的具体应用	10	未正确描述，每项扣2分，扣分不超过10分	
	综合素养	对技能的态度、热情、团队协作、规范使用仪器设备等	15	依据现场整体印象、表现，不良行为扣2分，扣分不超过15分	

正确解释下述名词：

承载式车身：

非承载式车身：

轻金属材料：

车身总成：

请描述白车身的结构组成：

（续）

（二）评估

1. 教学效果评估。

2. 教师对学生知识能力、技能、综合能力评估。

3. 学生对本次任务自身掌握情况评估。

4. 学员、小组间对本次任务相互评估。

（三）教学反馈及提升措施

实训工单二　白车身焊装生产工艺流程认知

一、实训目标

1. 戴防护眼镜，穿安全鞋和工作服，做好个人防护。
2. 能够认知白车身总成焊装生产工艺流程。
3. 能够认知焊装总成的关键分总成及部件。
4. 掌握主线生产工艺流程、各分总成的名称与构成。
5. 能够正确描述焊装生产的关键工艺流程。
6. 能够描述底板分总成焊装工艺流程。

二、任务描述

1. 安全防护：穿安全鞋、工作服，戴安全帽，参观焊装车间的白车身实际生产过程。
2. 认知白车身总成焊装生产工艺流程。
3. 认知白车身总成的关键分总成及部件。
4. 正确绘制白车身总成焊装生产工艺流程图。
5. 解说白车身总成焊装生产工艺流程图。
6. 描述底板分总成焊装工艺流程。

三、实训考核工单

任务名称	白车身焊装生产工艺流程认知	学时	30min	班级	
学生姓名		组别		任务成绩	
实训设备	多媒体一体机、白车身、图片、白板、白板笔等	实训场地		日期	
客户任务					
任务目的	能正确认知、描述、绘制白车身总成焊装生产工艺流程图				
（一）考核内容、评分标准					

（续）

任务名称	考核项目	考核内容	分值	评分标准	考核评分
白车身焊装生产工艺流程认知	安全操作	按要求穿戴个人防护用品	15	未穿戴工作服、工作帽、安全鞋等，如不符合车间安全规定，一次扣2分，扣分不超过10分	
	焊装工艺流程认知	正确识别汽车白车身的焊装工艺流程	10	未正确识别，一次扣2分，扣分不超过10分	
	焊装关键分总成认知	认知并正确连线各分总成概念	15	未正确连线，每项扣2分，扣分不超过10分	
	绘制白车身总成焊装生产工艺流程图	正确绘制白车身总成焊装生产工艺流程图	20	内容不完整，每项扣2分，扣分不超过10分	
	解说白车身总成焊装生产工艺流程图	正确解说白车身总成焊装生产工艺流程图	15	内容不完整，每项扣2分，扣分不超过10分	
	描述底板分总成焊装工艺流程	正确描述底板分总成焊装工艺流程	10	内容不完整，每项扣2分，扣分不超过10分	
	综合素养	对技能的态度、热情、团队协作、规范使用仪器设备等	15	依据现场整体印象、表现，不良行为扣2分，扣分不超过15分	

正确连线下述概念：

- 前围板总成
- 散热器罩总成
- 中底板总成
- 门框总成
- 仪表板总成
- 顶篷总成
- 门锁加强板
- 车门总成
- 前翼子板总成

- 白车身总成
- 侧围分总成
- 前端分总成
- 底板分总成

（续）

（二）评估

1. 教学效果评估。

2. 教师对学生知识能力、技能、综合能力评估。

3. 学生对本次任务自身掌握情况评估。

4. 学员、小组间对本次任务相互评估。

（三）教学反馈及提升措施

实训工单三　工件焊接操作

一、实训目标

1. 戴防护眼镜，穿安全鞋和长袖工作服，佩戴耐油帆布手套和护袖，穿焊装围裙，涉及修磨工作时需佩戴防尘口罩，做好个人防护。
2. 能够独立完成对工件表面的清洁，除油、锈、漆。
3. 能够确定焊接工具工艺参数。
4. 能够正确组装工件及使用焊接工具。
5. 能按作业指导书进行焊接操作。
6. 能够检查焊缝质量。
7. 能够对焊缝进行彻底清渣及缺陷处理。

二、任务描述

1. 安全防护：戴防护眼镜、穿安全鞋和工作服。打磨时，佩戴防尘口罩和帆布手套。
2. 完成焊接工件表面清洁，除油、锈、漆。
3. 完成焊接工具工艺参数设定。
4. 正确组装工件及使用焊接工具。
5. 完成工件焊接操作。
6. 完成对焊缝质量的检查。
7. 对焊缝进行彻底清渣及缺陷处理。

三、实训考核工单

任务名称	工件焊接操作	学时	30min	班级	
学生姓名		组别		任务成绩	
实训设备	焊装防护用品、焊接材料、焊机、焊条等	实训场地		日期	
客户任务					
任务目的	能正确使用、穿戴防护用品，能按照标准化操作要求操作				
（一）考核内容、评分标准					

（续）

任务名称	考核项目	考核内容	分值	评分标准	考核评分
工件焊接操作	安全操作	按要求穿戴个人防护用品	10	未穿戴工作服、工作帽、安全鞋、防尘口罩、防护镜、防滑手套、乳胶手套、防毒面具等，穿戴错误，一次扣2分，扣分不超过10分	
	清洁	正确使用工具清理工件表面油、锈、漆	10	未清除或清除不干净、操作不规范，一次扣2分，扣分不超过10分	
	工艺参数	正确设置工艺参数	10	工具使用不当、手法不正确、流程错误，每项扣2分，扣分不超过10分	
	组装工件及使用焊接工具	正确组装工件及使用焊接工具	10	操作不规范，每项扣2分，扣分不超过10分	
	焊接施工	正确进行焊接操作	20	工具使用不正确、操作不规范，每项扣2分，扣分不超过10分	
	焊缝质量	按作业指导书操作	20	焊缝成形整齐、美观。焊缝高低、宽窄允许有1mm误差，每超差1mm扣2分，扣分不超过10分	
	表面整洁	按标准化操作，完成清渣	10	焊接接头成形良好；表面无夹渣、无气孔、无弧坑，否则每项扣2分，扣分不超过10分	
	综合素养	对技能的态度、热情、团队协作、规范使用仪器设备等	10	依据现场整体印象、表现，不良行为扣2分，扣分不超过10分	

（二）评估

1. 教学效果评估。

实训工单三 工件焊接操作

（续）

2. 教师对学生知识能力、技能、综合能力评估。

3. 学生对本次任务自身掌握情况评估。

4. 学员、小组间对本次任务相互评估。

（三）教学反馈及提升措施

实训工单四 焊装涂胶

一、实训目标

1. 戴防护眼镜,穿安全鞋和工作服,做好个人防护。
2. 能够认知白车身涂胶的用途。
3. 能够认知焊装作业指导书上的白车身涂胶工艺流程。
4. 掌握白车身涂胶的种类及涂胶的部位。
5. 能够正确描述焊装涂胶的关键流程。
6. 能够正确使用焊装涂胶工具及辅具进行操作。

二、任务描述

1. 安全防护:穿安全鞋、工作服,戴安全帽,参观焊装车间的车身涂胶的实际操作过程。
2. 认知白车身涂胶的用途。
3. 认知作业指导书上的白车身涂胶工艺流程。
4. 描述白车身涂胶的种类及涂胶的部位。
5. 解说焊装涂胶的关键流程。
6. 使用涂胶工具进行涂胶操作。

三、实训考核工单

任务名称	焊装涂胶	学时	30min	班级	
学生姓名		组别		任务成绩	
实训设备	多媒体一体机、胶枪、图片、白板、白板笔等	实训场地		日期	
客户任务					
任务目的	能正确认知、描述白车身涂胶种类、部位,并正确使用胶枪进行涂胶操作				

(一)考核内容、评分标准

（续）

任务名称	考核项目	考核内容	分值	评分标准	考核评分
焊装涂胶	安全操作	按要求穿戴个人防护用品	15	未穿戴工作服、工作帽、安全鞋等，如不符合车间安全规定，一次扣2分，扣分不超过10分	
	认知白车身涂胶的用途	正确认知白车身涂胶的用途	10	未正确认知，一次扣2分，扣分不超过10分	
	认知作业指导书上的白车身涂胶工艺流程	认知并正确理解作业指导书上的白车身涂胶工艺流程	15	未正确理解，每项扣2分，扣分不超过10分	
	描述白车身涂胶的种类及涂胶的部位	正确描述白车身涂胶的种类及涂胶的部位	15	内容不完整，每项扣2分，扣分不超过10分	
	解说焊装涂胶的关键流程	正确解说焊装涂胶的关键流程	15	内容不完整，每项扣2分，扣分不超过10分	
	使用涂胶工具进行涂胶操作	正确使用涂胶工具进行涂胶操作	20	操作不规范，每项扣2分，扣分不超过10分	
	综合素养	对技能的态度、热情、团队协作、规范使用仪器设备等	10	依据现场整体印象、表现，不良行为扣2分，扣分不超过10分	

正确描述下述焊装用胶的用途，并举例说明用胶的部位。

折边胶：

膨胀胶：

点焊密封胶：

隔振胶：

结构胶：

描述手动涂胶的操作规程：

（二）评估

1. 教学效果评估。

（续）

2. 教师对学生知识能力、技能、综合能力评估。

3. 学生对本次任务自身掌握情况评估。

4. 学员、小组间对本次任务相互评估。

（三）教学反馈及提升措施

实训工单五 夹具认知

一、实训目标

1. 戴防护眼镜,穿安全鞋和工作服,做好个人防护。
2. 能够认知车身焊装夹具工艺流程。
3. 能够认知焊装夹具的关键分总成及部件。
4. 掌握主线生产工艺流程、各分总成的名称与构成。
5. 能够正确描述焊装夹具设计的关键流程。
6. 能够描述夹具使用的安全操作规程。

二、任务描述

1. 安全防护:穿安全鞋、工作服,戴安全帽,参观焊装车间的车身夹具实际使用过程。
2. 认知焊装夹具生产工艺流程。
3. 认知夹具组成的关键分总成及部件。
4. 正确绘制焊装夹具设计流程。
5. 解说焊装夹具生产工艺流程图。
6. 描述夹具使用的安全操作规程。

三、实训考核工单

任务名称	夹具认知	学时	30min	班级	
学生姓名		组别		任务成绩	
实训设备	多媒体一体机、夹具、图片、白板、白板笔等	实训场地		日期	
客户任务					
任务目的	能正确认知、描述、绘制夹具安全操作规程				
(一)考核内容、评分标准					

（续）

任务名称	考核项目	考核内容	分值	评分标准	考核评分
夹具认知	安全操作	按要求穿戴个人防护用品	15	未穿戴工作服、工作帽、安全鞋等，如不符合车间安全规定，一次扣2分，扣分不超过10分	
	夹具生产工艺流程	正确识别夹具生产工艺流程	10	未正确识别，一次扣2分，扣分不超过10分	
	夹具总成的关键分总成及部件认知	认知并正确解释分成总各概念	15	未正确解释，每项扣2分，扣分不超过10分	
	绘制焊装夹具设计流程	正确绘制焊装夹具设计流程	15	内容不完整，每项扣2分，扣分不超过10分	
	解说焊装夹具生产工艺流程	正确解说焊装夹具生产工艺流程	15	内容不完整，每项扣2分，扣分不超过10分	
	描述夹具使用的安全操作规程	正确描述夹具使用的安全操作规程	20	内容不完整，每项扣2分，扣分不超过10分	
	综合素养	对技能的态度、热情、团队协作、规范使用仪器设备等	10	依据现场整体印象、表现，不良行为扣2分，扣分不超过10分	

正确解释下述夹具组件：

台板：

顶升：

气动二联件：

阀座：

夹紧机构：

描述夹具使用操作规程：

（二）评估

1. 教学效果评估。

实训工单五 夹具认知

（续）

2. 教师对学生知识能力、技能、综合能力评估。

3. 学生对本次任务自身掌握情况评估。

4. 学员、小组间对本次任务相互评估。

（三）教学反馈及提升措施

实训工单六　汽车焊装机器人认知

一、实训目标

1. 了解焊装机器人的组成,包括机器人本体、控制柜、外接设备等;以及机器人操作臂的组成,包括手臂、手腕。
2. 了解工业机器人的工作原理,关节伺服电动机与末端执行器之间的运动关系。
3. 了解工业机器人的手动控制方式和示教再现编程功能。

二、任务描述

焊装机器人主要包括机器人和焊装设备两部分。机器人由机器人本体和控制柜(硬件及软件)组成。而焊装设备,以弧焊为例,则由焊接电源(包括其控制系统)、送丝机(弧焊)、焊枪(钳)等部分组成。世界各国生产的焊装用机器人基本上都属于关节机器人,绝大部分有6个轴。其中,1、2、3轴可将末端工具送到不同的空间位置,而4、5、6轴解决工具姿态的不同要求。

1. 安全防护及注意事项:佩戴安全帽,熟悉急停按钮位置和机器人安全操作规程。
2. 能正确认识焊装机器人本体名称和各动作轴的名称。
3. 查阅资料,列出实训室工业机器人的自由度、精度、工作空间、最大工作速度和工作载荷等。
4. 查阅资料,列出焊接电源、送丝机、焊枪和变位机厂家及主要参数等。

三、工业机器人的主要参数

序号	项目	技术参数
1		
2		
3		
4		
5		
6		
7		

实训工单六　汽车焊装机器人认知

（续）

序号	项目	技术参数
8		
9		
10		

四、焊接设备厂家及主要参数

序号	焊装设备名称	设备厂家	主要技术参数
1			
2			
3			
4			
5			
6			
7			
8			
9			
10			

五、实训考核工单

任务名称	汽车焊装机器人认知	学时	30min	班级	
学生姓名		组别		任务成绩	
实训设备	焊装机器人和焊装设备等	实训场地		日期	
客户任务					
任务目的	能正确认识焊装机器人和焊接设备各组成部分，正确手动操作机器人运行				

（一）考核内容、评分标准

任务名称	考核项目	考核内容	分值	评分标准	考核评分
汽车焊装机器人认知	安全防护及注意事项	按要求佩戴安全帽，熟悉急停按钮位置和机器人安全操作规程	25	未按要求，每项扣10分，扣分不超过25分	

（续）

任务名称	考核项目	考核内容	分值	评分标准	考核评分
汽车焊装机器人认知	自由度	机器人所具有的独立坐标轴运动的数目	5	自由度数不正确，扣5分	
	精度	重复定位精度	5	重复定位精度不正确，扣5分	
	工作空间	机器人的工作范围	5	工作范围不正确，扣5分	
	最大工作速度	末端最大工作速度	5	最大工作速度不正确，扣5分	
	工作载荷	机器人在工作空间内的任何位置上所能承受的最大质量	5	工作载荷不正确，扣5分	
	焊接电源厂家及主要参数	—	10	缺少或错误一项，每项扣2分，扣分不超过10分	
	送丝机厂家及主要参数	—	10	缺少或错误一项，每项扣2分，扣分不超过10分	
	焊枪厂家及主要参数	—	10	缺少或错误一项，每项扣2分，扣分不超过10分	
	变位机厂家及主要参数	—	10	缺少或错误一项，每项扣2分，扣分不超过10分	
	综合素养	对技能的态度、热情、团队协作、规范使用仪器设备等	10	依据现场整体印象、表现，不良行为扣2分，扣分不超过10分	

（二）评估

1. 教学效果评估。

（续）

2. 教师对学生知识能力、技能、综合能力评估。

3. 学生对本次任务自身掌握情况评估。

4. 学员、小组间对本次任务相互评估。

（三）教学反馈及提升措施

实训工单七　焊接质量检查操作

一、实训目标

1. 戴防护眼镜，穿安全鞋和工作服等，做好个人防护。
2. 能够认知焊接质量检查的意义。
3. 能够认知焊装作业指导书上的焊接质量检查流程。
4. 具备正确使用焊接质量检查工具的能力。
5. 能够描述焊接质量检查的过程。
6. 能够使用工具进行焊接质量检查。

二、任务描述

1. 安全防护：穿安全鞋、工作服，戴安全帽，做好个人防护。
2. 认知焊接质量检查的意义。
3. 认知焊装作业指导书上的焊接质量检查流程。
4. 正确使用焊接质量检查工具。
5. 正确描述焊接质量检查的过程。
6. 正确使用工具进行焊接质量检查。

三、实训考核工单

任务名称	焊接质量检查操作	学时	30min	班级	
学生姓名		组别		任务成绩	
实训设备	多媒体一体机、锤头、图片、白板、白板笔等	实训场地		日期	
客户任务					
任务目的	能正确认知、描述焊接质量检查的流程，并正确使用工具进行焊接质量检查				

（一）考核内容、评分标准

实训工单七　焊接质量检查操作

（续）

任务名称	考核项目	考核内容	分值	评分标准	考核评分
焊接质量检查操作	安全操作	按要求穿戴个人防护用品	15	未穿戴工作服、工作帽、安全鞋等，如不符合车间安全规定，一次扣2分，扣分不超过10分	
	焊接质量检查的意义	正确认知焊接质量检查的意义	10	未正确认知，一次扣2分，扣分不超过10分	
	焊装作业指导书上的焊接质量检查流程	认知焊装作业指导书上的焊接质量检查流程	15	未正确认知，每项扣2分，扣分不超过10分	
	使用焊接质量检查工具	正确使用焊接质量检查工具	15	未正确使用，每项扣2分，扣分不超过10分	
	描述焊接质量检查的过程	正确描述焊接质量检查的过程	15	内容不完整，每项扣2分，扣分不超过10分	
	使用工具进行焊接质量检查	正确使用工具进行焊接质量检查	20	操作不规范，每项扣2分，扣分不超过10分	
	综合素养	对技能的态度、热情、团队协作、规范使用仪器设备等	10	依据现场整体印象、表现，不良行为扣2分，扣分不超过10分	

列写影响白车身焊接质量的因素，及控制提高焊接质量的方法：

描述使用工具进行焊接质量检查的操作过程：

（续）

（二）评估

  1. 教学效果评估。

  2. 教师对学生知识能力、技能、综合能力评估。

  3. 学生对本次任务自身掌握情况评估。

  4. 学员、小组间对本次任务相互评估。

（三）教学反馈及提升措施

实训工单八　焊装物流路线设计

一、实训目标

1. 戴防护眼镜，穿安全鞋和工作服，做好个人防护。
2. 能够认知焊装车间的生产布局进行。
3. 能够认知焊装车间采用的先进物流方式。
4. 具有辨识焊装车间物流输送工具的能力。
5. 能够了解焊装车间采用的信息管理方式。
6. 能够考虑焊装物流设计要素，完成焊装物流路线设计。

二、任务描述

1. 安全防护：穿安全鞋、工作服，戴安全帽，参观焊装车间的物流输送工具实际使用过程。
2. 认知焊装车间的生产布局。
3. 认知焊装车间采用的先进物流方式。
4. 辨识焊装车间物流输送工具。
5. 描述焊装车间采用的信息管理方式。
6. 完成焊装物流路线设计。

三、实训考核工单

任务名称	焊装物流路线设计	学时	30min	班级	
学生姓名		组别		任务成绩	
实训设备	多媒体一体机、图片、白板、白板笔等	实训场地		日期	
客户任务					
任务目的	能正确认知、描述焊装车间的生产布局、物流输送和管理方式，并尝试独立完成焊装物流路线设计				

（一）考核内容、评分标准

（续）

任务名称	考核项目	考核内容	分值	评分标准	考核评分
焊装物流路线设计	安全操作	按要求穿戴个人防护用品	15	未穿戴工作服、工作帽、安全鞋等，如不符合车间安全规定，一次扣2分，扣分不超过10分	
	焊装车间的生产布局	认知焊装车间的生产布局	10	内容不完整，一次扣2分，扣分不超过10分	
	焊装车间采用的先进物流方式	认知焊装车间采用的先进物流方式	15	内容不完整，每项扣2分，扣分不超过10分	
	辨识焊装车间物流输送工具	正确辨识焊装车间物流输送工具	15	内容不完整，每项扣2分，扣分不超过10分	
	焊装车间采用的信息管理方式	描述焊装车间采用的信息管理方式	15	内容不完整，每项扣2分，扣分不超过10分	
	焊装物流路线设计	考虑焊装物流设计要素，完成焊装物流路线设计	20	内容不完整，每项扣2分，扣分不超过10分	
	综合素养	对技能的态度、热情、团队协作、规范使用仪器设备等	10	依据现场整体印象、表现，不良行为扣2分，扣分不超过10分	

用思维导图描述焊装物流路线设计考虑的要素：

独立完成一份焊装物流路线设计简图：

（续）

（二）评估

1. 教学效果评估。

2. 教师对学生知识能力、技能、综合能力评估。

3. 学生对本次任务自身掌握情况评估。

4. 学员、小组间对本次任务相互评估。

（三）教学反馈及提升措施

实训工单九　焊装数字化管理方式认知

一、实训目标

1. 戴防护眼镜，穿安全鞋和工作服，做好个人防护。
2. 能够对焊装车间的生产设备的管理和监控有一定认识。
3. 能够了解焊装生产现场管理的体系。
4. 能够对车间智能控制系统的组成和原理有一定的认识。
5. 能够对 5G 在汽车智能制造中应用的技术方案有初步认识并进行描述。
6. 能够举例描述 5G 在汽车焊装过程中的典型应用。

二、任务描述

1. 安全防护：穿安全鞋、工作服，戴安全帽，参观焊装车间的数字化管理的实际应用。
2. 认识焊装车间的生产设备的管理和监控。
3. 了解焊装生产现场管理的体系。
4. 认识车间智能控制系统的组成和原理。
5. 描述 5G 在汽车智能制造中应用的技术方案。
6. 举例描述 5G 在汽车焊装过程中的典型应用。

三、实训考核工单

任务名称	焊装数字化管理方式认知	学时	30min	班级	
学生姓名		组别		任务成绩	
实训设备	多媒体一体机、图片、白板、白板笔等	实训场地		日期	
客户任务					
任务目的	能对焊装生产现场的管理有一定认识，对车间智能控制系统的组成和原理有初步认识，能够举例描述 5G 在焊装车间的应用				
（一）考核内容、评分标准					

实训工单九　焊装数字化管理方式认知

（续）

任务名称	考核项目	考核内容	分值	评分标准	考核评分
焊装数字化管理方式认知	安全操作	按要求穿戴个人防护用品	15	未穿戴工作服、工作帽、安全鞋等，如不符合车间安全规定，一次扣2分，扣分不超过10分	
	焊装车间的生产设备的管理和监控	认识焊装车间的生产设备的管理和监控	10	内容不完整，一次扣2分，扣分不超过10分	
	焊装生产现场管理的体系	了解焊装生产现场管理的体系	15	内容不完整，每项扣2分，扣分不超过10分	
	车间智能控制系统的组成和原理	认识车间智能控制系统的组成和原理	15	内容不完整，每项扣2分，扣分不超过10分	
	5G在汽车智能制造中的应用	描述5G在汽车智能制造中应用的技术方案	15	内容不完整，每项扣2分，扣分不超过10分	
	5G在汽车焊装过程中的典型应用	举例描述5G在汽车焊装过程中的典型应用	20	内容不完整，每项扣2分，扣分不超过10分	
	综合素养	对技能的态度、热情、团队协作、规范使用仪器设备等	10	依据现场整体印象、表现，不良行为扣2分，扣分不超过10分	

以焊装车间5G+AGV的应用为例，画出其系统架构，并进行描述：

查询关于5G在焊装应用的资料，并举例说明5G在焊装车间的典型应用（除教材中的应用案例以外）：

（续）

（二）评估

1. 教学效果评估。

2. 教师对学生知识能力、技能、综合能力评估。

3. 学生对本次任务自身掌握情况评估。

4. 学员、小组间对本次任务相互评估。

（三）教学反馈及提升措施

实训工单十 焊装护具穿戴

一、实训目标

1. 能够掌握 6S 管理的含义。
2. 能够掌握 6S 管理的要点。
3. 理解如何开展 6S。
4. 掌握焊装安全生产的要求。
5. 能够正确佩戴防护眼镜,穿安全鞋和工作服,做好个人防护。
6. 能够了解焊装作业容易受到的伤害类型及预防措施。

二、任务描述

1. 描述 6S 管理的含义。
2. 列举 6S 管理的要点。
3. 理解如何开展 6S。
4. 掌握焊装安全生产的要求。
5. 正确佩戴防护眼镜,穿安全鞋和工作服,做好个人防护。
6. 列举焊装作业容易受到的伤害类型及预防措施。

三、实训考核工单

任务名称	焊装护具穿戴	学时	30min	班级	
学生姓名		组别		任务成绩	
实训设备	多媒体一体机、图片、白板、白板笔、焊装护具等	实训场地		日期	
客户任务					
任务目的	能对 6S 有正确的认识,并能够按照焊装安全生产要求,正确穿戴焊装护具				

(一)考核内容、评分标准

（续）

任务名称	考核项目	考核内容	分值	评分标准	考核评分
焊装护具穿戴	6S管理的含义	描述6S管理的含义	15	内容不完整，一次扣2分，扣分不超过10分	
	6S管理的要点	列举6S管理的要点	10	内容不完整，一次扣2分，扣分不超过10分	
	开展6S工作	理解如何开展6S	15	未正确理解，每项扣2分，扣分不超过10分	
	焊装安全生产的要求	掌握焊装安全生产的要求	15	内容不完整，每项扣2分，扣分不超过10分	
	焊装防护用具穿戴	正确穿戴防护用具	20	操作不规范，每项扣2分，扣分不超过10分	
	焊装作业容易受到的伤害类型及预防措施	列举焊装作业容易受到的伤害类型及预防措施	15	内容不完整，每项扣2分，扣分不超过10分	
	综合素养	对技能的态度、热情、团队协作、规范使用仪器设备等	10	依据现场整体印象、表现，不良行为扣2分，扣分不超过10分	

描述焊装车间护具的名称、作用及穿戴注意事项：

谈一谈对6S管理的理解：

（续）

（二）评估

1. 教学效果评估。

2. 教师对学生知识能力、技能、综合能力评估。

3. 学生对本次任务自身掌握情况评估。

4. 学员、小组间对本次任务相互评估。

（三）教学反馈及提升措施

实训工单十一 汽车焊装 SE 分析流程认知

一、实训目标

1. 戴防护眼镜，穿安全鞋和工作服，做好个人防护。
2. 能够认知汽车白车身焊装工件。
3. 熟练绘制汽车焊装 SE 的分析流程图。
4. 能够说出参与汽车焊装 SE 的各部门。
5. 能够解释汽车焊装 SE 的重要意义。
6. 能够正确解说汽车焊装 SE 各阶段的输入及输出内容。
7. 能够说出焊装 SE 技术的新工艺、新方向。

二、任务描述

1. 安全防护：戴防护眼镜、穿安全鞋和工作服。
2. 认知汽车白车身焊装工件。
3. 绘制汽车焊装 SE 的分析流程图。
4. 指出参与汽车焊装 SE 的各部门。
5. 解释汽车焊装 SE 的重要意义。
6. 解说汽车焊装 SE 各阶段的输入及输出内容。
7. 指出焊装 SE 技术的新工艺、新方向。

三、实训考核工单

任务名称	汽车焊装 SE 分析流程认知	学时	30min	班级	
学生姓名		组别		任务成绩	
实训设备	多媒体一体机、图片、白板、白板笔、看板等	实训场地		日期	
客户任务					
任务目的	能理解焊装 SE 分析流程，并按标准化操作解说				

（一）考核内容、评分标准

（续）

任务名称	考核项目	考核内容	分值	评分标准	考核评分
汽车焊装SE分析流程认知	安全操作	按要求穿戴个人防护用品	15	未穿戴工作服、工作帽、安全鞋、防尘口罩、防护镜等，穿戴错误，一次扣2分，扣分不超过15分	
	焊装工件认知	正确识别汽车白车身的焊装工件	10	未正确识别，一次扣2分，扣分不超过10分	
	绘制汽车焊装SE的分析流程图	正确绘制流程图	10	依据内容，每项扣2分，扣分不超过10分	
	解说参与汽车焊装SE的各部门	正确说出参与汽车焊装SE的各部门	10	内容不完整，每项扣2分，扣分不超过10分	
	解说汽车焊装SE的重要意义	正确说出汽车焊装SE的重要意义	10	内容不完整，每项扣2分，扣分不超过10分	
	解说汽车焊装SE各阶段的输入及输出内容	准确描述焊装SE各阶段的输入及输出内容	20	内容不完整、错误，每项扣2分，扣分不超过10分	
	指出焊装SE技术的新工艺、新方向	正确指出焊装SE技术的新工艺、新方向	10	内容不完整，每项扣2分，扣分不超过10分	
	综合素养	对技能的态度、热情、团队协作、规范使用仪器设备等	15	依据现场整体印象、表现，不良行为扣2分，扣分不超过15分	

谈一谈对焊装SE分析流程的认识：

（续）

（二）评估

  1. 教学效果评估。

  2. 教师对学生知识能力、技能、综合能力评估。

  3. 学生对本次任务自身掌握情况评估。

  4. 学员、小组间对本次任务相互评估。

（三）教学反馈及提升措施

实训工单十二　焊接新技术展望

一、实训目标

1. 戴防护眼镜,穿安全鞋和工作服,做好个人防护。
2. 能够认知白车身焊接工艺的发展趋势。
3. 能够描述几种典型焊接新技术的优缺点及适用场景。
4. 能够掌握磁脉冲焊接技术的原理。
5. 能够描述汽车车身焊接材料的发展趋势。
6. 能够描述焊装生产线未来发展趋势。

二、任务描述

1. 安全防护:穿安全鞋、工作服,戴安全帽,参观焊装车间的白车身实际生产过程。
2. 正确描述白车身焊接工艺的发展趋势。
3. 描述几种典型焊接新技术的优缺点及适用场景。
4. 解说磁脉冲焊接技术的原理。
5. 描述汽车车身焊接材料的发展趋势。
6. 描述焊装生产线未来发展趋势。

三、实训考核工单

任务名称	焊接新技术展望	学时	30min	班级	
学生姓名		组别		任务成绩	
实训设备	多媒体一体机、白车身、图片、白板、白板笔等	实训场地		日期	
客户任务					
任务目的	能正确描述汽车焊装技术的发展趋势,掌握几种典型的焊接新技术的优缺点、应用场景				

(一)考核内容、评分标准

（续）

任务名称	考核项目	考核内容	分值	评分标准	考核评分
焊接新技术展望	安全操作	按要求穿戴个人防护用品	15	未穿戴工作服、工作帽、安全鞋等，如不符合车间安全规定，一次扣2分，扣分不超过10分	
	白车身焊接工艺的发展趋势	正确描述白车身焊接工艺的发展趋势	15	未正确描述，每项扣2分，扣分不超过10分	
	典型焊接新技术的优缺点及适用场景	描述几种典型焊接新技术的优缺点及适用场景	20	未正确描述，一次扣2分，扣分不超过10分	
	磁脉冲焊接技术的原理	解说磁脉冲焊接技术的原理	10	未正确描述，每项扣2分，扣分不超过10分	
	汽车车身焊接材料的发展趋势	描述汽车车身焊接材料的发展趋势	15	未正确描述，每项扣2分，扣分不超过10分	
	焊装生产线未来发展趋势	描述焊装生产线未来发展趋势	10	未正确描述，每项扣2分，扣分不超过10分	
	综合素养	对技能的态度、热情、团队协作、规范使用仪器设备等	15	依据现场整体印象、表现，不良行为扣2分，扣分不超过15分	

描述下述几种典型新兴焊接技术的特点：
激光拼焊板技术：

激光–MIG复合焊技术：

高效弧焊技术：

搅拌摩擦焊接技术：

冷金属过渡焊接技术：

磁脉冲焊接技术：

请查找焊接新技术的资料，列举至少一种（除教材提及）新技术：

（续）

（二）评估

1. 教学效果评估。

2. 教师对学生知识能力、技能、综合能力评估。

3. 学生对本次任务自身掌握情况评估。

4. 学员、小组间对本次任务相互评估。

（三）教学反馈及提升措施

学习任务一习题　汽车焊装技术

一、选择题

1. 【多选】汽车的四大工艺是（　　　）。
   A. 冲压
   B. 焊装
   C. 涂装
   D. 总装

2. 【多选】白车身总成主要包括（　　　）。
   A. 底板总成
   B. 侧围总成
   C. 门盖总成
   D. 发动机舱总成

3. 汽车轻量化发展过程中，采用轻质材料制造汽车可以降低汽车质量，（　　　）不属于轻质材料。
   A. 钢
   B. 铝
   C. 镁
   D. 钛

4. 一般的轿车只有3个立柱，下列（　　　）不是3立柱之一。
   A. A柱
   B. B柱
   C. C柱
   D. D柱

二、判断题

1. 车身焊装工艺是一个广义的概念，是指将冲压成形的车身各组件组装成一个完整白车身的全部工艺过程。　　　　　　　　　　　　　　　（　　）
2. 车门总成一般分为内板和外板两部分。　　　　　　　　　　　　（　　）
3. 汽车制造业正在经历以自动化、数字化、智能化为核心的新一轮产业升级。　　　　　　　　　　　　　　　　　　　　　　　　　　　（　　）

4. 现代化的汽车制造过程中也偏向于使用新型的轻合金材料以及复合材料来降低汽车车身重量。　　　　　　　　　　　　（　　）

三、简答题

1. 轿车车身按结构分为哪几类？试解释什么是三厢车和两厢车。

2. 什么是车身总成？通常由哪几部分组成？

学习任务二习题　白车身焊装生产工艺流程

一、选择题

1. 【多选】下列对主焊线的描述，正确的是（　　　）。

   A. 汽车焊装主线不仅是汽车焊装工艺的直接体现，也是汽车焊装生产线的核心部分

   B. 主线主要工位是总拼工位，也是整个焊装车间最重要的工位

   C. 主线是白车身主要焊接装配线，在此生产线完成多个总成的总拼

   D. 主焊线工位，不需要机器人搬运、滑轨运输

2. 【多选】侧围总成涉及的上料方式有（　　　）。

   A. 翻转基座式

   B. 移动式

   C. 旋转式

   D. 移动翻转式

3. 下列选项不属于四门总成的是（　　　）。

   A. 内板

   B. 外板

   C. 防撞梁

   D. 行李舱盖

4. 汽车的天窗属于（　　　）。

   A. 发动机舱总成

   B. 门盖总成

   C. 底板总成

   D. 侧围总成

5. 汽车白车身焊装车间生产过程中，（　　　）是汽车焊装工艺的直接体现，也是汽车焊装生产线的核心部分。

   A. 主焊线

   B. 调整线

   C. 侧围线

   D. 下部线

二、判断题

1. 白车身四门两盖的安装顺序可以混乱进行。（ ）
2. 运往涂装车间的白车身，此时是没有安装四门的。（ ）
3. 在主焊线上还设置若干个补焊工位，用于完成车身主体的补焊。（ ）
4. 车身主线是拼接白车身骨架的生产线，包括车身下部总成、侧围总成、顶盖总成等。（ ）

三、简答题

1. 汽车的白车身是如何制造的？

2. 底板总成分为哪几个部分？每部分的主要部件有哪些？

学习任务三习题 焊装连接工艺

一、选择题

1.【多选】影响电阻点焊焊接质量的因素有（　　）。

　　A. 板件厚度

　　B. 电极压力

　　C. 焊件表面清洁度

　　D. 电流大小

2.【多选】电阻点焊的优点有（　　）。

　　A. 焊接过程中不产生烟或蒸气

　　B. 不需要对焊缝进行打磨

　　C. 焊接强度高、受热范围小

　　D. 焊接成本比气体保护焊等低

3. 焊前预热的主要目的是（　　）。

　　A. 防止产生偏析

　　B. 防止夹渣

　　C. 减少淬硬倾向，防止产生裂纹

　　D. 上述三种均不正确

4. 在焊接过程中间隙的作用是（　　）。

　　A. 保证焊缝宽度

　　B. 保证焊透

　　C. 便于清渣

　　D. 防止烧穿

5. 焊接时，随着焊接电流的增加，焊接热输入（　　）。

　　A. 减小

　　B. 不变

　　C. 增大

　　D. 以上均不正确

二、判断题

1. 焊接电流越大，熔深越大，因此焊缝成形系数越小。　　　　　　　　　　（　　）

2. 焊接时，如果其他条件不变，降低焊接速度，会增加焊接热输入。（ ）
3. 焊前预热是避免堆焊层裂纹或剥离的有效工艺措施。（ ）
4. 焊接电流一定时，熔池温度是靠焊条角度、焊接速度和电弧长度来控制的。（ ）

三、简答题

1. 影响接触电阻的主要因素有哪些？

2. 螺栓连接和铆接相比有何优缺点？

3. 在汽车制造中，哪些部件在焊装生产过程中通常使用包边工艺？

学习任务四习题　焊装胶接工艺

一、选择题

1. 【多选】合成胶黏剂由主剂和助剂组成，主剂又称为主料、基料或黏料。下列可作为主剂的有（　　）。
   A. 皮胶
   B. 热固性树脂
   C. 热塑性树脂
   D. 桃胶

2. 【多选】以下（　　）没有应用折边胶。
   A. 车门内外板滚边搭接
   B. 发动机舱盖内外板滚边搭接
   C. 行李舱盖内外板滚边搭接
   D. 发动机舱盖外板与加强板的搭接

3. （　　）用于车门、发动机舱盖、行李舱盖、翼子板内外板、带天窗顶篷外板与内板滚边搭接处。
   A. 折边胶
   B. 减振胶
   C. 膨胀胶
   D. 点焊密封胶

4. 【多选】焊接车身用胶的原则有（　　）。
   A. 钣金件之间具有良好的粘结密封性能
   B. 在涂装前处理过程中具备良好的抗水洗性能
   C. 电泳烘烤具有良好的固化膨胀性能
   D. 粘结后具有良好的耐久性

二、判断题

1. 一般情况下，若胶液对被粘物的表面有良好的润湿性，所形成的接触角就大，胶接强度就高。　　　　　　　　　　　　　　　　　　　　　　　　（　　）

2. 传统人工涂胶容易出现一致性差、胶量不均匀等问题，影响涂胶质量，已逐渐被机器人涂胶所取代。　　　　　　　　　　　　　　　　　　　　（　　）

学习任务四习题　焊装胶接工艺

3. 车身一般由发动机舱、前底板、后底板、侧围、顶篷、四门两盖及前翼组成。焊装车身用胶主要分布于侧围、发动机舱、顶篷、门盖等区域。（　　）

4. 根据操作方式，白车身涂胶形式分为两种：一是人工涂胶，二是自动涂胶。（　　）

三、简答题

1. 焊装胶接工艺中折边胶、膨胀胶、点焊密封胶各用于汽车车身什么地方？

2. 汽车车身用胶是如何控制的？

学习任务五习题　焊装夹具

一、选择题

1. 工件装夹时，绝不能采用（　　）。
   A. 完全定位
   B. 不完全定位
   C. 过定位
   D. 欠定位

2. 工件以外圆柱面在长 V 形块上定位时，限制工件的自由度数目为（　　）。
   A. 6 个
   B. 5 个
   C. 4 个
   D. 3 个

3. 【多选】焊装夹具，按照动力源分为（　　）。
   A. 手动夹具
   B. 气动夹具
   C. 液压夹具
   D. 磁力夹具

4. 【多选】焊接夹具定位方法有（　　）。
   A. 焊件以圆孔定位
   B. 焊件以外圆柱面定位
   C. 组合表面的定位
   D. 型面的定位

二、判断题

1. 台板可用于夹具的基准状况的检测。　　　　　　　　　　　　　　（　　）
2. 焊接夹具由定位元件、夹紧装置和基础件组成。　　　　　　　　　（　　）
3. 工件的六个自由度全部被限制，在夹具中占有完全确定的位置，这种定位方式称为完全定位。　　　　　　　　　　　　　　　　　　　（　　）
4. 把焊件在装焊作业中一直保持在确定位置上的过程称为夹紧。　　　（　　）

三、简答题

1. 什么是过定位?过定位的优缺点是什么?

2. 焊接夹具的设计原则是什么?

学习任务六习题 焊装设备

一、选择题

1. 点焊机器人基本构成不包含（　　）。
   A. 机器人
   B. 变位机
   C. 焊枪
   D. 焊接控制器

2. 焊装机器人的自由度一般为（　　）个。
   A. 7
   B. 6
   C. 5
   D. 4

3.【多选】焊装机器人的主要技术参数有（　　）。
   A. 自由度
   B. 精度
   C. 工作空间
   D. 最大工作速度
   E. 载荷

4.【多选】焊装生产过程中，机器人能开展的工作有（　　）。
   A. 焊接
   B. 搬运
   C. 抓取
   D. 抓物
   E. 卸料

二、判断题

1. 自由度是表征机器人动作灵活程度的参数，自由度越高越灵活。　（　　）
2. 因重复定位精度不受工作载荷变化的影响，故通常用重复定位精度这一指标作为衡量示教再现工业机器人水平的重要指标。　（　　）
3. 机器人工作空间的大小仅与机器人各连杆的尺寸有关。　（　　）

三、简答题

1. 根据焊装工艺需求,焊装机器人可以分为哪几种?

2. 点焊机一般由哪些部分组成?各有哪些功能?

3. 弧焊系统主要由哪些部分组成?各有哪些功能?

4. 自动涂胶系统胶枪有哪些类型?各有哪些优缺点?

学习任务七习题 焊装过程质量检验

一、选择题

1. 采用（　　）来衡量和控制轿车白车身定位焊强度质量。
   A. PDCA
   B. NQST
   C. MSA
   D. TPM

2. （　　）的范围，是所有直接可见的表面以及保险杠上方的外表面，或能直接被人发现缺陷的整车外表面。
   A. A 级面
   B. B 级面
   C. C 级面

3. 【多选】衡量和考核汽车白车身焊装质量的性能指标主要有（　　）。
   A. 熔核强度质量
   B. 几何尺寸精度
   C. 焊装白车身外观

二、判断题

1. 行李舱盖外板区的缺陷，属于 B 级面范围的缺陷。（　　）
2. 对于有轻微的坑、包、麻点、波浪、飞边等视力难以确认的钣金缺陷的检查，可以根据人的手感来进行判断。（　　）
3. 在车身生产体系中，几何尺寸精度检测通常采用三坐标测量机、测量尺规和专用检具等器具进行。（　　）

三、简答题

1. 衡量和考核汽车白车身焊装质量的性能指标有哪 3 项？

2. 钣金件常见的缺陷问题有哪些?

3. 简述白车身熔核质量3级检查的内容。

学习任务八习题　焊装物流管理

一、选择题

1. 下列选项中，（　　）不是主线输送方式考虑的因素。
   A. 效率　　　　　　　　B. 节拍
   C. 成本　　　　　　　　D. 监控
2. 【多选】焊装主线输送方式目前常用的有（　　）。
   A. 往复杆输送　　　　　B. 辊床滑橇输送
   C. 随行夹具输送　　　　D. 搬运输送
3. 【多选】机械化输送设备按输送设备的输送路线可分为（　　）。
   A. 水平输送设备　　　　B. 垂直输送设备
   C. 水平加垂直输送设备　D. 上述三种均不正确

二、判断题

1. 主线输送方式决定了输送时间及效率，决定了工位的有效作业时间，是工序拆分及工位数量确定的依据。　　　　　　　　　　（　　）
2. MES 由服务器、网络、软件与终端设备组成。　　　　　　（　　）

三、简答题

1. 简述物流仓储规划的原则。

2. 简述焊装车间常见输送设备的特点及应用范围。

学习任务九习题　焊装过程数字化管理

一、选择题

1. 下列选项中，（　　）不是生产现场管理的三大工具。
   A. 标准化　　　　　　　B. 目视化
   C. 看板管理　　　　　　D. 海报

2.【多选】焊装车间容易受到的伤害类型有（　　）。
   A. 被工件割伤　　　　　B. 飞溅灼伤
   C. 弧光灼伤　　　　　　D. 噪声

3.【多选】基于5G的工业无线互联网可将工厂内部的（　　）进行连接并打通信息孤岛。
   A. 人　　　B. 机　　　C. 物　　　D. 料　　　E. 环

二、判断题

1. 在焊装车间大力推广应用空载节电器对电焊机空载损耗的降低意义不大。（　　）
2. 从事焊装作业的人员应当接受安全生产教育和培训，掌握本职工作所需的安全生产知识，提高安全生产技能，增强事故预防和应急处理的能力。（　　）

三、简答题

1. "三不伤害"原则、"三不违章"原则分别是指哪些原则？

2. 常用焊装劳动保护用品有哪些？

学习任务十习题　焊装过程6S管理

一、选择题

1. 关于整理的定义,正确的选项是（　　）。
   A. 将所有的物品重新摆过
   B. 将工作场所内的物品分类,并把不要的物品清理掉,将生产、工作、生活场所清扫得干干净净
   C. 区别要与不要的东西,工作场所除了要用的东西以外,一切都不放置
   D. 将物品区分摆放,同时做好相应的标识
2. 整顿中的"三定"是指（　　）。
   A. 定点、定方法、定标识　　B. 定点、定容、定量
   C. 定容、定方法、定量　　　D. 定点、定人、定方法
3. 公司需要整理整顿的场所是（　　）。
   A. 工作现场　　　　　　　　B. 办公室
   C. 全公司的每个地方　　　　D. 仓库
4. 下列选项中,不属于6S管理项目的是（　　）。
   A. 整顿　　　　　　　　　　B. 节约
   C. 清洁　　　　　　　　　　D. 安全
5. 【多选】有关素养,下面说法正确的是（　　）。
   A. 所有员工都应遵守公司的规章制度、岗位制度
   B. 工作时保持良好的习惯（例如不聊天、不随意离岗）
   C. 衣着端庄,待人接物有诚信、有礼貌,不讲粗言秽语
   D. 保护生产、生活设施,公物,节约用电、用水

二、判断题

1. 6S管理只是为了保障生产安全。（　　）
2. 生产现场的物料只要大家清楚在哪里,不做标识也没有关系。（　　）
3. 公司仓库的划分、物品的标识属于6S中的整顿活动。（　　）
4. 整顿的主要对象是时间;整理的主要对象是空间;清扫的主要对象是设备。（　　）
5. 6S管理只是一个短期的活动,不需要坚持。（　　）

三、简答题

1. 6S 管理的作用是什么？

2. 常用焊装劳动保护用品有哪些？

3. 安全事故的"四不放过"的原则有哪些？

学习任务十一习题　焊装 SE 技术

一、选择题

1. 下列不属于 SE 分析的优点的是（　　）。
   A. 发现问题的时间节点早期化
   B. 提高产品品质
   C. 缩短了研发周期
   D. 量产时遗留问题件数增多

2. 在进行 SE 活动分析时，是对新产品（　　）进行分析。
   A. 数模　　　　　　　　　　B. 设计模型
   C. 夹具模型　　　　　　　　D. 油泥模型

3. SE 分析能够达成（　　）目的。
   A. 注重企业的未来发展及产品的通用性
   B. 增加生产成本
   C. 延续传统的生产工艺方式
   D. 大量产品设计变更

4. 通过对试焊过程的分析和试制车的整体评估，能够完成的内容不包括（　　）。
   A. 焊接作业的改进　　　　　B. 尺寸公差的实现
   C. 焊接质量的保证　　　　　D. 成本增加

5. 在焊装同步工程分析中的参考车分析阶段，根据参考车解析分析结果，初步确定（　　）。
   A. 零部件供货状态　　　　　B. 参考车工艺流程
   C. 夹具的制作方式　　　　　D. 参考车新材料选用

二、判断题

1. SE 分析模式下，在产品的研发过程中，会让工艺分析提前介入。　　（　　）
2. 车辆的开发过程是从样车制作开始的。　　（　　）
3. 汽车公司启动新产品的策划时，有 SE 分析介入会缩短开发周期。　　（　　）
4. 焊装 SE 在进行焊装夹具等设备设计制造阶段，可以不用进行工艺分析论证。　　（　　）
5. 在焊装 SE 中各个阶段都是互相交叉、重叠的。　　（　　）

三、简答题

1. SE 的定义是什么?

2. 焊装 SE 的功能有哪些?

3. 请结合教材,绘制焊装 SE 的分析流程图。

学习任务十二习题　焊接新技术

一、选择题

1. 下列焊接技术中，不属于新技术的是（　　）。
   A. 电阻焊
   B. 搅拌摩擦焊
   C. 冷金属过渡焊
   D. 磁脉冲焊

2. （　　）适合白车身异种材料之间的连接。
   A. 激光拼焊技术
   B. 磁脉冲焊接
   C. 电阻焊
   D. 搅拌摩擦焊

3. 【多选】随着车身轻量化的发展，下列材料中，（　　）是未来的发展趋势。
   A. 镀锌钢板
   B. 高强度钢板
   C. 铝合金
   D. 高强度纤维复合材料

二、判断题

1. 随着车身向着轻量化方向发展，车身材料的轻量化及车身金属材料的非金属化是必然趋势。（　　）

2. 汽车行业正逐步实现自动化、现代化，多车型共线对生产效率的影响颇大，过程车型切换时间增加，柔性化生产在汽车行业里的运用越来越重要。（　　）

3. "回填式搅拌摩擦点焊技术"的焊接过程分为3个阶段：压入过程、连接过程、回撤过程。（　　）

4. 冷金属过渡焊技术，非常适合于白车身外覆盖件（车门、侧围、顶篷）板厚均在1mm左右的薄板焊接。（　　）

三、简答题

1. 简要叙述车身焊接的搅拌摩擦焊接技术的特点,并举例说明典型的应用案例。

2. 简述焊接材料的应用及发展趋势。